TRAITÉ
DES
RÉSISTANCES DU CHEVAL
OU
MÉTHODE RAISONNÉE DE DRESSAGE
DES CHEVAUX DIFFICILES

DONNANT

LA SOLUTION DE TOUS LES PROBLÈMES EMBARRASSANTS
QUI PEUVENT SE PRÉSENTER DANS LE DRESSAGE DU CHEVAL DE SELLE
ET EN GÉNÉRAL DANS LA PRATIQUE DE L'ÉQUITATION

ET

PHILOSOPHIE HIPPIQUE

DÉDUITE

DE LA PHYSIOLOGIE ET DE LA MÉCANIQUE ANIMALES

PAR

Le Lt-Colonel A. GERHARDT

Officier de la Légion d'honneur,
ancien Instructeur en chef à l'École de cavalerie,
auteur de plusieurs ouvrages sur l'équitation militaire, etc.

PARIS
LIBRAIRIE MILITAIRE DE J. DUMAINE
Rue et Passage Dauphine, 30

1877

Tous droits réservés.

TRAITÉ

DES

RÉSISTANCES DU CHEVAL

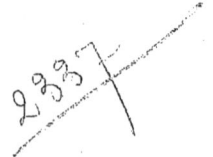

Paris. — Imprimerie J. DUMAINE, 2, rue Christine.

TRAITÉ

DES

RÉSISTANCES DU CHEVAL

OU

MÉTHODE RAISONNÉE DE DRESSAGE

DES CHEVAUX DIFFICILES

DONNANT

LA SOLUTION DE TOUS LES PROBLÈMES EMBARRASSANTS
QUI PEUVENT SE PRÉSENTER DANS LE DRESSAGE DU CHEVAL DE SELLE
ET EN GÉNÉRAL DANS LA PRATIQUE DE L'ÉQUITATION

ET

PHILOSOPHIE HIPPIQUE

DÉDUITE

DE LA PHYSIOLOGIE ET DE LA MÉCANIQUE ANIMALES

PAR

Le Lt-Colonel A. GERHARDT

Officier de la Légion d'honneur,
ancien Instructeur en chef à l'Ecole de cavalerie,
auteur de plusieurs ouvrages sur l'équitation militaire, etc.

PARIS

LIBRAIRIE MILITAIRE DE J. DUMAINE

Rue et Passage Dauphine, 30

—

1877

AVANT-PROPOS

Ce livre dont le titre annonce suffisamment, je pense, le but spécial, présente, groupés et logiquement coordonnés entre eux, les principes d'équitation et de dressage un peu épars dans mes précédentes publications.

La première partie traite, à un point de vue purement pratique, de la solution de toutes les difficultés qui peuvent se présenter dans l'éducation du cheval de selle.

La deuxième, intitulée : *Philosophie hippique*, contient la justification de la théorie développée dans la première partie.

J'ai relégué à la fin du volume cette discussion de principes, et je l'ai réduite à sa plus simple expression, afin de ne pas nuire à la clarté de mon sujet.

Avant d'aborder ce sujet si digne de l'attention des hommes de cheval, et quoiqu'il m'en coûte d'occuper le lecteur de ma modeste personnalité, je crois devoir dire deux mots de mes publications antérieures à celle-ci, et expliquer comment et pourquoi j'ai été amené naguère à écrire, car la pensée qui a inspiré mes livres a été généralement très-mal interprétée.

Elevé à une école où les principes et les pratiques des anciens maîtres étaient les seuls enseignés, les seuls admis, je croyais sincèrement, à ma sortie de Saumur, que l'équitation militaire avait, depuis fort longtemps, dit son dernier mot. J'étais même convaincu, — et il ne m'en coûte pas de l'avouer ici, car j'avais cela de commun avec plus d'un de mes jeunes camarades, — j'étais convaincu, dis-je, que, en fait d'équitation du moins, il ne me restait que bien peu de chose à apprendre. Combien j'ai été désabusé depuis, et combien, après tant d'années d'études persévérantes, de recherches obstinées, j'ai aujourd'hui moins bonne opinion de moi !

Appelé très-jeune encore aux importantes fonctions de capitaine instructeur, je ne tardai pas à m'apercevoir de l'insuffisance de mon savoir professionnel, en matière de dressage du cheval surtout.

Après de vains tâtonnements nécessités par le laconisme de ce qu'on appelait la méthode réglementaire, je résolus d'étudier à fond et de comparer les différents systèmes d'équitation, décidé à emprunter à chacun d'eux ce qui m'y semblerait le plus rationnel, le plus confirmé par la pratique, le plus susceptible surtout d'être appliqué par les cavaliers militaires.

La méthode *Baucher*, malgré sa non-réussite dans l'armée, fixa tout d'abord mon attention. J'y trouvai, à ma grande satisfaction, la solution de plus d'un problème qui, jusque-là, m'avait paru insoluble ; mais j'y découvris aussi des écueils terribles, justifiant à tous égards la défaveur dont ce système était devenu l'objet, après l'empressement peut-être un peu inconsidéré qui avait présidé à ses débuts.

Un examen plus attentif des *principes* sur lesquels reposait la méthode alors nouvelle, me fit bientôt reconnaître que le danger résidait bien plus dans la forme que dans le fond de l'œuvre, et j'essayai de modifier cette forme, en remplaçant les pratiques périlleuses du système, par des procédés absolument inoffensifs.

Le résultat de mes recherches m'ayant paru on ne peut plus concluant, je me décidai à publier mon *Manuel d'équitation* (1); non pas, ainsi que quelques-uns l'ont cru, comme une réclame en faveur d'une théorie condamnée, mais pour venir en aide aux partisans *quand même* des nouveaux principes, très-nombreux dans l'armée, et qui n'avaient pu, comme moi, se faire initier par l'auteur de la méthode lui-même.

Quelques années plus tard, le maréchal *Randon* m'ayant fait l'honneur de me demander mon concours pour la rédaction d'un projet de dressage des jeunes chevaux, complément indispensable du *Travail individuel*, je remis au ministre une critique raisonnée du système en usage dans nos régiments à cette époque, et j'y joignis l'exposé de la théorie appliquée par moi, avec un succès constant, dans le régiment de lanciers de la garde impériale, et dont j'avais tiré les principaux éléments de la méthode si décriée jusque-là.

Ce travail appuyé de nombreux rapports émanant de MM. les généraux de cavalerie de la garde (2), eut l'ap-

---

(1) Librairie militaire de J. Dumaine, 30, rue Dauphine. — Paris, 1859.

(2) Voir quelques-uns de ces rapports à la fin du volume.

probation sans réserve du ministre, et j'allais enfin toucher au but de ma laborieuse entreprise, lorsque l'intervention aussi inattendue que peu désintéressée d'une personnalité alors très en vue, me fit échouer au port.

Quelque peu découragé, je me retirai momentanément de la lutte, remettant à des temps plus propices la continuation de mes efforts ; et, comme pour prendre possession de ce que j'avais le droit de revendiquer dans la théorie remise par moi au ministre de la guerre, je publiai mon *Mémoire analytique, critique et pratique sur le dressage et la conduite du cheval de guerre* (novembre 1861).

J'avais tout lieu de croire le projet définitivement abandonné. Quelle ne fut pas ma surprise, moins de deux ans après, de voir mon système de dressage, tel qu'il est développé dans le livre que je viens de citer, à quelques modifications insignifiantes près, adopté par le ministre, après avoir été approuvé par le conseil d'instruction de l'école de Saumur (1), ainsi que par le comité de cavalerie, et envoyé dans les corps, sous la forme d'une brochure *minuscule* (2), à l'aide de laquelle on se promettait de faire des merveilles !

Que s'était-il donc passé ?

Sans s'en apercevoir, le ministre avait accepté de la main d'un autre ce que, pour des motifs qu'il serait superflu d'exposer ici, il avait refusé de recevoir de la mienne !

---

(1) Voir, à la fin du volume, les extraits des rapports au ministre.
(2) *Méthode de dressage des chevaux de troupe.* 1863.

Je passe sous silence ce singulier quiproquo, pour ne m'occuper que de la brochure ministérielle.

En envoyant ainsi purement et simplement cet opuscule dans les régiments où il ne devait se trouver aucun professeur moralement et hiérarchiquement *autorisé* pour le faire mettre en application ; où toutes les nouveautés, on le sait, sont généralement assez mal accueillies, c'était évidemment courir au-devant d'un échec. La petite brochure eût-elle d'ailleurs renfermé la matière d'un gros volume, l'échec n'en était pas moins certain.

Je ne sais si je m'abuse, mais il me semble que si, s'inspirant des sages errements de 1829 et de 1842, on avait commencé par former une pépinière de professeurs capables et convaincus, *munis d'une autorité hiérarchique suffisante* (point essentiel), seul moyen, selon moi, de vulgariser dans l'armée une instruction quelconque, on se serait épargné ce mécompte. Je ne discuterai pas cette proposition, car cela me mènerait trop loin.

On s'est donc contenté, après des expériences réitérées et ne laissant d'ailleurs aucun doute sur la supériorité de la nouvelle théorie, d'envoyer une simple brochure dans les régiments, dont les capitaines instructeurs n'avaient même pas *vu* appliquer la méthode ! On sait ce qui en est résulté.

De cet insuccès aussi aisé à prévoir qu'il eût été, je crois, facile à éviter, je n'avais pas à prendre ma part, car j'étais resté entièrement étranger à l'événement. Dans tous les cas, ce fâcheux résultat ne saurait infirmer en rien le jugement porté sur la valeur du système, par le hommes compétents qui l'ont naguère étudié au double point de vue de la théorie et de la pratique.

Cet inévitable échec a, du reste, passé inaperçu, tant l'indifférence en matière d'équitation, comme en tant d'autres matières, hélas ! était alors grande dans nos régiments.

Je n'en écrivis pas moins un *commentaire* très-détaillé de ce résumé par trop sommaire d'une méthode qui avait fait ses preuves (ainsi que le démontrent les documents que l'on trouvera à la fin de ce volume) et qui allait sombrer par défaut d'interprètes capables de la propager. Des entraves administratives m'ayant empêché de le faire imprimer en temps utile, je me suis abstenu de le publier.

C'est à cet ouvrage en quelque sorte mort-né que j'ai fait allusion dans ma brochure intitulée : *La vérité sur la méthode Baucher* (ancienne et nouvelle) (1), brochure qui ne s'adressait qu'aux adeptes du système Baucher et tout particulièrement aux disciples de ce maître qui venait, pour ainsi dire, de se renier lui-même dans la treizième et dernière (2) édition de ses œuvres. Je n'ai pas besoin d'ajouter que cette critique n'avait aucun rapport avec mon œuvre, à moi, qui consistait à tenter de faire bénéficier l'équitation militaire des progrès réalisés dans l'art de monter à cheval (sans acception d'école), depuis l'adoption, pour l'armée, des principes contenus dans le règlement du 6 décembre 1829.

---

(1) Paris, 1869.

(2) La dernière édition publiée du vivant de l'auteur.

Telles sont, en somme, les raisons qui, à différentes époques, m'ont décidé à écrire, malgré mon manque de vocation pour l'ingrat métier d'auteur hippique.

Aujourd'hui, c'est autre chose. Rentré dans la vie civile, mais n'ayant pas encore pu rompre avec ce penchant inné pour un exercice auquel j'ai dû tant de bons moments, malgré les déboires qu'il m'a valus, j'ai trouvé un grand charme à rassembler et à classer de nombreuses notes prises au jour le jour, pendant plus de trente années, et d'en faire le résumé. J'offre ces passe-temps, à titre de souvenir, à mes anciens camarades de la cavalerie, persuadé qu'ils les accueilleront avec l'intérêt et l'indulgence qu'ils ont de tous temps accordés à mes humbles travaux.

Les livres, chacun le sait, se font le plus souvent avec des livres, au coin du feu, dans le silence du cabinet. Celui-ci, j'ose le dire, fait exception à la règle, car il a été entièrement conçu *à cheval*. C'est peut-être son seul mérite. Quoi qu'il en soit et quelle que puisse être la valeur de cette étude, je ne crois pas que l'on se méprenne cette fois sur la pensée qui l'a dictée.

La suscription de l'ouvrage indique assez, je pense, que je ne le présente pas comme une théorie sur le dressage des jeunes chevaux de troupe. Cette théorie figure tout au long dans la nouvelle ordonnance, et je me garderais bien d'y proposer aucune modification, alors même que j'y trouverais à redire, n'ayant nullement qualité pour cela.

Mais un règlement, quelque parfait qu'il soit, ne peut entrer dans le détail de tous les cas particuliers et, en matière de dressage des chevaux d'armes, par exemple, exposer tout un corps de doctrines applicable aux circonstances exceptionnelles qui peuvent surgir.

C'est de ces cas particuliers que traite cet essai, le premier, je crois, qui, remontant des effets aux causes, embrasse la généralité des cas embarrassants pour le cavalier et offre en même temps le moyen de les résoudre.

J'ai, depuis nombre d'années, concentré toute mon attention sur le cheval *vicieux*, et je n'ai négligé aucune occasion de vérifier par la pratique la valeur des principes et des moyens recommandés par nos maîtres les plus en renom. Parmi les modernes, les ouvrages des savants praticiens tels que MM. *de Lancosmes-Brèves*, *de Montigny*, *Raabe* et d'autres encore, mais par-dessus tout les leçons du *maître* par excellence, de *Baucher* (1), ont puissamment aidé à guider mon jugement dans cette délicate matière. Mais, je dois le dire, je n'ai trouvé nulle part le sujet traité à fond, ainsi que je l'entends, comme si les auteurs avaient reculé devant une pareille tâche, car je ne puis admettre qu'ils l'aient dédaignée.

J'ai donc essayé de remédier à cette omission, regrettant avec sincérité de ne pouvoir appuyer mon ouvrage de l'autorité qui s'attache aux remarquables productions que je viens de citer et que je recommande à tous les cavaliers désireux de s'instruire, malgré la divergence des opinions qui s'y trouvent développées.

Ainsi, je le répète, j'ai cherché à m'éclairer par la com-

---

(1) Il est bien entendu que c'est de Baucher *première manière*, que je veux parler ici.

paraison des idées répandues et discutées dans le monde équestre et j'ai tâché, de bonne foi, d'en faire jaillir la vérité : j'ai fait, en un mot, et après beaucoup d'autres, de l'éclectisme en fait d'équitation, et je n'ai définitivement formulé un principe, que lorsque je l'ai trouvé complétement justifié par l'application.

J'ai donc le ferme espoir que les cavaliers sérieux qui me liront sans parti pris, lentement, attentivement, comme il convient de lire une œuvre consciencieuse dictée par le seul amour du bien, accepteront mon livre comme un guide recommandable, susceptible de préserver, dans le dressage du cheval en général et des chevaux difficiles en particulier, de tous les mécomptes si nombreux engendrés par l'inexpérience et par l'ignorance des principes.

AVIS.

Quelques erreurs typographiques s'étant glissées dans le texte de l'ouvrage, notamment pages 29, 86, 194, 238, 260, le lecteur voudra bien consulter l'*Errata* placé à la fin du volume.

INTRODUCTION

CANEVAS DE LA MÉTHODE

Ainsi que le prouve suffisamment la forme que j'ai donnée à cet ouvrage, je tiens à être et à rester avant tout pratique.

Mais, comme la théorie que je vais exposer repose sur une *idée* qui m'est essentiellement personnelle, on me permettra d'entrer d'abord dans quelques développements que je crois indispensables pour la faire bien comprendre.

Je vais commencer par exposer le plus succinctement possible les éléments, c'est-à-dire les principes et les procédés qui constituent en quelque sorte la trame de la présente méthode, afin d'en faire saisir le côté vraiment original.

D'abord, que faut-il entendre par le mot *méthode?*

C'est évidemment cet acheminement régulier d'un problème vers sa solution; cette marche invariable qui, partant des idées les plus simples, en suivant la voie la plus courte, établit par des déductions rigoureuses les rapports entre les principes et les conclusions.

Mon livre remplit-il ces indispensables conditions? Je l'espère; mais c'est le lecteur qui prononcera en dernier ressort.

Qu'il me soit permis, toutefois, d'appeler son attention sur un point.

On confond très-souvent, en équitation surtout, les *principes* qui sont des vérités primitives et fondamentales, avec les *procédés*, qui ne sont, eux, que de simples pratiques pouvant varier à l'infini. De là cette profusion de soi-disant méthodes et de systèmes qui ne diffèrent que par la forme, le fond, bon ou mauvais, restant généralement le même.

L'originalité d'une méthode tient donc beaucoup plus à la nouveauté des principes qui en font la base, qu'aux moyens pratiques qu'elle emploie, qu'à l'enchaînement plus ou moins ingénieux des exercices qu'elle préconise.

Naturellement ces principes demandent à être énoncés clairement tout d'abord, afin de bien établir leur supériorité théorique sur ceux qu'ils prétendent remplacer, et c'est ce que je vais tâcher de faire.

La mécanique et la physiologie, mais surtout la physiologie, sont les principales sources où l'on puisse trouver la justification d'une méthode de dressage, car seules, absolument seules, elles peuvent démontrer sa valeur.

Point n'est besoin toutefois, je me hâte de le dire, de posséder à fond ces deux sciences si complexes, pour comprendre et appliquer avec succès les vérités sur lesquelles repose la conduite du cheval : quelques notions élémentaires suffisent largement, mais il est de la dernière importance de ne jamais les perdre de vue.

Parmi les problèmes qui trouvent leur solution dans les enseignements de la physiologie, celui de l'*équilibre hippique* mérite tout particulièrement de fixer l'attention de l'homme de cheval.

Le mot *équilibre*, en équitation, a été diversement interprété par les auteurs, et c'est cette multiplicité d'opinions sur un principe essentiel et fondamental qui est, selon moi, la cause du véritable chaos qui continue à régner en matière d'équitation, malgré de nombreux écrits d'une incontestable valeur.

En physique, en mécanique, le mot *équilibre* est souvent synonyme d'*immobilité*. Il est clair que ce n'est pas là l'acceptation que lui donne la physiologie et qu'il convient, par suite, de lui donner en équitation.

Lorsque je dis, pour indiquer que je me porte bien : *mes fonctions se font équilibre*, je n'entends pas exprimer par là qu'elles s'annulent réciproquement, ainsi que le feraient, par exemple, deux poids égaux dans les plateaux d'une balance; mais je veux dire que chacune de mes fonctions remplit exactement le rôle que la nature lui a assigné; que nulle n'agit au détriment de l'autre, et que, de ce travail d'ensemble, si je puis m'exprimer ainsi, résulte la santé. C'est ainsi que, selon moi, il faut interpréter le mot *équilibre* en équitation.

L'équilibre hippique est donc synonyme d'*harmonie* et non pas d'immobilité.

Dans le cheval en liberté, dans le cheval abandonné à lui-même, c'est l'harmonie que la nature a mise dans ses forces, qui est la source de sa prodigieuse mobilité et de sa solidité sur les terrains les plus glissants ou les plus accidentés. C'est elle qui se trouve détruite lorsqu'on monte le cheval pour la première fois; c'est elle, enfin, qu'il s'agit de rétablir autant que possible, lorsqu'on entreprend le dressage d'un cheval de selle. Équilibrer c'est donc harmoniser.

Je ne m'étendrai pas sur cette question que j'ai déjà traitée en détail ailleurs, et qui fait, du reste, également le sujet de la deuxième partie de ce livre.

Je dirai seulement que l'équilibre ainsi envisagé par moi, sert de *base* à ma méthode, et que les principes secondaires énoncés dans cette Étude en découlent ou s'y rattachent directement (1).

Étant donné un jeune cheval qui, *pour la première fois*, supporte le poids d'un cavalier, et duquel on exige, en outre, une certaine soumission, on comprend aisément la disparition de sa mobilité et son hésitation à obéir à la sollicitation des aides.

En effet, ces aides, il ne les connaît pas; il ne sait pas que c'est, en y cédant, qu'il pourra se soustraire à leurs effets importuns.

D'un autre côté, la souplesse relative de l'animal en liberté, son adresse, la sûreté de ses mouvements, le brillant de ses allures n'étaient que la conséquence de la distribution harmonieuse de ses forces, le résultat de son équilibre naturel.

La rupture de cet équilibre, le désordre évident produit dans l'économie par une surcharge insolite, doit nécessairement entraîner la disparition de toutes ces facultés locomotrices; de là une deuxième cause d'inca-

---

(1) Depuis que, pour la première fois, j'ai parlé de l'équilibre *naturel*, dans mon *Manuel d'équitation* (1859), plusieurs auteurs, y compris Baucher (11e édition), ont adopté cette idée; mais aucun d'eux ne paraît en avoir compris la portée et n'en a tiré des conclusions vraiment profitables aux progrès de l'équitation.

pacité, cause plus efficiente encore que la première et qui explique, en le justifiant, le défaut d'obéissance du jeune cheval aux exigences peu logiques de son imprudent cavalier ; car il y a de l'imprudence à monter un jeune cheval, sans savoir comment on se fera comprendre de lui lorsqu'on l'aura enfourché, et sans savoir s'il acceptera la sujétion que l'on prétend lui imposer.

La marche d'un dressage rationnel peut se déduire immédiatement des observations que je viens de faire : commencer par faire connaître au cheval les aides avec leurs différentes combinaisons et, une fois cette première instruction donnée, en profiter pour rendre à l'animal l'obéissance de plus en plus facile, en le soumettant à une série d'exercices qui, son intelligence et surtout son instinct aidant, lui feront retrouver insensiblement et dans la mesure du possible, ses facultés locomotrices momentanément annulées.

Je dis que l'*instinct* du cheval et surtout l'instinct de la conservation sera pour nous un auxiliaire puissant (1), et c'est sur ce point que j'appelle tout particulièrement l'attention du lecteur.

L'instinct, cette force aveugle qui tient sous sa dépendance la plupart des actions des animaux et dont les effets sont, le plus souvent, pris pour le résultat des opérations de l'intelligence, l'instinct, dis-je, pousse le che-

---

(1) La savante théorie de M. *E. Debost* (*Cinésie équestre*) repose en partie sur cette idée que j'ai émise, il y a 15 ans, dans mon *Mémoire sur le dressage et la conduite du cheval de guerre*. Je suis charmé de voir que cette vérité fait son chemin.

val à s'équilibrer dans tous les déplacements de sa masse. Cet instinct continuera même à exercer son empire sur l'animal chargé du poids d'un cavalier, si l'action mal comprise des aides de ce dernier ne vient pas y mettre obstacle. Et ceci est si vrai, qu'il n'est pas un vieux veneur, pas un cavalier habitué à courre le cerf, qui, arrivé inopinément sur un terrain glissant, ne jette les rênes sur le cou de son cheval et ne relâche les jambes, abandonnant ainsi l'animal à lui-même, plutôt que de chercher à le soutenir en le resserrant dans ses aides, l'expérience lui ayant appris que c'est, dans ce cas, le meilleur moyen de prévenir les chutes.

L'instinct de la conservation pousse, en outre, le cheval, généralement doué d'une impressionnabilité très-grande, à fuir la douleur même la plus légère et à chercher à se soustraire à toute contrainte pénible.

Quant à l'*intelligence* du cheval, j'en analyserai plus loin les éléments (1). Quelque sommaire qu'elle puisse être, et je la crois très-peu développée, un cavalier habile doit en savoir tirer parti; mais c'est là une question de sentiment équestre absolument réfractaire à toute réglementation.

Certes, à un point de vue exclusivement matériel, le cheval n'est qu'une machine limitée dans ses mouvements et dont les différents rouages ne sauraient fonctionner *que suivant des lois positives*, que la mécanique et la physiologie nous apprennent à connaître.

Mais cette machine exceptionnelle est douée de *volonté*

---

(1) Voir IIe partie.

et quelquefois d'une volonté très-tenace. Cette puissance active, qui peut devenir un obstacle sérieux au fonctionnement du mécanisme suivant nos désirs, veut naturellement être dominée tout d'abord, pour être utilisée ensuite, et c'est précisément l'instinct qui pousse le cheval à fuir la douleur, qui en fournit les moyens au cavalier.

Fort heureusement, soit dit en passant, volonté n'implique pas intelligence ; car, s'il en était autrement, la question du dressage resterait indéfiniment à l'état de lettre close pour l'immense majorité des cavaliers, et ce serait peine perdue que de chercher à en vulgariser les procédés.

Ainsi, l'inflexible logique veut que l'on apprenne d'abord au cheval à connaître les aides, avant de rien exiger de lui. Elle veut aussi qu'on n'exige de lui *que ce qu'il est vraiment en état de donner ;* c'est-à-dire que, dans ses exigences, le cavalier ne s'écarte jamais d'une sage et lente gradation.

Je n'ai pas à m'étendre sur le premier de ces points, cette méthode ne s'occupant que de chevaux exceptionnels, ce qui suppose que le cavalier qui voudra l'appliquer est parfaitement versé dans toutes les pratiques du dressage en général. J'indique, d'ailleurs, plus loin une progression que je considère comme infaillible, l'ayant appliquée et fait appliquer pendant plus de vingt ans, avec un succès qui ne s'est jamais démenti, et je renvoie à mon *Manuel d'équitation* pour tous les détails d'exécution qui n'ont pu trouver place dans ce livre.

Quant au deuxième point de mon argumentation, je me contenterai de rappeler au lecteur que l'obéissance du cheval sera la conséquence naturelle du degré d'harmonie que l'on aura su établir ou plutôt *rétablir* dans les forces de l'animal, par un usage harmonieux des aides.

Puisque l'équilibre naturel est rompu, il faut faire nécessairement en sorte de le rétablir, et ce ne sera pas l'affaire d'un jour, car c'est là une question de gymnastique qui, naturellement, demande du temps pour produire un résultat appréciable. La gymnastique, ainsi que je vais le prouver dans un instant, mettra peu à peu la machine animale en état de produire, presque instantanément, les fluctuations de poids et de forces nécessaires à l'établissement de l'équilibre dans les différents déplacements de la masse.

Ce travail gymnastique peut évidemment se pratiquer de différentes manières, pourvu que les exercices — condition *sine quâ non* — en soient sagement progressifs. Il me semble rationnel de le commencer avant de monter le cheval; je trouve même que c'est une préparation indispensable pour les exercices auxquels l'animal sera soumis sous le cavalier; c'est pourquoi j'en ai fait l'objet d'une théorie particulière.

L'idée n'en est, d'ailleurs, pas neuve, car nos anciens maîtres, devant lesquels il faut nous incliner, — n'en déplaise à leurs modernes détracteurs, — ne manquaient jamais de mettre le jeune cheval dans les piliers, bien avant de le monter, et de l'y soumettre aux assouplissements par la gaule. C'est là, évidemment, l'origine du dressage préliminaire au moyen de la cravache (1), qui,

---

(1) Cette « *baguette magique* », comme l'appelle si justement le capitaine *Raabe,* le premier de nos auteurs, je crois, qui en ait parlé dans ses livres.

aujourd'hui, se pratique sans le secours des piliers, ce qui le rend plus accessible à tout le monde, indépendamment des autres avantages qui résultent de cette nouvelle manière de procéder.

Ainsi, le travail d'assouplissement du cheval, le cavalier étant à pied, pratiqué dans la mesure que j'indique, facilite le jeu des articulations, fortifie les muscles et rend, par suite, l'animal plus adroit ; plus tard, sous le cavalier, il suffira de l'astreindre à une série d'exercices gradués dans leurs difficultés, pour arriver, dans un temps relativement très-court, à le façonner à tout ce que l'on peut raisonnablement exiger d'un cheval d'arme, d'un cheval de chasse ou d'un cheval de promenade.

Cette éducation, que j'appellerai *élémentaire*, est la limite de ce que peut se permettre un cavalier ordinaire. Elle est le point de départ d'exercices plus compliqués auxquels il est indispensable de soumettre le cheval destiné aux tours de force de ce qu'on est convenu d'appeler la haute équitation, mais dont je n'ai pas à m'occuper dans cet ouvrage.

J'ai cru devoir esquisser à grands traits la marche que je considère comme la plus logique et la plus confirmée par l'expérience, lorsqu'il s'agit de dresser un cheval de selle quelconque, *à fortiori*, si c'est un cheval vicieux ; mais je n'ai tracé ce rapide canevas que pour faire ressortir ce principe fondamental de toute saine équitation : l'ÉQUILIBRE NATUREL, base de la méthode que je me propose d'exposer.

Je renvoie le lecteur, pour tous les points de mon argumentation un peu superficielle qui peuvent lui sembler obscurs, à la deuxième partie de ce livre, où j'ai donné aux questions de psychologie, de physiologie et de mécanique animale, le développement relatif que ces sujets m'ont paru comporter.

Pour ce qui est des exercices gymnastiques dont l'utilité ne me paraît pas contestable, mais qui n'en est pas moins contestée par quelques esprits prévenus et peu clairvoyants, je vais en dire deux mots, avant de pénétrer plus avant dans mon sujet.

DE LA GYMNASTIQUE APPLIQUÉE AU DRESSAGE DU CHEVAL DE SELLE

Nul n'ignore que les exercices du gymnase, qui consistent à soumettre l'appareil locomoteur à des fonctions réglées, ont été considérés, par la plupart des peuples de l'antiquité, comme la partie essentielle de l'éducation de la jeunesse.

Ces peuples avaient si bien compris l'immense influence de la gymnastique sur l'organisme tout entier, que leurs lois mêmes prescrivaient ces exercices, dans le but de former des citoyens sains, agiles et robustes pour la défense de la patrie.

Ce n'étaient donc pas là de simples coutumes sans raison d'être ; aussi a-t-on cherché, de nos jours, à faire renaître cet art tombé en désuétude et trop longtemps abandonné, et les résultats que chacun connaît sont là pour témoigner de ses prodigieux effets sur les jeunes générations qui le cultivent.

Or, quels sont ces effets, pour ne parler que des organes siéges du mouvement, les seuls dont nous ayons à nous occuper ici ?

La première conséquence de l'exercice est d'activer singulièrement la circulation des fluides vitaux, par l'excitation qu'il fait naître dans l'organe qui travaille. Cet organe devient par suite plus agile, plus volumineux, par conséquent plus fort. Ce dernier point a été démontré par de nombreuses expériences qui ont établi d'une manière évidente que l'effort dont est susceptible un muscle, est en raison directe de son poids, c'est-à-dire de son volume relatif.

Ces effets ne sont pas isolés dans l'économie, et toutes les fonctions, en conséquence du lien de solidarité qui les unit entre elles et qui les rattache en outre au système musculaire, y participent plus ou moins. C'est ainsi que l'appétit devient plus vif, la digestion plus prompte, la respiration plus active. Mais le système locomoteur *seul* se développe dans des proportions relativement considérables, l'excitation produite sur les fonctions vitales n'étant que la conséquence du besoin qui se fait sentir dans les organes du mouvement, de réparer promptement les pertes produites par l'exercice.

Toutefois, si une gymnastique bien comprise a une influence on ne peut plus heureuse sur l'appareil locomoteur, un exercice excessif produit des résultats absolument inverses; les organes se fatiguent, les fonctions languissent, et la maladie, la mort même peut en être la conséquence; car des repos passagers et ménagés avec intelligence sont une condition tout à fait indispensable à la durée du fonctionnement régulier de la machine, afin de laisser aux parties le temps de réparer leurs pertes, et pour que les sucs réparateurs arrivent tous à leur véritable destination.

Tels sont, en peu de mots, les effets physiologiques de l'*exercice* sur l'organisation humaine. Il serait vraiment puéril de chercher à démontrer qu'ils sont exactement les mêmes sur la machine animale.

Il est donc surabondamment prouvé qu'un travail gymnastique appliqué au cheval augmente sa force et son agilité dans une grande proportion, et que sa santé, elle aussi, y trouve son avantage. Je ne crois pas que les avis puissent être partagés sur ce point; mais, où nous cessons de nous entendre, c'est lorsqu'il s'agit de mettre ce principe en application.

En effet, sous le prétexte spécieux que les différents exercices auxquels on soumet l'animal pour le façonner aux exigences du service de la selle, les voltes, les pirouettes, le travail sur les hanches, le reculer, lui tiennent lieu de gymnastique, on se croit habituellement dispensé de tout assouplissement général préparatoire.

C'est ainsi que l'on fait faire de la gymnastique au fantassin, de la voltige au cavalier, en vue des besoins de leur condition future, tandis que l'on soumet immédiatement le cheval à un travail pénible, sans préparation aucune et sans se demander si son organisme est prêt à subir ces fatigantes épreuves. Et l'on est surpris de voir certains chevaux dépérir à vue d'œil, sans cause apparente et tomber dans le marasme; d'autres, plus énergiquement trempés, se révolter sans provocation contre les exigences les plus modérées de leurs cavaliers; d'autres, enfin, ne fournir qu'une carrière médiocre, malgré les heureuses dispositions dont la nature les avait pourvus.

Il y a là, suivant moi, une regrettable lacune, qui vicie l'éducation de la plupart des chevaux de selle et surtout des chevaux d'armes, lacune qui, en ce qui concerne ces derniers, coûte des sommes prodigieuses à l'État, parce qu'elle réduit singulièrement la durée moyenne des services du cheval de troupe.

Un travail gymnastique vraiment digne de ce nom ne doit-il pas être avant tout progressif, et l'étymologie même du mot *gymnase* ne proteste-t-elle pas contre cette singulière coutume de commencer à assouplir un cheval, en lui imposant un vêtement gênant et, par-dessus tout, le poids d'un homme?

Sans remonter à l'antiquité, a-t-on jamais eu l'idée de soumettre un conscrit, *sac au dos*, que dis-je! avec le maximum de la charge qu'il est appelé à porter, à ces exercices d'assouplissement du corps?

A-t-on jamais songé à faire voltiger un jeune cavalier avec son casque et sa cuirasse, avant d'avoir développé chez lui la force et l'agilité voulues pour un travail aussi fatigant?

C'est cependant ainsi que l'on procède pour le jeune cheval, sans tenir aucun compte de l'état de son organisme, sans se demander si, oui ou non, son appareil locomoteur est suffisamment préparé à ce qu'on va exiger de lui.

Et pourtant, — singulière anomalie, — le principe de l'assouplissement du cheval, pour préparer et faciliter son obéissance aux aides, peut être considéré comme un axiome en équitation, toutes les écoles le proclamant à l'envi!

Que se propose, en effet, le dressage? Est-ce uniquement de faire connaître au cheval les actions des mains et des jambes? S'il en était ainsi, quelques jours suffiraient.

Non, ce n'est pas assez que l'animal connaisse les aides de son cavalier; il faut encore qu'il soit *en état* d'obéir immédiatement à leurs suggestions. Il faut surtout que cette obéissance puisse se produire sans fatigue dans le présent et sans provoquer la ruine de l'animal dans l'avenir.

Je dis que l'équilibre naturel du cheval, indispensable au fonctionnement régulier de certains organes, a disparu, par le seul fait de la surcharge que lui impose le cavalier et dont les effets sont de déplacer complétement le centre de son système locomoteur.

Je dis encore que, pour remettre ce foyer d'action dans une situation relativement normale et l'y maintenir, il est nécessaire que l'animal puisse produire instinctivement et, suivant le besoin, avec la plus grande célérité, des fluctuations de poids et de forces si nécessaires, ainsi que certaines modifications dans la direction de ses rayons articulaires.

Il faut naturellement pour cela que les articulations, qui jouent le rôle de charnières, soient absolument mobiles, et que les muscles aient acquis une puissance contractile en rapport avec les efforts qu'on va leur demander, et cela, bien entendu, *avant* d'exiger d'eux ces efforts.

Or, il est impossible de dénier à la gymnastique la faculté de produire ces heureux résultats, et l'on peut même ajouter que rien ne saurait la suppléer dans ce rôle.

Cette instruction préliminaire n'est donc pas seulement indiquée, mais elle s'impose comme une entrée en matière de première nécessité, car elle est à la fois hygiénique et fortifiante, c'est-à-dire éminemment logique au point de vue du but que se propose le dressage.

J'entends naturellement parler ici d'un assouplissement *général* et en quelque sorte simultané de tout l'appareil locomoteur.

Que l'on se serve, pour cet exercice, d'une simple gaule, ainsi que le faisaient nos anciens, d'une cravache ou d'une chambrière; que l'on mette le cheval dans les piliers ou bien qu'on le tienne par les rênes, peu importe. L'essentiel est qu'on le rende suffisamment souple, suffisamment adroit, suffisamment vigoureux, avant de l'enfourcher : le bons sens le veut ainsi.

Et que l'on ne me dise pas, ainsi que je l'ai lu récemment, non sans stupéfaction, dans un ouvrage sérieux, qu'on ne me dise pas que le cheval est « *naturellement* assez souple », parce qu'il nous étonne par sa mobilité et par l'aisance de ses mouvements, lorsqu'il est livré à lui-même !

La nature a disposé l'organisme et elle a proportionné la souplesse dont elle l'a doué, en vue de la masse qu'il a à déplacer lorsqu'il est libre de toute sujétion, et non pas en prévision d'une charge qu'il aura à supporter, laquelle, comprimant ses articulations, provoquera des contractions nouvelles, obligera l'animal à modifier la direction de ses supports, pour retrouver sa légèreté perdue, etc. Je ne parle pas du travail imposé aux autres fonctions.

La souplesse naturelle du cheval est donc insuffisante pour lui permettre de *manier* sous le cavalier; car, je le répète, s'il n'en était pas ainsi, quelques jours suffiraient pour obtenir de lui une obéissance complète.

Le simple bon sens exige donc, je le répète également, que l'on cherche à développer le plus qu'on pourra la mobilité dont la nature l'a gratifié, afin de fortifier son organisme, tout en augmentant son agilité, et aussi pour hâter la marche de l'instruction.

J'ai donné la préférence aux assouplissements pratiqués avec la cravache, le cheval étant tenu à la main, parce que je les crois le plus à la portée de tout le monde; je leur trouve, en outre, une qualité précieuse : c'est de dispenser le cavalier, dans la généralité des cas, de pratiquer les flexions perfides de l'encolure.

En effet, les causes des contractions dans cette partie ont presque toujours leur siége dans l'arrière-main. L'encolure se trouve alors sympathiquement contractée avec l'ensemble de la machine animale. A mesure que le corps s'assouplit, que l'harmonie s'établit, — et le résultat s'obtient rapidement avec la cravache, — l'encolure devient liante et, dès lors, il reste tout au plus à mobiliser la mâchoire.

Cette manière d'opérer offre l'immense avantage *de ne jamais donner à l'encolure une mobilité qui ne soit proportionnée à la souplesse générale de toute la machine.* Elle est donc l'antipode de ces méthodes qui consistent à assouplir le devant, sans s'inquiéter de ce que deviendra le derrière, et qui ne conservent encore que de trop nombreux partisans.

Certes, je ne prétends pas que le maniement de la cravache, comme aide, ne demande pas une certaine adresse et qu'il suffise de quelques indications sommaires pour que le premier cavalier venu puisse tirer de cet engin tout le profit désirable.

Mais en est-il autrement de toutes les pratiques de l'équitation, et le sentiment équestre pourra-t-il jamais s'acquérir sans beaucoup monter à cheval? Pense-t-on que la natation puisse s'apprendre dans les livres? Suppose-t-on que l'on puisse arriver, *sans un maître*, à manier passablement une épée, un pinceau ou un ciseau? Pourquoi, dans certaines pratiques du dressage du cheval, qui est un des arts les plus difficiles qu'il y ait, en serait-il autrement?

La gymnastique préliminaire, pour produire tous ses effets, exige, chez le cavalier, je ne le conteste pas, l'accord des aides, aussi bien que le travail en selle; mais l'homme qui entreprend l'éducation d'un cheval ne doit-il pas posséder l'intuition tactile, si je puis m'exprimer ainsi, d'où procède cet accord?

Ensuite, n'est-il pas plus facile d'accorder entre elles *deux* aides que d'en accorder *trois?* Si donc le cavalier sait trouver, en selle, le juste rapport entre les effets de ses mains, de ses jambes et du poids de son corps, ce sera jeu d'enfant pour lui que d'arriver à établir, à pied, ce même accord entre ses deux mains, l'une tenant les rênes et l'autre maniant la cravache.

Le maniement de la cravache, comme aide, constitue une sorte d'escrime où le cavalier doit savoir toucher à propos et avec une certaine dextérité un point déterminé, afin de mobiliser plus particulièrement telle ou telle partie.

De même qu'à cheval, l'*action* ainsi développée dans la machine animale, par une excitation venant de l'extérieur, est reçue et régularisée par la main qui tient les rênes. C'est d'une application extrêmement simple, mais encore *cela veut-il être appris*, et plus d'un écuyer a-t-il trop légèrement condamné ces utiles exercices, par la seule raison qu'il avait échoué dans la pratique, pour avoir méconnu cette nécessité d'une logique aussi élémentaire.

Il ne faut pas chercher ailleurs la cause du peu de succès qu'a obtenu le dressage des chevaux de troupe basé sur ces principes et adopté en 1863. Il n'y avait peut-être pas, dans toute la cavalerie, un seul capitaine-instructeur initié à la pratique des nouveaux errements qu'il était chargé de professer, de par le nouveau règlement!

J'ai dit que le travail gymnastique auquel on peut soumettre le cheval, en faisant usage de la cravache, a le mérite, très-grand à mes yeux, de communiquer à l'animal une mobilité toujours proportionnée entre l'avant et l'arrière-main, et de dispenser, en outre, le plus souvent, de toute mobilisation partielle, ne faisant de réserve que pour la mâchoire; encore arrive-t-il, très-souvent, lorsque le travail est *bien fait*, que cette partie se mobilise toute seule.

Mais cet exercice offre une autre particularité non

moins heureuse : c'est d'être, pour le cheval, au point de vue de l'effet des aides, la meilleure préparation qu'il y ait, pour ce qui lui sera demandé plus tard sous le cavalier, ce qui abrégera sensiblement la durée de la deuxième partie du dressage.

En effet, les mouvements que l'on fait exécuter, l'animal étant tenu à la main, ne sont autres que ceux qui lui seront demandés plus tard ; et comme les combinaisons des aides seront aussi les mêmes, — après la substitution, bien entendu, des actions des jambes, aux attouchements de la cravache, — il n'y aura plus que le poids du cavalier pour faire obstacle à une exécution immédiatement régulière. Or, ce défaut d'équilibre disparaîtra d'autant plus promptement, que l'animal aura été rendu auparavant plus souple et plus agile.

Donc, ce mode de dressage est non-seulement supérieurement conservateur du cheval, mais il offre de plus une grande économie de temps, considération qui ne manque pas d'avoir son importance.

Je ne puis naturellement entrer ici dans le détail des exercices, car cela me ferait sortir de mon cadre. Ils sont, au surplus, très-connus.

J'indiquerai plus loin une progression que je considère comme infaillible et à laquelle je n'admets de modifications, que celles qui résultent des cas exceptionnels traités dans la première partie de ce livre.

Un dernier mot à l'adresse des cavaliers qui, dans l'armée surtout, sont restés fidèles aux flexions de l'encolure.

A une époque déjà éloignée de nous, où l'on a tenté d'introduire, pour la première fois, la méthode des assouplissements dans le dressage des chevaux de la cavalerie, on a reculé, avec raison, devant certaines pratiques pleines de dangers (1), parce qu'elles étaient, — comme elles le seraient encore aujourd'hui, — incompatibles avec l'insuffisance de tact équestre des cavaliers militaires, des hommes de troupe, bien entendu. Mais, méconnaissant le principe de l'assouplissement général de la machine animale, comme seul moyen d'arriver à l'harmonie dans les mouvements, on a pensé que l'on pouvait adopter certaines mobilisations particlles, à l'exclusion de certaines autres, et l'on a rejeté les attaques, pour conserver les flexions d'encolure qu'on a alliées avec toutes les pratiques routinières du vieux règlement. C'était absolument illogique, et les résultats se sont chargés de le prouver.

En s'adressant ainsi presque exclusivement à des parties qui, chez beaucoup de sujets, ne sont déjà que trop mobiles, on a rompu ce qu'on appelle le gouvernail et qui, je crois, serait plus justement nommé le *timon* de la machine ; on a détruit le rapport intime et obligé que la nature a établi entre les forces de l'avant et de l'arrière-main ; on a rendu la main du cavalier inhabile et ses jambes impuissantes ; enfin, l'on a méconnu une vérité primordiale, dont l'application seule peut conduire à l'équilibre hippique : l'assouplissement général et proportionné de tout l'organisme.

Il est aujourd'hui surabondamment prouvé à tout

---

(1) Cette méthode se servait *d'attaques* des éperons combinées avec des flexions de la mâchoire et de l'encolure.

homme qui a sérieusement étudié le dressage et qui en possède la philosophie, qu'il vaut infiniment mieux laisser le cheval dans ses contractions naturelles, que d'assouplir telle partie à l'exclusion de telle autre. La nature a su mettre de l'harmonie dans ce qu'elle a fait : elle a accordé entre elles les forces du cheval. Rompre cet accord, c'est détruire la puissance des ressorts, c'est enlever un point d'appui assuré aux différents leviers, c'est rendre l'organisme animal incapable de répondre avec précision à l'action des aides. Assouplir le devant, sans faire subir au derrière une mobilisation corrélative, c'est augmenter, dans certains cas, les moyens de résistance du cheval, en favorisant l'*acculement* (1), ce principe (généralement peu compris) de la grande majorité des défenses.

L'écuyer habile qui entreprend le dressage d'un cheval destiné aux hautes difficultés de l'art est obligé de pousser l'assouplissement jusqu'aux dernières limites du possible. Il donne donc à l'encolure tout le liant imaginable, parce que ses moyens et son tact lui permettent d'obtenir, à coup sûr, la souplesse proportionnelle et indispensable de l'arrière-main. Mais le cavalier ordinaire, dont les moyens équestres sont relativement très-limités et qui, en outre, ne peut se proposer que de dresser un vulgaire cheval de service, ne saurait dépasser impunément un certain degré de mobilité dans l'avant-main, non-seulement parce qu'il dépasserait le but, mais encore parce qu'il ne saurait, *sans danger de*

---

(1) V. p. 29.

rendre son cheval rétif, entreprendre, par les moyens ordinaires (l'éperon), de donner la même souplesse à l'arrière-main.

On a donc banni les flexions d'encolure, à leur tour, des règlements militaires, et l'on a bien fait.

Assouplissez tout ou n'assouplissez rien ; mais, si vous assouplissez, faites-le toujours en raison du genre de service auquel vous destinez le cheval dont vous entreprenez l'éducation. La mobilisation partielle de l'avant-main s'obtient aisément; celle du derrière est plus lente et beaucoup plus difficile. Un seul moyen permet d'obtenir sans danger une souplesse générale et bien pondérée : *c'est le travail gymnastique*. Si vous en méconnaissez l'utilité, rejetez les flexions directes et partielles de l'avant-main, comme vous avez abandonné les assouplissements avec les éperons, les deux pratiques étant solidaires. La logique le veut ainsi et la prudence vous l'ordonne.

DRESSAGE
DES
CHEVAUX DIFFICILES

OBSERVATIONS PRÉLIMINAIRES

Si la patience, la douceur unie à une certaine fermeté, l'accord parfait et l'intelligence dans l'emploi des aides, sont des conditions indispensables pour réussir dans le dressage du cheval en général, ces qualités s'imposent tout particulièrement au cavalier, s'il s'agit pour lui de dresser ou de *remettre* un cheval difficile.

Le dernier règlement sur le dressage des chevaux de troupe, à l'article : *Chevaux difficiles à dresser*, prescrivait de recommencer méthodiquement l'instruction des chevaux rétifs, « afin de leur faire oublier les mauvaises « leçons qu'ils ont pu recevoir et de les remettre en « confiance ».

Ce moyen quelque peu empirique, qui ne saurait faire de mal, s'il ne fait pas de bien, et qui réussit quelquefois, — les hasards sont si grands! — est à peu près tout ce que l'on trouve sur cet important sujet, dans la plupart des traités modernes. C'est un biais très-commode pour éluder une question embarrassante, et l'on se frotte les mains, après avoir indiqué ce remède à tous les maux, aussi simple que peu compromettant, en y ajoutant, par manière de supplément, le moyen de se tenir en selle et de porter en avant, le cheval qui se cabre; de ne pas se faire désarçonner par le cheval qui rue; de diriger tant bien que mal et d'arrêter un animal qui s'emporte.

Quant à rechercher l'origine du mal et à indiquer un traitement curatif rationnel, on n'y songe pas : on se contente d'agir sur l'*effet* et l'on néglige de s'occuper de la cause. C'est là une regrettable lacune.

Oui, il suffit quelquefois, pour remettre un cheval dont l'instruction a été manquée, de la lui faire recommencer méthodiquement, à la condition que la marche que l'on suivra sera réellement une *méthode* et non pas le produit d'une inintelligente routine, comme il n'arrive que trop souvent, car la plupart des résistances de l'animal insoumis peuvent être, en effet, attribuées à la faute du cavalier. Mais, on peut dire que, lorsque le procédé sommaire, recommandé par la généralité des traités d'équitation, réussit, c'est que le mal n'était vraiment ni très-grand ni bien invétéré, et que l'animal était simplement difficile et non pas absolument vicieux.

Il est certain que tel cheval impressionnable, d'un naturel d'ailleurs très-doux, se révoltera contre l'action des aides de tel cavalier, tandis qu'il se soumettra sans difficulté aux exigences de tel autre : non-seulement le premier ne sait pas se faire comprendre, mais il irrite le cheval par une contrainte pénible et par des exigences intempestives; tandis que l'autre, au contraire, fait de ses aides un usage intelligent, exempt de brusquerie et toujours en harmonie avec les moyens physiques et le degré d'instruction du cheval qu'il monte. Dans cet ordre d'idées, le mauvais cavalier fait le mauvais cheval ; donc le procédé peut réussir.

Mais on ne saurait se dissimuler que, lorsque le mal est bien enraciné, que ce soit la faute du cavalier ou non ; lorsque les défenses sont anciennes et passées à l'état d'*habitude*, ou lorsqu'elles se manifestent spontanément et dès le début du dressage, le moyen mentionné ci-dessus ne soit tout à fait insuffisant. D'ailleurs, les cavaliers doués d'assez de tact équestre pour tirer parti d'un cheval vraiment difficile, sont très-rares dans nos régiments et ailleurs, tandis que les chevaux rétifs, au contraire, se rencontrent un peu partout.

Il faut donc des moyens plus sérieux que ceux qu'on nous recommande, des moyens basés sur les *causes*, qui provoquent les défenses du cheval, et ces causes qui n'ont encore été indiquées que bien vaguement par les auteurs de nos modernes théories d'équitation, je vais essayer de les faire toucher du doigt dans le courant de ce travail.

CONSIDÉRATIONS SUR LES RÉSISTANCES DU CHEVAL (1)

Résistances physiques ou involontaires. — Résistances morales ou volontaires.

Peu de chevaux se défendent par méchanceté ; tous les

---

(1) Extrait du *Mémoire sur le dressage et la conduite du cheval de guerre.*

hommes de cheval, vraiment dignes de ce nom, s'accordent sur ce point.

Les résistances du jeune cheval surtout sont, en quelque sorte, *involontaires*, dans le principe, et provoquées, généralement, par l'impuissance où il se trouve d'obéir, soit parce qu'il souffre, soit parce qu'il manque de force ou d'adresse, soit, enfin, parce que le cavalier exige trop de lui ou qu'il ne sait pas se faire comprendre. La peur le fait aussi parfois résister à l'action des aides.

Les défenses occasionnées par la faiblesse, la gêne et quelquefois la souffrance résultant d'une mauvaise conformation ; celles causées par certaines infirmités, telles que les tares, une vue défectueuse, une irritabilité excessive, une mauvaise ferrure ; celles, enfin, provoquées par le manque d'habileté ou de discernement du cavalier, peuvent donc être considérées comme purement matérielles, c'est-à-dire comme indépendantes de la volonté du sujet. Ce sont, naturellement, les plus faciles à combattre et à faire disparaître.

Mais, lorsque ces résistances quasi inconscientes n'ont pas été combattues à temps, ou bien si elles l'ont été d'une manière insuffisante ou brutale, inintelligente, en un mot, le moral du cheval s'en mêle ; elles deviennent *volontaires*, dégénèrent en manie, et l'animal n'obéit plus que dans les limites de son bon vouloir : c'est la *rétiveté*.

L'on peut dire, en thèse générale, qu'un cavalier habile prévient toutes les défenses involontaires, en ne demandant jamais à son cheval qu'un travail en rapport avec ses moyens. D'un autre côté, on peut affirmer aussi qu'un cavalier maladroit, manquant d'expérience, qui ne sait pas placer sa monture dans des conditions indispensables de pondération et de mouvement, qui, seules, peuvent lui permettre de répondre instantanément à ce qu'on demande de lui, provoquera des défenses, même chez l'animal bien conformé et exempt d'infirmités, et le rendra rétif, pour peu que la brutalité se mette de la partie; car, châtier ou brutaliser un cheval pour une défense non préméditée, surtout si cette défense a été maladroitement provoquée par le cavalier, est le plus sûr moyen d'amener la rétiveté.

CLASSIFICATION DES RÉSISTANCES SUIVANT LEUR DEGRÉ DE GRAVITÉ

Hésitation. — Résistance. — Défense.

Parmi les nombreuses tares qui peuvent affecter les membres du cheval, bien peu le font boiter; il y en a de très-apparentes qui ne semblent gêner en rien la liberté de ses mouvements; pourtant, plus d'une est susceptible, à l'occasion, de provoquer la résistance aux aides. Du reste, le cheval étant, de tous les quadrupèdes, le plus impressionnable, c'est plus souvent la simple appréhension d'une douleur, qu'une douleur effective, qui le fait boiter. Or, c'est précisément cette appréhension qui provoque ses résistances, lorsqu'une articulation affectée d'une tare se trouve plus comprimée, non-seulement par l'addition du poids du cavalier à celui de l'animal, mais surtout par le résultat de certaines oppositions des aides qui, en changeant les lignes d'aplomb, obligent les membres à se maintenir dans une direction et dans un degré de flexion qui augmentent la gêne dont cette articulation est affectée.

Que le cheval se défende donc parce qu'une tare le fait souffrir ou parce qu'il a peur qu'elle ne le fasse souffrir, il ne s'en défend pas moins, et l'on est en droit d'attribuer sa résistance à l'existence même de cette tare, qui lui rend le mouvement exigé difficile, sinon impossible : l'animal, pour ménager la partie affectée, a modifié instinctivement la répartition de ses forces ; il s'est soulagé, mais au détriment de son équilibre ; dès lors, beaucoup de mouvements cessent d'être naturels pour lui. Si, sans tenir compte de cette gêne, qui lui rend certains exercices très-pénibles, on veut forcer le cheval à les exécuter quand même, *il hésite;* si l'on insiste, *il résiste* et enfin *se défend*.

C'est ainsi que des tares, qui ne semblent nullement faire souffrir le cheval, peuvent, dans un moment donné, occasionner des défenses.

Ceci s'applique également aux conformations défectueuses, à la faiblesse de l'animal, à sa maladresse ou à son ignorance.

On peut donc observer trois phases bien distinctes dans les résistances du cheval : l'animal mal conformé ou manquant de confiance dans sa force, *hésite* à obéir à la sollicitation des aides; il en est de même du cheval taré ou souffrant, qui redoute la douleur; du cheval peureux, qui est inquiété par un bruit ou par la vue d'un objet qu'il ne connaît pas ; du cheval maladroitement conduit, qui ne comprend pas son cavalier. C'est la première phase.

Si le cavalier inexpérimenté ou insouciant ne combat pas instantanément cette hésitation, par un emploi bien entendu de ses moyens de conduite, la résistance du cheval passe à la deuxième phase, celle de la *désobéissance* : l'animal n'entreprend encore rien contre la sûreté de celui qui le monte ; il ne cherche pas encore à se débarrasser de lui, mais il lui résiste. Un peu de tact et de savoir-faire pourront encore permettre au cavalier de se tirer d'affaire ; mais, s'il manque d'à-propos, s'il irrite le cheval par une contrainte douloureuse ou par un châtiment inconsidéré, l'animal entre en révolte contre lui : c'est la *défense*, c'est-à-dire la troisième phase, la résistance. Comme c'est généralement grâce à l'inexpérience et au manque de tact du cavalier que la résistance s'est ainsi aggravée, il est rare que ce dernier sorte vainqueur d'une lutte aussi inégale. La défense devient alors volontaire. Or, ainsi qu'on l'a vu, ce sont les défenses volontaires ou morales qui caractérisent la rétiveté.

DE LA RÉPARTITION DES FORCES
AU POINT DE VUE DE LA RÉSISTANCE AUX AIDES

Acculement. — Surcharge des épaules.

Quelle que soit la nature des résistances du cheval, elles sont toujours l'indice certain d'une mauvaise répartition de ses forces, c'est-à-dire d'une situation anormale du centre de son système locomoteur. Mais la réciproque de cette proposition n'est pas absolument vraie ; car, à la *légèreté* près, on rencontre une grande quantité de chevaux dont les forces sont irrégulièrement distribuées et qui, pourtant, ne résistent pas, à proprement parler, aux aides de leurs cavaliers.

Dans les chapitres de ce livre qui traitent de l'équilibre hippique, il est posé, en principe, que cet équilibre est le résultat de l'*harmonie* que la nature a mise entre le poids du cheval et les efforts musculaires chargés du déplacement de ce poids ou de son maintien dans l'immobilité. Cette harmonie chez l'animal monté le place, non-seulement dans les meilleures conditions pour répondre instantanément aux exigences de son cavalier, mais elle le met même, dans une certaine mesure, dans l'impossibilité d'y résister, toutes les fois que ces exigences sont en rapport avec ses moyens et son degré d'instruction. Il est donc de la dernière importance de savoir rétablir la pondération exacte des forces de l'animal, lorsque, pour quelque raison que ce soit, elle a cessé d'exister, surtout quand une répartition défectueuse de ces forces sert de point d'appui à des résistances sérieuses.

L'expérience éclairée par la réflexion m'a paru démontrer que, lorsqu'un cheval résiste et surtout lorsqu'il se défend, la distribution de ses forces affecte l'une de ces deux formes : ou il y a *acculement*, ou il y a *surcharge des épaules*. Dans le premier cas, c'est surtout à l'effet des jambes que l'animal résiste ; dans l'autre, c'est aux actions de la main.

Il y a des chevaux qui participent à l'un et à l'autre de ces défauts, et l'on serait tenté de croire, si la chose n'était pas matériellement impossible, qu'ils sont *à la fois* acculés et affectés de la surcharge des épaules. Nous verrons plus loin à quoi tient cette apparente anomalie.

De l'acculement ou retrait des forces.

Il ne faut pas confondre l'acculement, qui est cette faculté que possèdent certains chevaux de retenir leurs forces en les concentrant, pour ainsi dire et sans qu'il y paraisse, dans leur arrière-main, avec la défense du cheval, qui consiste à se jeter brusquement en arrière, pour échapper à l'action des aides, et dont il sera question en temps et lieu.

Dans le premier cas, le seul dont nous ayons à nous occuper pour le moment, on dit que le cheval *est* acculé; dans l'autre, qu'il *s'accule*.

Dans l'acculement, *principe de défense* et objet de ce chapitre, le centre de gravité, c'est-à-dire le foyer de tout le système locomoteur, *se trouve en arrière de sa position normale et généralement en dehors de la ligne à suivre* (1), laquelle doit toujours se confondre avec la surface médiane du cheval.

Cette double déviation aux lois de la nature qui ont assigné une place déterminée au centre de la locomotion; cette anomalie, qui permet à l'animal de se rete-

---

(1) Voir dans la IIe partie.

nir, en revenant, en quelque sorte, sur lui-même, bravant ainsi l'action impulsive des jambes du cavalier, veut être l'objet d'une attention toute particulière, car elle favorise l'immense majorité des résistances.

L'acculement, en laissant au cheval la disposition d'une partie de ses forces, amoindrit non-seulement ses moyens, mais, circonstance plus grave, lui permet, en outre, dans un moment donné, de faire usage de cette réserve pour se soustraire aux aides de son cavalier, et même pour les tourner contre lui.

Quoique la maladresse ou la brutalité des cavaliers, la faiblesse, la sensibilité ou l'état de souffrance d'un organe, puissent occasionner des défenses quelquefois sérieuses, celles-ci ne peuvent dégénérer en rétiveté que grâce à l'acculement qui leur sert, pour ainsi dire, de point d'appui.

Le cavalier doit donc observer attentivement les propensions de son cheval et combattre, *dès le début*, toute disposition au retrait des forces, en faisant constamment primer les actions de ses jambes sur celles de ses poignets. Il préviendra ainsi une quantité de résistances qui, avec certaines natures, ne manqueraient pas de se manifester tôt ou tard. Or, le cheval est disposé à l'acculement, toutes les fois que l'effet impulsif des jambes du cavalier ne se traduit pas instantanément par un appui sur la main ou par une accélération dans l'allure.

Cheval derrière la main. — Le cheval derrière la main est dans ce cas : il redoute plus la main que les jambes et refuse de s'appuyer sur le mors. Cette fausse légèreté qui trompe bien des cavaliers, a, entre autres inconvénients, celui de nuire considérablement à la franchise du cheval ; elle conduit, de plus, rapidement à l'acculement proprement dit, pour peu que le cavalier néglige d'y obvier à temps.

Les chevaux qui, dans les changements de direction, ont des tendances à tourner trop court ; ceux qui, dans la marche circulaire, cherchent constamment à rétrécir le cercle, particulièrement au galop ; ceux qui, à cette dernière allure, tiennent aux jambes et fuient le contact du mors ; ceux enfin qui, dans le reculer, précipitent le mouvement rétrograde et se reportent difficilement en avant à la pression des jambes, sont autant de sujets plus ou moins *acculés*.

Cheval derrière les jambes. — Le retrait des forces qui, dans le principe, passe souvent inaperçu, tend constamment à augmenter avec certains caractères disposés à la résistance. Le cheval acculé, qui s'est mis derrière la main, si l'on n'y prend garde, arrivera insensiblement à se mettre derrière les jambes ; alors, cessant d'être contenu entre deux menaces de douleur,—le mors et les éperons,—et le cavalier ayant perdu toute puissance sur lui, l'animal, d'abord simplement hésitant, devient franchement désobéissant ; puis, comme il n'est plus dominé, si le cavalier a la mauvaise idée d'entrer en lutte avec lui, la rétiveté se déclare en très-peu de temps : c'est l'acculement arrivé à sa dernière limite, avec ses plus fâcheuses conséquences.

Combien de chevaux dont le dressage a été entrepris par des hommes abandonnés à leur inexpérience, sont devenus rétifs en très-peu de jours, sans transition aucune, et combien de cavaliers, dont les chevaux ont ainsi résisté spontanément et sans motif apparent, se sont doutés de la véritable *cause* de ces refus de soumission! Leurs chevaux s'étaient insensiblement acculés et préparaient leurs moyens de défense depuis longtemps. Une circonstance fortuite leur a démontré la possibilité de se soustraire à l'obéissance et il ne leur en a pas fallu davantage pour leur donner la conscience de leur force; dès lors, ils n'ont plus obéi que parce qu'ils l'ont bien voulu.

Quant aux cavaliers ainsi surpris, il ne leur est resté que la lutte pour toute ressource, moyen extrême, généralement impuissant et toujours ruineux pour l'organisme de l'animal, un nouveau dressage susceptible de détruire l'acculement, nécessitant, bien plus impérieusement que jamais, un savoir-faire qui leur fait défaut et qui ne s'acquiert que par une longue expérience.

Un mors trop dur, une gourmette ou des sangles trop serrées, une ferrure défectueuse, suffisent quelquefois pour provoquer le retrait des forces; aussi faut-il apporter une attention toute particulière à la manière dont le cheval est embouché, bridé, sellé et ferré.

Mais quelle que soit la cause de l'acculement, et elles sont nombreuses, on doit, dans le dressage, combattre avant tout cette tendance de l'animal à retenir ses forces et déblayer sans retard le terrain d'une entrave aussi périlleuse.

Correctif de l'acculement. — Le meilleur correctif de l'acculement, surtout lorsque le cheval en tire parti pour se défendre, se trouve dans *l'emploi fréquent des allures vives*, à l'extérieur, sur les routes et particulièrement dans les descentes (1) : il faut tâcher de donner insensiblement à l'animal le *défaut opposé* à celui dont il est affecté. Les allures allongées amèneront le poids de la masse en avant, et l'application vigoureuse et inopinée des éperons, pratiquée de loin en loin, pendant ces marches rapides, ne tardera pas à inspirer au cheval un salutaire respect des jambes.

Mais ici se présente un écueil qu'il faut savoir éviter.

Beaucoup de chevaux, et notamment les plus jeunes, sont portés à se désunir au trot allongé. Je dirai plus loin ce qu'il y a à faire pour éviter cet inconvénient.

Une fois le poids amené le plus en avant possible, on recommencera l'instruction, en suivant ponctuellement la progression prescrite à la fin de cette Ire partie, sans s'inquiéter de savoir si le centre de gravité se trouve dans le plan de symétrie du cheval, et l'animal ne tardera pas à harmoniser ses forces et à se mettre d'aplomb, le principal obstacle ayant disparu.

Pour éviter tout retour à ses anciennes tendances, on entretiendra avec le plus grand soin *l'action* (2) du cheval, dans tous les exercices qu'on lui fera exécuter. Si, malgré cela, l'acculement se produit de nouveau, — et il faut toujours s'attendre à des rechutes, — l'on reprendra les allures vives pendant quelques jours.

Enfin, le cavalier entre-coupera les exercices prescrits par la méthode, de marches au trot allongé, de manière

---

(1) Sur des terrains légèrement inclinés.
(2) Voir la IIe partie.

à empêcher les forces de retourner à leur premier point de concentration.

Telle est, en résumé, la marche à suivre pour combattre l'acculement; elle est invariable. Or, comme l'acculement, ainsi qu'on l'a déjà dit, est le point de départ de presque toutes les défenses du cheval, on voit que les allures vives doivent jouer un très-grand rôle dans le dressage des chevaux rétifs, et même de la plupart de ceux qui présentent des résistances, de quelque nature qu'elles soient, les chevaux qui s'emportent ou qui gagnent à la main exceptés.

Lorsque le cheval n'est que derrière la main, le travail à l'extérieur n'est pas indispensable; car, en faisant constamment prédominer l'action des jambes sur celle de la main; en entrecoupant les différents exercices, de marches au trot allongé, et en pratiquant quelquefois le pincer des éperons, on arrive très-vite à faire disparaître ce défaut.

(Voir plus loin le dressage des chevaux qui *se cabrent*, qui *s'acculent*, qui *se dérobent*, etc.).

De la surcharge des épaules.

En analysant la machine animale au double point de vue de la mécanique et de la physiologie, on trouve que le centre de gravité du cheval doit être considéré comme le véritable *foyer* de la locomotion, parce que *toutes* les forces de l'animal viennent se grouper autour de ce point, quelle que soit la place qu'il occupe dans l'organisme (1). Déplacer le centre de gravité, c'est donc déplacer en même temps le foyer locomoteur.

Nous avons vu que, dans l'acculement, ce centre d'action se trouve trop en arrière, et nous avons examiné les conséquences de ce défaut d'harmonie.

Dans la *surcharge des épaules*, ainsi que le mot l'indique, la répartition défectueuse des forces affecte une disposition inverse. C'est l'avant-main qui supporte un poids plus considérable que celui qui lui revient dans une juste pondération des éléments du mouvement, ce qui attire et maintient le foyer de la locomotion trop en avant. L'animal se sert de son avant-main pour appuyer sur elle ses résistances, et il arrive parfois que la main du cavalier ne suffit plus à son rôle dominateur.

La surcharge des épaules a, le plus souvent, pour seul inconvénient de rendre le cheval lourd à la main et peu mobile, parce que les membres postérieurs restent trop éloignés du centre et que le reflux du poids ne peut pas se produire facilement; elle peut cependant, chez quelques natures énergiques et irritables, surtout lorsqu'elle s'allie à certaines défectuosités de l'arrière-main, occasionner des résistances susceptibles de compromettre très-sérieusement la sûreté du cavalier (chevaux qui s'emportent).

Correctif de la surcharge des épaules. — Comme le cheval sur les épaules est l'antipode du cheval acculé, ce sera naturellement par les moyens inverses de ceux indiqués ci-dessus qu'on le remettra d'aplomb; c'est-à-

---

(1) Voir IIe partie.

dire qu'on ne le fera travailler qu'aux allures ralenties et cadencées, on pratiquera de fréquents temps et demi-temps d'arrêt, en marchant à toutes les allures, et on l'exercera au reculer *le plus souvent possible*.

Mais il est du reculer comme du trot allongé : il peut avoir de graves inconvénients s'il est pratiqué d'une manière inintelligente (Voir plus loin, pour l'application de cet exercice, le dressage des chevaux qui *s'emportent* et de ceux qui *gagnent à la main*).

De l'acculement alternant avec la surcharge des épaules.

Certains chevaux possèdent la singulière faculté de porter brusquement le centre de leurs forces de l'avant sur l'arrière-main, *et vice versâ*, participant ainsi aux défauts qui caractérisent les deux catégories précédentes, car ils appuient leurs résistances alternativement sur les épaules et sur les hanches.

Il y a là une complication qui rend le dressage de ces chevaux long et difficile ; car l'emploi des allures vives et le pincer des éperons, seul correctif du défaut de *tenir aux jambes*, augmentent inévitablement chez l'animal la propension à se jeter sur les épaules, et les allures ralenties et le reculer indiqués pour ramener le poids en arrière, peuvent achever de l'acculer, si l'on ne s'en sert avec tact et discernement.

Pourtant ce ne sera qu'en employant *alternativement*, mais judicieusement, ces différents exercices, que l'on parviendra à harmoniser ces singulières natures.

Où les chevaux affectés du défaut de varier ainsi la

répartition de leurs forces, manquent de moyens et pèchent surtout par faiblesse du rein, ou bien le poids du cavalier et quelquefois une main trop dure les fait souffrir.

On reconnaît les premiers en ce qu'ils sont alternativement très-légers, — ou plutôt faussement légers, — et très-lourds à la main, suivant qu'ils se retiennent ou qu'ils se livrent; en ce qu'ils reculent difficilement (conséquence de l'éloignement de leurs membres postérieurs), en s'appuyant en quelque sorte sur leurs épaules, s'arrêtant et se campant après quelques pas de reculer ; en ce qu'ils exécutent tantôt facilement les rotations sur les épaules, tandis que la rotation sur les hanches leur est très-difficile (surcharge des épaules), et tantôt montrent des dispositions absolument inverses (acculement). Enfin, lorsque ces chevaux se mettent en défense contre leurs cavaliers, ils commencent généralement par s'immobiliser ; puis, si on les attaque, ils se précipitent brusquement en avant, en baissant la tête, en cherchant à forcer la main. Ils sont alors difficiles à arrêter, et il peut même arriver que, comme dans le cas précédent, ils emportent leur cavalier.

De même que pour l'acculement et pour la surcharge des épaules, cette défectuosité n'entraîne pas forcément la défense.

Les autres chevaux de cette catégorie se reconnaissent par les désordres, tels que bonds et ruades, auxquels ils se livrent.

Pour corriger les uns et les autres de leurs fâcheuses tendances, la première chose à faire, ce sera de provoquer le mouvement en avant, coûte que coûte, en leur faisant craindre les jambes, dût-on augmenter momentanément le poids que l'animal est disposé à porter sur ses épaules. Une fois l'obéissance passive à l'action des jambes obtenue, on assouplira l'arrière-main de manière à préparer cette partie à recevoir un excédant de charge à son tour.

On fera ensuite alterner, suivant le besoin, les exercices ralentis et cadencés, avec des allures allongées, de manière à obtenir des fluctuations de poids régulières et faciles de l'avant sur l'arrière-main, et réciproquement. Insensiblement le cheval se mettra d'aplomb.

J'ai dit qu'un pareil dressage demandait du temps; j'ajouterai qu'il réclame tout le savoir-faire d'un homme de cheval, et que, avec des chevaux de cette nature surtout, les cavaliers ordinaires doivent savoir se contenter de demi-résultats.

Ainsi, toutes les défenses du cheval, toutes ses résistances ont pour principe, *dès l'instant où elles se manifestent,* soit le retrait des forces, soit la surcharge des épaules.

N. B. — Il est essentiel de ne pas confondre *les contractions* irrégulières qui peuvent se manifester dans une région de l'organisme et qui dénotent toujours une concentration défectueuse des forces (acculement ou surcharge des épaules), avec le *manque de mobilité* qui, dans ces mêmes régions, peut ne résulter que d'un défaut de *souplesse,* car on pourrait faire fausse route dans la nature du traitement à appliquer au cheval.

Conclusion.

Nous avons vu que l'acculement et la surcharge des épaules peuvent se manifester par des résistances partielles et momentanées qui ne constituent pas, à proprement parler, des *défenses.* J'ai indiqué à grands traits, et sans entrer dans le détail de la pratique, le moyen de combattre et de vaincre ces fâcheuses dispositions.

On peut dire, en thèse générale, que toutes les fois que la répartition irrégulière des forces, c'est-à-dire le déplacement anormal du centre locomoteur, sert de point d'appui à des résistances de quelque gravité, il faut toujours et avant toute chose obtenir l'obéissance instantanée à l'action impulsive des jambes, et modifier ensuite cette mauvaise disposition *dans le sens du défaut contraire* à celui dont l'animal est naturellement affecté.

Ainsi, le cheval est-il en arrière? il faut le mettre sur les épaules; est-il trop sur les épaules? il faut le mettre sur les hanches, et partir ensuite de cette nouvelle distribution de ses forces, aussi défectueuse que la première, mais passagère seulement, pour commencer ou recommencer l'éducation du sujet vicieux, sans se préoccuper si le centre de locomotion est ou n'est pas dans le plan médian du cheval. Que les deux épaules ou les deux hanches soient également chargées, peu importe; le centre prendra de lui-même sa place, lorsqu'on sera parvenu à le maintenir sans effort à la distance relative où il doit se trouver de l'avant et de l'arrière-main. Ce sera l'affaire de la *gymnastique* indiquée plus loin.

L'instinct de la résistance et les prédispositions de l'animal le pousseront d'abord à retomber dans ses anciennes habitudes; mais, comme ses forces ne peuvent se porter de l'avant à l'arrière, *et vice versâ, sans traverser leur milieu normal,* le cavalier, par un habile emploi de ses aides, s'efforcera de les y retenir. Et c'est de cette lutte incessante entre les propensions du cheval et l'opposition des aides du cavalier, lutte réduite chaque jour à des proportions de plus en plus restreintes, que naîtra l'harmonie de forces et, par suite, la parfaite soumission du sujet.

DRESSAGE PRATIQUE

APPLICATION DES PRINCIPES DÉVELOPPÉS
DANS LES CHAPITRES PRÉCÉDENTS

DE LA CRAVACHE ET DU CAVEÇON COMME AIDES
ET COMME AGENTS DE CORRECTION.

Avant d'entrer dans le détail de la mise en pratique des principes que je viens de développer, je crois urgent de bien préciser l'emploi qu'il convient de faire de deux agents très-controversés sous le rapport de leur utilité et qui, chacun suivant sa spécialité, jouent un rôle très-important dans le dressage des chevaux difficiles : je veux parler de la *cravache* et du *caveçon*, en leur double qualité d'aides supplémentaires et d'instruments de châtiment.

Quant aux aides proprement dites, je n'ai pas à m'en occuper ici, le lecteur à qui s'adresse ce livre en connaissant la valeur et l'emploi. Je leur ai, d'ailleurs, consacré un chapitre spécial dans la deuxième partie de ce volume, exclusivement réservée à la discussion générale des principes d'équitation.

La cravache, instrument de correction, est d'invention toute moderne.

Succédant à la *gaule*, dont nos pères ne faisaient usage que comme d'une aide et qui ne pouvait guère, dans sa fragilité, servir à châtier bien sévèrement le cheval indocile ou méchant, la cravache, par une singulière fortune, est devenue l'engin de correction par excellence, à tel point qu'un certain nombre de nos écuyers du jour n'en admettent point d'autre. Naturellement, ses propriétés comme agent de conduite ont subi le contre-coup de ce renversement de rôle; aussi, beaucoup de gens, oubliant ou méconnaissant ces propriétés, les contestent-ils aujourd'hui de très-bonne foi, parce qu'il paraît, en effet, impossible qu'un instrument aussi simple dans des mains maladroites, puisse en même temps servir d'aide et de moyen de châtiment.

La dernière partie de cette proposition résume également, du reste, ma manière de voir sur ce point; seulement, je pense qu'on a grand tort de détourner la cravache de la destination toute naturelle que semble lui assigner la saine raison, et qu'il est urgent de la faire rentrer dans les limites tracées par son véritable rôle.

Mais, pourrait-on me dire, si vous retirez à la cravache ses fonctions coercitives, il faudra les attribuer aux éperons, et vous retomberez ainsi dans le même inconvénient !

L'objection ne serait que spécieuse, et voici pourquoi :

D'abord, au point de vue de l'équitation militaire, la cravache ne peut être utilisée que pendant le dressage du cheval; plus tard, si les chevaux *mis* ont besoin d'être corrigés, — et il s'en trouvera toujours, quelques soins que l'on apporte à leur instruction,—les cavaliers n'auront à leur disposition que les seuls éperons ; dès lors, il est bon que, par avance, ils sachent se passer de la cravache.

Ceci me paraissant indéniable, je vais essayer de démontrer que l'éperon peut et doit servir à la fois d'aide et d'agent de correction ; tandis que la cravache, elle, est inhabile à bien remplir cette double mission.

En matière de dressage, bien plus encore que dans la pratique journalière de l'équitation, toutes les actions du cavalier doivent être soigneusement *graduées* dans leurs effets.

Depuis la pression la plus imperceptible de la jambe jusqu'à l'attaque la plus vigoureuse de l'éperon, il est possible d'établir une gradation suivie dans l'intensité des impressions communiquées au cheval, de telle sorte qu'elles puissent se succéder sans la plus petite solution de continuité.

L'instinct de la conservation, joint à une certaine impressionnabilité commune à tous les chevaux, porte l'animal à fuir une douleur que l'augmentation dans la pression de la jambe et la *proximité* de l'éperon lui font incessamment pressentir. Rien de plus facile donc que de proportionner exactement, s'il y a lieu, la punition à l'importance de la faute commise, facilité qui fournit même au cavalier intelligent et habile le moyen de prévenir et d'empêcher cette faute.

En est-il de même pour la cravache ? Évidemment non.

Le cheval absolument *neuf* dont (à pied) on commence l'instruction, se porte en avant ou range ses hanches, à un simple attouchement de la cravache, non pas parce qu'il redoute le châtiment qu'il encourrait en cas de résistance (il ne saurait s'en douter), mais parce que le contact inopiné de cet agent insolite l'*inquiète* : il se déplace pour se soustraire à un danger possible. Une caresse faite à point lui apprend qu'il a bien fait ; on recommence ; il cède encore : il a compris.

Et ceci est si vrai que, lorsqu'on monte un jeune cheval *pour la première fois*, une simple pression progressive des jambes, commencée avec un minimum de force et poussée aussi loin que l'on voudra, restera absolument sans effet, et il faudra que la cravache intervienne pour provoquer le déplacement ; or, celle-ci joue, dans ce cas, exactement le même rôle qu'à pied : le rôle exclusif d'une aide. Pour que ses effets arrivassent insensiblement à prendre le caractère d'un châtiment, il faudrait que le cavalier pût les graduer dans leur intensité, ainsi qu'il lui est loisible de le faire pour l'action de ses jambes, où le pincer de l'éperon peut suivre *de très-près* et sans la plus petite interruption la pression maxima de la jambe seule restée sans résultat, et l'on sait qu'il n'en est pas ainsi.

En effet, étant donnée l'épaisseur de la peau du cheval, souvent recouverte d'un poil fourni, pour que la cravache produise un effet douloureux comparable à celui qui résulte de l'application d'éperons pointus, il faut que le cavalier frappe vigoureusement, ce qui est incompatible avec la nécessité de proportionner exactement la punition avec la gravité de la résistance. Il peut arriver que, pendant le temps qu'il faut au cavalier pour lever la cravache et l'appliquer au flanc de l'animal, celui-ci cesse de résister, sans qu'il soit possible de savoir si c'est à la sollicitation des jambes ou par crainte du châtiment qu'il a cédé; de plus, le mouvement brusque du cavalier, même si ce dernier s'est abstenu de frapper, a inévitablement produit un désordre momentané qui a dû troubler la faible intelligence du cheval, et il faudra un certain temps pour rendre l'animal de nouveau calme et attentif. Tout cela n'arrive pas avec les éperons, par les raisons que j'ai données plus haut. La cravache, comme instrument ordinaire de correction, doit donc être bannie du dressage.

Ainsi que je l'ai dit, cet agent, dans son principe, a été appelé à remplacer la gaule, qui n'était qu'une simple aide pour préparer l'obéissance aux jambes : revenons à ces sages errements.

L'abus de la cravache, aussi bien que l'abus des éperons, avilit le cheval, et j'appelle ici abus tout emploi qui en est fait en dehors des limites que je viens de tracer..., à moins d'une nécessité absolue. Cette restriction indique que j'admets le cas de force majeure, que j'appellerai de *légitime défense*.

Je ne prétends pas, en effet, que dans les rapports entre le cavalier et son cheval, il ne se présente des circonstances où un maître coup de cravache appliqué à propos, ne contribuera pas à porter en avant un animal qui, bravant l'action impulsive des éperons, s'arrête pour se défendre ou cherche, en se livrant, sur place, à des sauts désordonnés, à se débarrasser de son cavalier. Mais les circonstances où l'on est obligé, comme on dit, de faire flèche de tout bois, sont très-rares et ils excluent, en outre, toute idée de gradation dans les effets de la cravache qui, dans ce cas, est appliquée, sans transition aucune, avec la dernière violence. Ces exceptions, qui n'ont d'excuse que dans les dangers courus par le cavalier, ne servent donc qu'à confirmer la règle que j'ai posée.

Ainsi, pour châtier le cheval monté qui commet une faute, qui résiste ou qui se défend, il n'y a de logique et de vraiment pratique, en dehors du cas exceptionnel que je viens d'admettre, que l'*ultima ratio* du cavalier militaire : l'éperon.

L'éperon est donc à la fois une aide et un moyen de châtiment, comme le dit, avec un grand bon sens, l'ordonnance nouvelle sur les exercices de la cavalerie.

Quant à la cravache, elle n'est qu'une aide, rien qu'une aide, même lorsqu'on est forcé de l'employer avec violence, car c'est alors au moins autant pour se tirer d'un pas difficile, que pour infliger une correction méritée au cheval, qu'on en fait usage.

Les attouchements de la cravache employés dans le début du dressage doivent être considérés comme constituant les premiers termes de la progression des actions impulsives; puis, viennent les pressions graduées des jambes; enfin, le pincer plus ou moins énergique des éperons, auquel est réservé, en outre, le rôle coercitif, en raison de l'intensité de la douleur qu'il est capable de faire éprouver à l'animal.

Les *assouplissements* préliminaires avec la cravache, que je préconise comme moyen gymnastique et que j'expose plus loin, ne sont qu'une application logique du principe que je viens de poser.

De ma manière d'envisager la cravache dans ses

effets sur l'organisme, relativement au rôle qu'elle doit jouer dans le dressage, il résulte que le correctif des résistances que peut opposer l'animal à son action, *pendant le travail préparatoire*, ne peut être fourni par la cravache elle-même ; mais il y a un engin dont les effets sur le moral, aussi bien que sur le physique de l'animal, diffèrent essentiellement des actions de celle-ci, et qui, par cela même, sont susceptibles de se combiner admirablement avec elles, sans risquer de provoquer aucune confusion dans l'entendement du cheval : c'est le *caveçon*.

Le caveçon est l'instrument de domination qui influe le plus puissamment sur le moral du cheval. Malheureusement, il a un inconvénient très-grave : c'est d'être éminemment destructeur de l'organisme, toutes les fois qu'il n'est pas manié par une main très-habile ; son usage doit donc être limité aux cas exceptionnels dont s'occupe ce livre, lequel suppose naturellement le cavalier à la hauteur de sa tâche.

Les avantages qui peuvent résulter de l'usage *généralisé* du caveçon et de la longe à trotter dans le dressage du jeune cheval, sont bien loin de compenser les inconvénients, et sur ce point, mais sur ce point seulement, je partage l'avis des auteurs qui l'ont anathématisé ; car, il faut bien le dire, le caveçon, pour avoir été mal employé, a donné souvent des résultats déplorables et généralement opposés à ceux qu'on en attendait.

Mais, lorsque, pour quelque motif que ce soit, il s'agit d'exercer un animal qui ne peut être monté ; s'il faut faire dépenser à un cheval difficile un excédant d'ardeur et de force, et surtout lorsqu'on a affaire à un sujet vicieux, il n'y a pas à hésiter : il faut recourir à ce moyen périlleux, mais sûr, en ayant soin, bien entendu, si l'on ne manie pas le caveçon soi-même, de n'en tolérer l'usage qu'à quiconque possède le calme, le tact et le discernement voulus pour s'en servir comme il faut. Je n'insiste pas davantage sur ce point.

Pour ce qui est des précautions à prendre dans l'emploi de cet agent formidable de contrainte, afin d'en tirer tout le profit possible sans préjudice pour l'organisme du cheval, on les trouvera développées dans les différents chapitres consacrés aux résistances, où cet emploi m'a paru clairement *indiqué*.

Je ne parlerai pas de la chambrière, qui est l'auxiliaire indispensable de la longe à trotter, mais dont je conteste absolument l'utilité dans toutes les autres circonstances, hormis pour quelques cas particuliers dont il sera question en temps et lieu.

CHAPITRE Ier.

CHEVAUX DIFFICILES SANS ÊTRE VICIEUX.

Chevaux à affaisser du devant; chevaux qui portent au vent. — Chevaux à relever du devant; chevaux qui encapuchonnent. — Encolures à assouplir latéralement. — Chevaux à mobiliser de l'arrière-main. — Chevaux difficiles au montoir. — Chevaux qui ruent à la botte. — Chevaux qui battent à la main. — Chevaux qui ne marchent pas au pas. — Chevaux qui refusent de trotter. — Chevaux qui refusent de s'enlever au galop. — Chevaux qui refusent de galoper sur un pied ou sur l'autre. — Chevaux qui se désunissent au galop. — Chevaux qui se désunissent sur le changement de pied.

Il est indispensable d'indiquer la manière d'obvier à certaines imperfections physiques susceptibles de provoquer ou de seconder les résistances du cheval, avant d'exposer la marche à suivre et les moyens à employer pour tirer le meilleur parti possible des chevaux *rétifs*, ainsi que de tous ceux qui se défendent d'une manière quelconque.

De ce qui est dit dans les paragraphes précédents et au chapitre des *assouplissements* (1), il résulte que c'est en modifiant la répartition du poids de manière à soulager les parties surchargées, en assouplissant et en mobilisant les régions siéges des contractions, qu'on fait disparaître peu à peu les résistances du cheval.

---

(1) Voir la *Gymnastique appliquée au dressage du cheval*, p. 10.

Or il y a évidemment avantage à ne pas attendre que le cheval se défende et à employer préventivement ces mêmes moyens, toutes les fois qu'on aura affaire à des conformations vicieuses ou seulement irrégulières.

Chevaux à affaisser du devant.

Les chevaux dont l'avant-main prime le derrière et particulièrement ceux à garrot très-élevé, à encolure longue et renversée, qui portent au vent, sont disposés — la main de la bride aidant — à faire refluer une partie de leur poids sur le rein et sur les jarrets. Pour peu que les régions ainsi comprimées soient trop faibles, — et elles le sont généralement, — ou qu'elles soient douloureuses, le moindre inconvénient qui résultera de ces conformations irrégulières sera du désordre et de la désunion dans les allures; mais, avec des natures énergiques et irascibles, cette compression peut, si l'on n'y met bon ordre, produire la révolte contre l'action des aides.

Il importe donc, dès le début du dressage, de disposer les chevaux ainsi conformés, à porter leur poids davantage sur les épaules, voire même quelquefois à s'appuyer sur la main du cavalier, en donnant à la tête et à l'encolure une attitude telle que les actions de la bride réagissent plutôt dans la direction des hanches et de la croupe, c'est-à-dire horizontalement, que dans celle du rein et des jarrets, c'est-à-dire diagonalement et de haut en bas. C'est par l'affaissement de la tête et de l'encolure qu'on atteindra ce double résultat, car on attirera le centre de gravité en avant et l'on facilitera la bonne mise en main, sans laquelle il n'y a pas de précision possible dans la conduite du cheval.

Cet affaissement ne se pratique pas seulement à pied, mais encore à cheval et en marchant successivement aux trois allures, ce qui, dans ce cas, se produit à l'aide d'*effets d'ensemble* (1) ou de mise en main, pour l'exécution desquels la main du cavalier est moelleuse, fixe et basse, et que l'on fait suivre de fréquentes remises de main et même de descentes de main complètes (2). Ceci permettra au cheval de soulager son derrière, en portant sur les épaules une partie du poids qui l'écrase ; puis, *le travail d'assouplissement au moyen de la cravache* (3) ayant disposé l'arrière-main à s'engager peu à peu, cédant aux actions des jambes du cavalier, celui-ci relèvera l'encolure par des demi-temps d'arrêt, à mesure que les membres postérieurs s'engageront, en maintenant autant que possible la tête dans une direction approchant de la verticale et en entretenant, par des effets d'ensemble, la mobilité de la mâchoire. Il ramènera ainsi la surcharge momentanée des épaules sur les hanches, pour l'y fixer définitivement, les jarrets étant dès lors mieux disposés à recevoir le poids qui leur est destiné.

Il est indispensable, ainsi qu'on l'a dit, d'avoir, au commencement de ce travail, la main *basse* et surtout bien moelleuse, pour engager le cheval à s'appuyer (4)

---

(1) *Manuel d'équitation*, p. 41 et 105.
(2) *Idem*, p. 42 et 132.
(3) Voir ces assouplissements à la fin de la Ire partie.
(4) Je n'admets ce point d'appui *provisoire* que dans des cas excep-

sur elle en toute confiance. Il faut donc absolument éviter tout mouvement brusque et tout effet de force, qui ne pourraient être que contraires au résultat cherché. Le cheval se ramènera et se mettra dans la main, à mesure que l'équilibre se produira.

L'affaissement de l'encolure, qui facilite ici la mise en main, est, ainsi qu'on le verra plus loin, d'un grand secours pour le dressage de beaucoup de chevaux rétifs, et particulièrement de ceux qui ont la dangereuse habitude de se cabrer.

Il y a des chevaux qui ne portent au vent que par suite d'une disposition particulière de l'encolure ou d'une mauvaise habitude contractée par la faute du cavalier ; ceux-là sont faciles à mettre dans la main. Les assouplissements à la cravache, complétés au besoin par quelques flexions de ramener (mobilisation de la mâchoire) en auront promptement raison.

Chevaux à relever du devant.

A côté des chevaux qui ont besoin d'être affaissés, il s'en trouve qui demandent au contraire à être *relevés ;* ce sont ceux qui portent la tête trop basse et ceux qui *s'encapuchonnent.* Comme cette défectuosité provient généralement d'un vice de construction de l'arrière-main, il n'est pas toujours facile de la faire disparaître. Dans tous

---

tionnels et seulement comme un moyen de soulager momentanément un animal qui souffre.

les cas la guérison en est longue et les moyens *locaux* (flexions d'élévation), quoique indispensables, n'en sont pas moins insuffisants. En effet, que le cheval pèche par excès d'élévation de la croupe ou par faiblesse du rein (qu'il voûte en baissant la tête, pour mieux résister au poids du cavalier), on ne saurait le relever du devant, sans avoir disposé auparavant l'arrière-main à recevoir une partie de la charge qui pèse sur les épaules.

Pour relever l'encolure de cette catégorie de chevaux, il faut donc procéder à l'assouplissement complet de l'arrière-main avec la cravache, assouplissement que l'on pratiquera en soutenant chaque jour davantage la main qui tient les rênes, et l'on insistera tout particulièrement sur le reculer, surtout s'il s'agit d'une croupe trop élevée. La mobilisation de la mâchoire se pratiquera, elle aussi, en soutenant de plus en plus les poignets.

Une fois que le cavalier sera en selle, il relèvera la tête du cheval au moyen des rênes du filet croisées dans la main droite, et il fera en même temps, avec la main de la bride très-soutenue, des demi-temps d'arrêt habilement combinés avec des pressions de jambes, de manière que les membres postérieurs du cheval fléchissent et s'engagent sous la masse, chaque fois que la tête se lève. Ces effets de jambes s'opposeront en même temps au ralentissement de l'allure qui ne manquerait pas de se produire si le cavalier négligeait d'actionner le cheval.

Je le répète, les résultats de ce genre de dressage sont très-lents à se faire sentir, et ce ne sera qu'en s'armant d'une patience à toute épreuve, que le cavalier viendra à bout de relever son cheval; encore devra-t-il ne pas être trop exigeant, de crainte de nuire à la parfaite liberté des mouvements du sujet, en produisant de l'acculement.

Encolures à assouplir latéralement.

On ne saurait qu'approuver les méthodes qui proscrivent de l'armée l'assouplissement latéral de l'encolure, comme contraire à la bonne direction à imprimer aux forces du cheval de troupe. Toutefois, en dressage comme en toute chose, il n'y a pas de règle sans exception. En effet, si une certaine rigidité du levier représenté par l'encolure est indispensable pour aider aux différents déplacements de la masse et pour permettre de diriger sûrement et facilement le cheval, trop peu de flexibilité dans cette partie peut occasionner des résistances et devenir un obstacle sérieux au dressage de quelques chevaux difficiles.

Lorsque la rigidité de l'encolure tient à un manque de souplesse générale, à l'état contracté de toute la machine animale, il est évidemment inutile de mobiliser isolément cette partie par des moyens *locaux*, puisque, par les exercices gymnastiques pratiqués avec la cravache et poussés à un certain degré, on parvient à donner au cheval une souplesse proportionnelle dans toutes ses parties, résultat que n'atteignent que bien difficilement les assouplissements partiels, quelques soins qu'on y apporte d'ailleurs. Il en est de même lorsque la raideur de l'encolure est la conséquence de l'état de faiblesse de l'arrière-main; car, celle-ci étant alors naturellement peu mobile, on augmenterait encore son inertie en mobilisant l'encolure; en outre, on rendrait incertain l'appui que ce genre de chevaux prennent sur la main du cavalier et dont ils ont le plus grand besoin pour venir en aide à la partie surchargée, écrasée par l'excès de puissance ou d'élévation du devant et par le poids du cavalier. Ces chevaux demandent à être simplement abaissés du devant.

Mais il y a une catégorie de chevaux impressionnables qui, souffrant dans leur arrière-main, loin de chercher l'appui du mors, le fuient au contraire et accusent en même temps une grande mobilité du derrière, en cherchant à s'échapper à droite ou à gauche, par les hanches ; on les distingue donc facilement de tous les autres. Ces chevaux ont besoin de l'assouplissement complet de l'avant-main, par conséquent de la mobilisation *latérale* de l'encolure, d'une part, pour rétablir l'harmonie des forces et annuler les points d'appui qui favorisent les déplacements anormaux de l'arrière-main, et, d'une autre, pour rompre la trop grande rigidité du gouvernail qui, en faisant réagir, directement et sans aucune décomposition, sur les parties sensibles, les effets de la main de la bride, occasionne ces brusques déplacements de hanches.

A cette catégorie de chevaux il convient d'ajouter ceux qui se cabrent et dont il sera question plus loin.

Tous ces sujets, ainsi que ceux qui ont dû être affaissés, demandent à trouver toujours une main douce, basse et relativement fixe ; en outre, comme leur arrière-main réclamera constamment de grands ménagements, on évitera avec soin d'abuser à leur égard des rotations et du travail sur les hanches, et l'on n'abordera avec eux ces exercices qu'en observant une sage réserve.

Chevaux à mobiliser de l'arrière-main.

La mobilisation de l'arrière-main s'obtient on ne peut plus facilement à l'aide de la cravache, en suivant la progression que j'indiquerai plus loin et en appliquant les principes qui s'y rapportent; seulement, il y a des sujets avec lesquels ce travail gymnastique a besoin d'être poussé plus avant et d'être continué plus longtemps : tels sont les chevaux à arrière-main inerte par suite de faiblesse du rein, ou certains chevaux qui se défendent. Les premiers puiseront dans le travail à la cravache, outre la souplesse, une force qui leur manque; les autres y perdront les points d'appui qui facilitent leurs résistances. Mais, qu'on ne l'oublie pas, les assouplissements avec la cravache ne sont vraiment gymnastiques, c'est-à-dire fortifiants, qu'à la condition d'être pratiqués avec mesure. En exigeant trop du cheval, on le fatigue inutilement et, loin d'augmenter sa vigueur, on énerve l'animal et l'on émousse ses ressorts.

Lorsqu'on a reconnu que le travail ordinaire et préliminaire de la cravache n'a pas communiqué à l'arrière-main une mobilité suffisante, ainsi que cela arrive avec les chevaux à rein long et faible, ou bien si, par la nature de certaines défenses, un cheval a besoin d'avoir l'arrière-main plus particulièrement mobilisée, l'on aura recours aux *rotations gymnastiques*, indiquées dans la progression.

Si l'animal refuse de ranger ses hanches, s'il s'appuie sur la cravache, s'il frappe ou s'il rue, il faut lui mettre le caveçon et arrêter chaque velléité de résistance, soit par un petit coup sec sur le chanfrein, soit par une simple vibration imprimée à la longe (1).

Le plus grand calme est de rigueur pour ce travail, dont le résultat serait certainement compromis si le cavalier se laissait aller à des mouvements d'impatience ou de colère.

L'assouplissement de la cravache est aussi d'un précieux secours pour mobiliser l'arrière-main des chevaux *tarés* qui, montés, refusent de ranger les hanches d'un côté ou de l'autre.

Dès qu'on s'aperçoit qu'un cheval éprouve une certaine difficulté à engager un jarret sous la masse, on lui applique cet assouplissement jusqu'à ce que la rotation au trot *cadencé* s'exécute aussi bien d'un côté que de l'autre. On commence alors et l'on finit chaque séance par quelques minutes consacrées à ce travail, pratiqué, bien entendu, du côté rebelle, et on le fait exécuter parfois de l'aute côté, pour juger des progrès de l'animal.

Croupes à baisser.

En parlant des chevaux à relever du devant, j'ai dit que les flexions d'élévation ne pouvaient produire leur effet qu'à la condition que le cheval engage son arrière-main, à mesure qu'on lui soutient la tête et l'encolure.

Or, l'abaissement de la croupe est la conséquence de

---

(1) Voir le *cheval qui rue à la botte*.

cet engagement et ne saurait se produire sans lui. Les chevaux à baisser du derrière sont donc les mêmes que ceux qu'il faut relever du devant, *et vice versâ*.

L'abaissement de la croupe demande du temps et beaucoup de tact; c'est par l'application intelligente de la gymnastique hippique, c'est-à-dire par l'emploi alternatif des *rotations gymnastiques*, des mouvements d'*avancer* et *reculer*, et même du *travail de concentration cadencé* en marchant et en place, qu'on l'obtient avec le cheval non monté (1).

Cet exercice préparatoire, qui assouplit et fortifie l'organisme en même temps *qu'il ouvre l'entendement* du cheval à ce qui sera demandé à ce dernier sous le cavalier, est l'acheminement le plus rationnel à la sujétion qu'il faudra lui imposer alors, pour l'amener à modifier peu à peu la direction de ses membres postérieurs, d'où résultera l'abaissement définitif de la croupe.

Je n'ai pas besoin d'ajouter que c'est là un travail de précision qui est loin d'être à la portée du premier cavalier venu. Mais le dressage d'un cheval difficile est-il bien le fait de tout le monde ?

Cheval difficile au montoir.

Après avoir indiqué de quelle manière on arrive à corriger les principales imperfections physiques du cheval, afin de prévenir les défenses possibles, toujours préjudiciables à l'organisme du sujet, il me reste, avant d'a-

---

(1) Voir la Progression.

border ces défenses, à mentionner quelques résistances partielles, à la vérité d'une importance secondaire, mais qu'il faut néanmoins détruire dans leur germe, parce qu'elles peuvent retarder le dressage et quelquefois même occasionner des accidents : il s'agit d'abord du *cheval difficile au montoir*.

Lorsque les moyens ordinaires ne suffisent pas pour rendre le cheval docile au montoir, il faut recourir au caveçon. On a naturellement besoin du concours *d'un aide*, pour donner cette leçon avec toute la progression qu'elle réclame dans son application.

Après s'être assuré que le caveçon est ajusté de manière à agir sur le milieu du chanfrein; qu'il est assez serré pour ne pas se déplacer, on enroule l'extrémité de la longe en cuir (1) autour de la main gauche, afin de ne pas la laisser échapper, et on la ressaisit avec cette même main, à environ 16 centimètres de la boucle; la main droite, qui tient la cravache, se tenant en réserve, de manière à pouvoir, suivant le cas, saisir le cheval par les rênes, ou bien faire usage de la cravache comme d'une aide.

On se place bien en face du cheval, auquel on fait quelques caresses s'il se montre inquiet de ces préparatifs.

Certains chevaux résistent à l'action de mettre le pied dans l'étrier ou cherchent à l'entraver; d'autres ne commencent la résistance qu'au moment où le cavalier s'enlève; d'autres encore, à l'instant où il passe la jambe

---

(1) Il ne faut pas, pour ces leçons, faire usage de l'encombrante longe à trotter.

par-dessus la croupe; d'autres, enfin, quand il arrive en selle, suivant la cause généralement peu apparente qui les font agir.

Pour procéder avec méthode, autant que pour éviter les redites, il est donc bon de décomposer l'action de monter à cheval en mouvements pouvant s'exécuter en quelque sorte indépendamment les uns des autres, et permettant de marquer des temps d'arrêt. Faisons donc quatre coupures justifiées par des actions distinctes, savoir : 1° introduction du pied dans l'étrier; 2° enlever sur l'étrier; 3° passage de la jambe par-dessus la croupe; 4° arrivée en selle.

La même gradation devra être suivie pour la manière d'opérer en vue d'obtenir la soumission du cheval dans chacune de ces actions partielles.

On passera naturellement sur les mouvements que le cheval accepte sans difficulté, pour s'arrêter à celui qui marque le début de la résistance.

Je suppose que c'est au moment de mettre le pied à l'étrier que la rébellion se manifeste :

Le cavalier, tenant la longe du caveçon comme il vient d'être indiqué, et l'animal paraissant bien calme, l'aide se place en avant de l'épaule gauche, face en arrière et un peu de côté, pour éviter toute atteinte possible du membre antérieur, si l'animal venait à frapper du devant, et il saisit une poignée de crins assez en avant pour se fournir un solide point d'appui.

Il peut arriver que, dès ce moment, la résistance commence, car il y a des chevaux qui n'aiment pas qu'on leur touche aux crins; il faudra donc scinder le premier mouvement au besoin.

Le cavalier qui tient la longe verra immédiatement dans les yeux du cheval et par la contraction de son encolure, s'il y a lieu ou non de faire *vibrer* le caveçon, et il s'empresse de le faire, pour peu qu'il le trouve urgent. Si, malgré cet avertissement tout amical, l'animal se dérobe, s'accule ou cherche à frapper, le cavalier lui applique un petit coup sec sur le chanfrein, en ayant l'attention de pencher immédiatement le haut du corps très en arrière, de manière à résister le plus possible, par l'effet de son poids (force inerte), à l'écart ou au brusque mouvement rétrograde que pourra provoquer le coup de caveçon.

Il faudra attendre le retour du calme et la disparition de toute contraction pour recommencer l'épreuve, et l'on continuera à procéder ainsi, en se gardant soigneusement de tout mouvement de colère.

Inutile d'ajouter que chaque concession du cheval sera récompensée par des caresses et quelques poignées d'avoine, dont on aura eu soin de se munir par avance.

Quand toute résistance aura disparu et si la docilité *a été lente à se produire*, il faudra enlever le caveçon et renvoyer le cheval à l'écurie, quitte à le faire revenir quelques heures après.

Ce premier résultat obtenu, on passe à la deuxième partie du mouvement de mettre le pied à l'étrier, en suivant scrupuleusement la même gradation. Pour engager le pied dans l'étrier, l'aide se servira de la main droite, sans abandonner les crins, bien entendu.

On réunira ensuite les deux parties du mouvement, c'est-à-dire qu'on les fera se succéder sans temps d'arrêt, et l'on recommencera plusieurs fois.

Mêmes précautions pour le deuxième mouvement. L'aide s'enlèvera avec légèreté, en s'appuyant, d'une part, sur l'encolure, de l'autre, sur le troussequin de la selle. Il restera quelque temps dans cette position. Si le cheval est bien calme, il lui fera quelques caresses de la main droite. Le cavalier à pied, de son côté, ne ménagera pas les encouragements.

Ce mouvement, comme tous les autres, veut être recommencé plusieurs fois avant de passer outre, et, comme toujours, il faut renvoyer le cheval, pour le récompenser d'avoir cédé, si la résistance a été sérieuse.

Le cheval étant entièrement soumis et calme pendant l'exécution de ce deuxième mouvement, qui consiste à s'enlever sur l'étrier et à s'y maintenir un instant, on passe doucement la jambe par-dessus la croupe, sans la toucher, et en plaçant la main droite sur le pommeau de la selle, pour s'y appuyer ; on ne s'assied pas et l'on revient immédiatement à la position d'où l'on était parti, c'est-à-dire debout sur l'étrier, la jambe droite à côté de la jambe gauche, et on caresse de nouveau le cheval.

Si celui-ci manifeste de l'impatience, s'il se déplace ou s'il résiste le moins du monde, il ne faut pas que l'aide s'obstine à rester sur l'étrier ; il s'empresse au contraire de descendre à terre et même, au besoin, de dégager le pied de l'étrier, en attendant que le caveçon ait produit son effet ; puis il recommence.

Ce ne sera qu'après que l'animal aura fait preuve d'une docilité complète, que l'aide, après avoir passé la jambe, se mettra doucement en selle, et qu'il chaussera l'étrier droit.

Mais si, arrivé en selle, le cheval se défend, l'aide saisit ce qu'on appelle *la cinquième rêne*, sans se préoccuper davantage de l'étrier, et il s'établit solidement, jusqu'à ce que le caveçon ait eu le dernier mot.

Ici se place une recommandation d'une importance majeure, car, à cette dernière période de la leçon du montoir, la vie de l'aide pourrait se trouver sérieusement en péril, si le cavalier qui manie le caveçon ne gardait pas le plus grand sang-froid et s'il se servait de ce dangereux instrument d'une façon brutale ou inintelligente.

Il peut arriver, en effet, comme toutes les fois, du reste, qu'on fait agir le caveçon, que le cheval irritable, violent, cherche à se débarrasser à la fois et de l'instrument et de l'aide qui se trouve en selle, en s'enlevant brusquement du devant. Si, dans ce moment, le cavalier qui est à pied avait l'imprudence de vouloir résister à l'élévation de l'avant-main, il offrirait au cheval un point d'appui qui, venant à lui manquer subitement, provoquerait sa chute en arrière.

Il faut donc absolument éviter de fournir à l'animal ce dangereux point d'appui, en ayant l'attention de lui rendre *de toute la longueur de la longe*, et de le suivre, sans le gêner, dans son mouvement ascensionnel.

Il est bien entendu que, pendant toutes ces opérations, les rênes, raccourcies au moyen d'un nœud, resteront pendantes sur l'encolure ; le cavalier qui est en selle (l'aide) ne les prendra que lorsque toute résistance aura disparu.

Lorsque ce dernier résultat aura été atteint, on débouclera la longe, mais on laissera le caveçon au cheval et l'on répétera les mêmes exercices, le cavalier qui est à pied restant toujours à portée de venir au secours de son associé. Enfin on supprimera le caveçon.

Pendant tout ce travail, le cavalier qui tient la longe sera en même temps muni de sa cravache, dont il se servira comme d'une aide, conformément à ce qui est indiqué pour les assouplissements à pied ; car, je le répète, il faut absolument éviter *d'exiger du cheval sur la moindre résistance*, et toujours le ramener à l'état de station complétement libre, c'est-à-dire sans qu'aucune espèce de contraction se manifeste.

On ne saurait aussi se rappeler assez que, s'il est bon de réprimer promptement toute désobéissance, il est non moins indispensable de savoir récompenser à point la plus petite marque de soumission. C'est là un principe essentiel qui, aussi bien que le tact et la gradation à observer dans les exercices, peut être considéré comme la véritable clef du dressage du cheval.

Telle est la marche à suivre avec les chevaux qui se défendent au montoir, lorsque la patience, la douceur et les moyens ordinaires n'ont pas suffi pour en venir à bout. Je me suis étendu un peu longuement sur ce sujet, parce que je le considère comme un des plus importants et qu'on ne le prend généralement pas assez au sérieux ; de là cette quantité de chevaux, sinon tous difficiles, du moins tous fort désagréables au montoir. J'en ai profité, du reste, pour exposer la théorie du caveçon, qui joue un rôle très-actif dans le dressage des chevaux vicieux.

Cheval qui rue à la botte.

Qu'il s'agisse d'un cheval soi-disant *mis* ou d'un jeune cheval en dressage, le défaut de ruer à la botte veut être combattu dans son principe. Non-seulement ce défaut rend le voisinage de l'animal extrêmement dangereux; non-seulement il s'oppose à l'effet progressif des jambes, ce qui nuit à la justesse de leur action, mais il est susceptible de produire de l'acculement, et, par suite, de dégénérer en défense.

Dès que l'on s'aperçoit que le cheval a des tendances à ruer à la botte, au lieu de se servir de la cravache, dont il est urgent de ne pas abuser, étant donnée son utilité comme aide et comme agent d'assouplissement, il faut, encore ici, recourir au caveçon.

Je ne répéterai pas les recommandations que j'ai faites au sujet de l'emploi de cet agent, et qui sont applicables à toutes les circonstances particulières où le caveçon aura à intervenir.

C'est encore également le cas de se faire seconder par un aide qui aura eu la précaution de masquer complétement les pointes de ses éperons, en les entourant d'un chiffon.

On place le cheval, auquel on a mis le caveçon, au milieu du manége; on tient la longe de la main gauche, tout près de l'anneau, et l'on saisit les deux rênes de la bride avec la main droite, les ongles en dessous, à 16 centimètres environ des branches du mors.

Le cheval étant bien calme, bien d'aplomb et ne manifestant aucune contraction, on commence par produire un affaissement de l'encolure, suivi d'un effet de ramener avec mobilité de la mâchoire. Ce dernier point est essentiel, car il annonce que la station est vraiment *libre* et que l'animal est prêt.

La mise en main étant ainsi produite *et entretenue* par le cavalier qui est à pied, l'aide, qui est en selle, après avoir complétement chaussé les étriers, enveloppe moelleusement le cheval, en approchant ses jambes le plus possible ; il lui fait ensuite exécuter, secondé par le cavalier qui est à pied, une *rotation sur les épaules* au moyen de petits coups de talon et en appliquant parfois l'éperon (gauche ou droit, suivant le cas) délicatement et à petits coups redoublés, mais sans le laisser séjourner au poil. Cette dernière recommandation est très-importante.

Le cavalier à pied qui, par ses oppositions, concourra à l'exécution du mouvement, en obligeant l'avant-main à tourner sur place, est à même de s'apercevoir immédiatement de toute disposition à la résistance chez le cheval, et il la préviendra, soit par une simple vibration de la longe, soit par un petit coup de caveçon suivi immédiatement d'un nouvel effet d'affaissement et de ramener.

J'insiste sur la position un peu affaissée de la tête, parce qu'elle contribue à fixer le poids sur les épaules, ce qui aide à décontracter l'arrière-main, et aussi parce que, dans cette situation, le caveçon produira son effet sans que les jarrets en pâtissent.

La mobilité de la mâchoire s'étant produite de nouveau, le cavalier qui est en selle (l'aide) recommence à agir au moyen de ses petits coups de talons *régularisés* par la main de celui qui est à pied, chaque résistance étant toujours instantanément arrêtée par un effet de caveçon proportionné à l'importance même de cette résistance, et l'on continuera ainsi jusqu'à ce que l'animal cède à l'action de la jambe et même de l'éperon, sans chercher à frapper et sans se contracter.

On le fera alors pirouetter et appuyer alternativement à droite et à gauche (toujours contenu par le caveçon) en exigeant de plus en plus de régularité dans l'exécution et en insistant naturellement davantage sur le côté le plus rebelle, se conformant, du reste, à ce que j'ai dit pour la mobilisation de l'arrière-main (p. 58).

Dans le principe, le cavalier à pied (qui doit être l'instructeur, s'il s'agit d'un cheval de troupe) tient seul les rênes, celui qui est en selle les lui ayant abandonnées pour prendre une poignée de crins de la main droite, la gauche restant libre.

Lorsque l'animal s'est rendu, on répète ce travail, le cavalier qui est en selle ayant les rênes ajustées et s'en servant comme s'il était seul, celui qui est à pied se contentant de tenir la longe, qu'il laissera s'allonger (je ne trouve pas d'autre expression) insensiblement et qu'il finira par enlever complétement.

Si la résistance a été sérieuse, il faut renvoyer le cheval à l'écurie, dès qu'il aura fait preuve d'une docilité absolue.

Bien entendu, les concessions partielles de l'animal auront été chaque fois récompensées par des caresses et quelques poignées d'avoine.

Si le cas n'a pas été grave, le cavalier qui est en selle enlève les chiffons qui entourent ses éperons; on recommence ce travail en suivant exactement la même progression et en procédant toujours avec le plus grand calme, sans jamais céder au cheval, qui, après quelques jours, je le garantis, ne manquera pas de faire preuve de la plus entière soumission.

Cheval qui bat à la main.

Encore une détestable habitude à laquelle on n'accorde généralement pas assez d'importance, et qui caractérise beaucoup de chevaux imparfaitement dressés.

Il n'est pas rare de rencontrer des cavaliers fort convaincus de leur valeur comme écuyers, qui ne se doutent en aucune façon du démenti qu'ils donnent à leur présomptueuse confiance en eux-mêmes, par la liberté absolue qu'ils laissent à leurs chevaux d'*encenser* à toutes les allures.

Non-seulement l'animal qui bat à la main fait douter avec raison de la perfection de son dressage, mais il dénote chez celui qui le monte, à moins que ce ne soit accidentellement, l'absence la plus complète du véritable sentiment équestre.

Il ne suffit pas, dans le dressage, d'avoir obtenu le ramener, c'est-à-dire la bonne direction de la tête et de l'encolure, voire même une certaine mobilité de la mâchoire; il faut encore que le cheval conserve ce ramener, quelque mouvement qu'il exécute, et qu'il ne quitte jamais la main du cavalier chargée de le diriger, de le contenir et de régler ses déplacements. Or, le cheval qui encense se soustrait incessamment aux effets du mors, ce qui est non-seulement fort disgracieux, mais rend de plus sa conduite très-incertaine.

Cette désagréable manie annonce toujours une main inhabile et un manque d'expérience en matière de dressage, car il suffit d'un peu de tact pour la faire disparaître en très-peu de jours.

Ou le défaut de battre à la main provient d'un excès d'action chez le cheval, ou il ne consiste que dans un mouvement quasi-automatique de la tête et de l'encolure, auquel ne participe pas le reste de l'organisme.

Dans le premier cas, la main de la bride, toujours soutenue et attentive, interceptera, au moyen d'un *demi-temps d'arrêt* en quelque sorte nerveux, chaque enlever de la tête, de manière que le cheval en ressente *chaque fois* une impression désagréable sur les barres et se châtie pour ainsi dire lui-même. L'effet de ce demi-temps d'arrêt devra nécessairement être proportionné à l'impressionnabilité du cheval et n'absorber que l'excédant de son action. La main, dans ce cas, *agira seule*, les jambes restant soutenues sans augmenter leur effet.

Si ce n'est pas par trop d'ardeur que pèche le cheval, les demi-temps d'arrêt de la main de la bride le feront revenir sur lui-même; dès lors, le défaut de battre à la main ne résidant que dans un mouvement propre à l'encolure, et l'ensemble des forces du cheval n'y participant pas, le cavalier, pour empêcher que les effets de la main ne réagissent sur ces dernières, accompagnera chaque demi-temps d'arrêt d'une pression de ses jambes; ces pressions s'opposeront incessamment au retrait des forces et détruiront en même temps le principe d'*accu-*

lement qui accompagne presque toujours le défaut de battre à la main.

Ainsi, dans le premier cas, la main agira sans le secours des jambes, et, dans le deuxième, l'action des jambes accompagnera le soutien énergique de la main.

C'est encore ici le cas, pour le cavalier, de s'assurer de quelle manière son cheval est embouché, car un mors trop dur ou mal assujetti, une gourmette trop serrée, etc., sont souvent les seules causes qui font encenser l'animal.

Lorsqu'un jeune cheval ne commence à battre à la main qu'à la fin de sa reprise, c'est chez lui un signe de fatigue ; cela indique qu'il faut le ménager davantage, en lui donnant des leçons moins longues.

Cheval qui ne marche pas au pas.

Le cheval qui ne marche pas au pas, qui *trottine*, comme on dit, est toujours un animal imparfaitement *mis*. Seulement il ne servirait à rien de *recommencer* purement et simplement son éducation, pour le mettre d'aplomb, — car c'est par un défaut d'aplomb qu'il pèche, — si l'on ne s'assurait de quelle manière sont réparties ses forces, afin d'en tenir compte dans le nouveau dressage auquel on va le soumettre.

Deux dispositions de forces absolument inverses peuvent occasionner le trottinement : *l'acculement* et *la surcharge des épaules;* mais on reconnaît facilement laquelle des deux fait agir le sujet affecté de cette désagréable habitude, car si le cheval est acculé, il ne prend aucun appui sur la main ; s'il est sur les épaules, cet appui est, au contraire, très-marqué.

Dans le premier cas, il suffit de faire travailler l'animal pendant quelque temps aux allures allongées, mais très-régulières (en se servant d'un mors très-doux), de manière à le mettre sur les épaules. On détruira ensuite peu à peu ce point d'appui ennemi de la véritable légèreté, en recommençant méthodiquement le dressage qui, insensiblement, établira une harmonie parfaite dans les forces du cheval, laquelle fera obstacle au retour du trottinement.

Dans le deuxième cas, le traitement sera un peu plus long, car il faudra commencer par soumettre l'animal à la gymnastique hippique, en insistant surtout sur les *rotations gymnastiques* et les mouvements d'*avancer et reculer*, — ce qui demande du temps, — avant de recommencer le dressage proprement dit. Dans celui-ci, on pratiquera surtout le reculer et les exercices à une allure ralentie, afin de provoquer un peu d'acculement que les propensions du cheval à revenir en avant feront rapidement disparaître.

Cheval qui refuse de trotter.

Ce défaut indique un manque d'équilibre provoqué par l'acculement. Le cheval prend incessamment le galop, malgré les oppositions du cavalier. Il faut commencer par mettre l'animal le plus en avant possible par les moyens ordinaires, c'est-à-dire en employant les allures vives, exactement comme pour le cheval qui trottine par acculement. Ce sera naturellement le galop allongé et suffisamment soutenu que l'on emploiera, et, comme il ne faut jamais provoquer la fatigue, les séances, qui auront toujours lieu à l'extérieur, seront très-courtes ; mais on les renouvellera jusqu'à ce que le point d'appui soit obtenu ; puis on commencera le dressage normal, qui détruira le point d'appui, en fixant le centre locomoteur à sa véritable place.

Cheval qui refuse de s'enlever au galop.

On rencontre quelquefois, dans le dressage des jeunes chevaux, des sujets qui éprouvent de grandes difficultés à s'enlever au galop et auxquels on ne peut arriver à faire prendre cette allure, qu'en les poussant à un trot exagéré. Ces chevaux ont tous les épaules surchargées ; mais cette répartition défectueuse du poids a le plus souvent pour cause une grande raideur et quelquefois un état douloureux de l'arrière-main.

On devra commencer par soumettre ces chevaux aux assouplissements de la cravache, de manière à obtenir tout d'abord des rotations gymnastiques *également* régulières et cadencées, des deux côtés ; les façonner aux mouvements d'avancer et de reculer, et insister sur le mouvement cadencé en place et sur le rassembler.

Ces assouplissements de l'arrière-main et particulièrement du rein, mettront promptement le cavalier en mesure d'obtenir des départs légers sur l'un et sur l'autre pied, car ils mettront le cheval d'aplomb. Mais c'est là un dressage qui réclame beaucoup de savoir-faire.

*Cheval qui refuse de galoper, soit sur un pied,
soit sur l'autre.*

Certains chevaux refusent obstinément de galoper sur un certain pied, soit qu'ils ne veulent pas s'embarquer justes, soit qu'ayant répondu convenablement aux aides, ils s'empressent de changer de pied ou de se désunir. C'est dans l'arrière-main qu'il faut chercher la cause de cette défectuosité, et notamment dans les jarrets, dans les boulets ou dans les tendons.

On comprend que, lorsque ces parties sont affectées de tares, le cheval ne s'appuie sur elles qu'à regret et qu'il cherche à les soulager le plus qu'il peut.

Au galop, par exemple, quand un seul membre postérieur reçoit tout le poids de la masse qu'il est ensuite chargé de projeter en avant, on conçoit que l'instinct porte le cheval à laisser ce soin plutôt au membre sain, qu'à celui qui ne l'est pas.

Or, dans le départ, c'est-à-dire dans l'*enlever* au galop à droite, c'est le membre postérieur *droit* qui est chargé de ce rôle, et c'est naturellement l'inverse dans le galop sur le pied gauche.

Mais on sait que cet ordre se trouve interverti dès la première foulée, c'est-à-dire que, *une fois le galop sur le pied droit entamé*, c'est le membre postérieur *gauche* qui fatigue le plus, et *vice versâ*. On peut conclure de là que l'animal qui aura une cause de gêne ou de souffrance, je suppose dans le membre postérieur gauche, pourra partir très-juste et très-légèrement sur le pied droit, parce que c'est son membre *droit*, qui est sain, qui quitte le sol le dernier, mais que le cheval s'empressera de changer de pied, parce que, *dans l'allure* du galop à droite, c'est le membre postérieur gauche qui travaille le plus.

Ainsi, tel cheval partira facilement sur un certain pied et ne s'y maintiendra pas, tandis que tel autre, qui hésitera beaucoup à s'embarquer sur ce même pied, une fois parti, ne fera aucune tentative pour changer ou pour se désunir.

Le cavalier qui rencontrera ces difficultés devra immédiatement examiner son cheval et l'étudier attentivement pour découvrir la cause de la gêne et, l'ayant trouvée, se servir des assouplissements de l'arrière-main en conséquence.

Il appliquera le travail gymnastique et il s'attachera à exercer davantage le côté où les rotations et les mouvements d'appuyer se feront avec le plus de difficulté, tant qu'il n'aura pas obtenu la même mobilité cadencée des deux côtés. Il complétera le travail par les assouplissements du rein et de la croupe, jusqu'à ce que la plus parfaite harmonie se soit manifestée dans l'emploi des forces du cheval, et il fera alterner, bien entendu, ces différents exercices avec ceux du dressage normal indiqués dans la progression.

Cheval qui se désunit au galop.

Le cheval qui se désunit au galop souffre dans son arrière-main. Il faut le soumettre au travail gymnastique et lui laisser prendre un certain point d'appui sur la main, qui devra constamment rester fixe et moelleuse, pour que le cheval l'accepte avec confiance.

Le travail sur les hanches, voltes, demi-voltes, changements de direction, etc., et surtout le galop *à faux* sur le cercle, contribueront puissamment à fixer le cheval dans son allure. C'est un travail de précision qui exige beaucoup de tact et qui n'est pas à la portée de tous les cavaliers, mais qui, bien exécuté, donne des résultats excellents.

Il va sans dire qu'on devra se dispenser de faire faire au cheval des changements de pied, tant qu'il ne sera pas parfaitement confirmé et léger sur l'un et sur l'autre pied.

Ici, comme toujours, les assouplissements au moyen de la cravache feront merveille.

Cheval qui se désunit sur le changement de pied.

Il arrive fréquemment, lorsqu'on commence à exercer le cheval au changement de pied, que l'animal *ne change qu'à moitié;* généralement c'est l'arrière-main qui n'obéit pas. Les chevaux d'un tempérament mou, qui ont le rein long et faible, sont sujets à cet inconvénient, lorsqu'on a essayé de les faire changer de pied trop tôt.

C'est un tort commun aux cavaliers inexpérimentés de vouloir aller trop vite en besogne et de ne pas se préoccuper assez des moyens de leurs chevaux, soit naturels, soit acquis par le dressage.

Il faut, avant d'attaquer cette partie assez difficile de

l'éducation du cheval de selle, non-seulement que les départs au galop soient d'une grande justesse, mais encore que l'allure soit parfaitement légère, sur une et sur deux pistes. C'est particulièrement ce dernier point qu'on doit avoir atteint (la légèreté sur deux pistes), et le résultat est quelquefois très-lent à se produire avec le cheval qui manque de puissance dans son arrière-main.

Tant que l'animal n'a pas acquis la souplesse voulue pour engager suffisamment ses membres postérieurs sous la masse, dans ce travail qui réclame de la vigueur et de l'adresse, de manière à *manier* avec une légèreté constante, il ne faut pas essayer de le faire changer de pied, car c'est courir le risque de voir le cheval se désunir, et de contracter ainsi l'habitude de changer en deux fois, habitude fâcheuse qu'il est ensuite très-difficile de lui faire perdre.

Lorsque le cheval en est là, et c'est le cas qui nous occupe, il faut cesser immédiatement ce travail et pratiquer la gymnastique hippique dans tous ses détails, laquelle, après quelque temps, fortifiera le rein et communiquera à l'animal la souplesse nécessaire pour engager ses membres postérieurs.

Comme la gymnastique ne produit tous ses effets qu'à la longue, on se gardera de reprendre les changements de pied avant que l'organisme ait eu le temps de se modifier.

On commencera et l'on terminera chaque séance du travail de manége par un quart d'heure consacré aux divers assouplissements de la cravache.

Lorsqu'on supposera le cheval prêt, c'est-à-dire lorsque sa légèreté sera parfaite et suffisamment soutenue dans le galop sur la demi-hanche et dans le travail *à faux*, on fera bien d'exiger d'abord le changement de pied sur un changement de direction. A cet effet, on mettra l'animal sur un grand cercle et lorsque le galop sera vraiment léger (se méfier de l'acculement!), on changera de pied sur un changement de main en dehors du cercle, en ayant soin de soutenir un peu la main de la bride et en fermant énergiquement la jambe déterminante (jambe droite dans le changement de droite à gauche et *vice versâ*) très en arrière, de façon à obliger le membre postérieur, qui va recevoir la masse, à s'engager le plus possible.

C'est encore ici qu'il faut du tact, car on ne doit pas oublier qu'il s'agit surtout de corriger le cheval d'une habitude prise, et qu'il est toujours beaucoup plus difficile de détruire une mauvaise habitude que d'en inculquer une bonne au cheval qui n'a pas été gâté par son commerce avec l'homme.

CHAPITRE II.

CHEVAUX QUI SE DÉFENDENT PAR SUITE D'ACCULEMENT.
— CHEVAUX RÉTIFS.

Cheval qui s'accule. — Il ne faut pas confondre l'acculement, principe de résistance, avec la défense qui consiste dans un mouvement rétrograde. — Le cheval qui s'accule n'est pas toujours un cheval rétif. — Cheval entier à une main; ce défaut peut dégénérer en rétiveté. — Cheval qui se dérobe.

Jusqu'ici il n'a été question que d'obvier à des conformations défectueuses ou de combattre des résistances d'un intérêt en quelque sorte secondaire.

Il s'agit maintenant de nous occuper des chevaux *qui se défendent* pour se soustraire aux aides du cavalier, et particulièrement des chevaux rétifs ou vicieux.

Cheval qui s'accule.

Il ne faut pas confondre, je l'ai déjà dit, le cheval *qui s'accule* avec le cheval affecté d'*acculement* ou de retrait des forces. L'acculement se manifeste sous toutes sortes de formes, entre autres par l'action de s'acculer, ou de reculer malgré le cavalier.

Ainsi, lorsque je dis qu'un cheval *est acculé*, j'entends par là que le centre de son système locomoteur se trouve trop en arrière, ce qui a les nombreux inconvénients que l'on sait; tandis qu'en disant qu'il *s'accule*, je veux parler de cette défense qui consiste dans le mouvement rétrograde d'un animal affecté d'acculement, qui a bravé l'action impulsive des éperons.

Le cheval qui s'accule est un animal rétif ou disposé à la rétiveté, qui profite de la répartition défectueuse de ses forces pour s'arrêter court, reculer précipitamment, ou pour serrer celui qui le monte contre un mur ou contre un objet quelconque, afin de l'empêcher de se servir de ses aides. Ce cheval, qui en général se contente d'opposer une résistance en quelque sorte inerte aux moyens employés par le cavalier pour le faire marcher, sans autrement compromettre la solidité de celui-ci, n'en est pas moins parfois fort dangereux; mais son dressage ne présente pas de bien grandes difficultés; il demande simplement du temps.

Deux cas peuvent se présenter : ou le cheval s'accule parce qu'il est faible, parce qu'il souffre ou parce qu'il a des dispositions à résister, mais sans que ce soit chez lui une habitude bien invétérée ; ou bien c'est un animal complétement rétif, qui a adopté ce mode de défense, lequel lui est devenu ensuite habituel.

Comme dans l'un et l'autre cas la cause de la résistance réside dans une concentration anormale des forces et du poids dans l'arrière-main (commune à tous les chevaux de la catégorie qui nous occupe), dont le correctif consiste, ainsi qu'on l'a déjà dit, dans l'emploi fréquent et plus ou moins prolongé des allures vives, il est clair qu'il devient impossible de l'employer *dès le début*, avec un animal qui refuse absolument de se porter en avant; mais c'est là l'exception, et l'on verra plus loin comment on parvient à éluder cette difficulté.

Quant au cas qui se présente le plus ordinairement, passant de la théorie à la pratique, voici comment on applique la progression :

On conduit le cheval à l'extérieur, sur une grande route, par exemple, et on lui fait allonger progressivement le trot, par les moyens ordinaires. De loin en loin, on lui applique les deux éperons, qui auront exceptionnellement des molettes très-acérées.

Cette attaque devra se produire d'une manière tout à fait inopinée, afin que le cheval ne soit jamais tenté de s'arrêter. Il faut donc, d'une part, que la main du cavalier ne fasse aucune opposition à l'impulsion imprimée par les éperons, et, d'une autre, que les éperons demeurent au poil *le moins possible*.

Évidemment l'attaque déterminera le cheval (s'il n'est pas rétif) à passer brusquement à un galop quelquefois désordonné. Le cavalier le laissera partir, restera calme et bien assis, et prendra immédiatement des dispositions pour régler l'allure, en faisant en sorte que l'animal prenne un appui solide sur le filet. Une fois ce point d'appui obtenu, le cavalier ralentira peu à peu le galop, passera au pas, jettera les rênes sur l'encolure et caressera le cheval.

Il recommencera deux ou trois fois cet exercice, laissant chaque fois à l'animal le temps de souffler et de prendre quelque repos, en marchant *librement* au pas ; puis il le rentrera à l'écurie.

Si le cheval est sujet à se désunir au trot, il faut employer immédiatement le galop. Dans tous les cas, l'allure doit toujours être maintenue *régulière*, les allures désunies émoussant les ressorts de la machine animale et amenant prématurément l'usure du cheval.

On continuera cet exercice, qui est d'ailleurs le même pour tous les chevaux affectés du retrait des forces, *à l'exclusion de tout autre*, mais en faisant des séances très-courtes, pour éviter la fatigue, jusqu'à ce que le cheval, sur la moindre invitation des jambes, vienne franchement et solidement s'appuyer sur la main, ce qui ne tardera pas à arriver, si le travail est bien fait.

On a supposé ici que le cheval ne s'arrête pas sous le coup d'éperons. Si, contre toute attente, il s'arrête, il ne faudra pas insister davantage et on le mènera immédiatement au manége, où l'on répétera cet exercice, sur les pistes, en ayant soin de se faire seconder par un aide muni d'une chambrière.

Cet aide se placera près d'un des grands côtés, *en dissimulant la chambrière derrrière lui*, le petit bout en bas et la lanière traînant à terre.

Le cavalier qui a mis son cheval au grand trot, à main gauche (à moins que l'aide ne soit gaucher), s'arrangera de manière à donner son coup d'éperons au moment où il passera auprès de l'aide, qui, si l'animal fait mine de vouloir s'arrêter, lui appliquera un vigoureux coup de chambrière sur les fesses. Si le coup arrive *inopinément*, et c'est à quoi doit s'attacher l'aide, l'animal se précipitera en avant.

Le cavalier procédera, pour le calmer et le faire passer au pas, comme il a été dit pour le travail sur la route.

Quant à l'aide, il aura eu soin de jeter sa chambrière *immédiatement* à terre, et il ne la reprendra que lorsqu'il faudra recommencer. En attendant, il ira se placer successivement en différents endroits du manége, où le cavalier arrêtera le cheval, pour donner à l'aide la facilité de le caresser et lui offrir, au besoin, quelques poignées d'avoine, afin de ramener complétement sa confiance.

Lorsque l'animal sera redevenu parfaitement calme, l'aide ira reprendre la chambrière, dans un moment où le cheval fera face en arrière, et il se placera de nouveau à proximité de la piste, mais *dans un autre endroit* du manége.

On recommencera ainsi le même exercice plusieurs fois de suite, et l'on renverra le cheval à l'écurie.

A moins que le mal ne soit bien enraciné, il ne résistera pas à deux ou trois séances ainsi employées, et le terrain se trouvera absolument déblayé pour le travail aux allures vives.

On retournera alors sur la route, et l'on reprendra le trot allongé, ainsi que je l'ai indiqué, jusqu'à ce que le cheval se soit mis sur les épaules; ce ne sera qu'alors que son dressage proprement dit pourra être commencé.

Qu'on ne se figure surtout pas que les précautions que je viens de recommander, pour rassurer le cheval pendant les exercices où la chambrière a à intervenir, sont superflues; ce serait une erreur grave. La chambrière, dont je n'ai parlé qu'en passant au commencement de ce livre, parce que je n'en admets l'usage que dans des cas rares, a rendu plus de chevaux rétifs qu'elle n'en a guéri de la rétiveté, le cheval apprenant très-vite à la fuir, ce qui aggrave toujours ses résistances. Il faut donc la lui dissimuler le plus complétement possible et ne la faire agir que d'une façon absolument imprévue; car, une fois que le cheval a pris la fâcheuse habitude de fuir la chambrière, il ne perd jamais de vue celui qui la tient et reste constamment sur la défensive, circonstance qui l'entretient dans un état perpétuel de contractions, lequel n'est pas fait pour hâter sa soumission.

Il n'y a donc rien de trop dans ce que j'ai dit de cette aide, dont l'efficacité sera d'autant plus grande qu'on la mettra moins souvent à contribution.

Je suppose maintenant le cheval objet de cette étude arrivé au point où les allures rapides ont dû le conduire infailliblement, c'est-à-dire à la *surcharge des épaules*, défaut opposé à celui qui a occasionné ses défenses : c'est le moment de commencer son dressage proprement dit, qui aura pour objet de mettre le centre de ses forces à sa véritable place et de fournir les moyens de l'y maintenir.

C'est au manége que s'effectuera ce travail, qui empruntera ses principaux éléments à la gymnastique.

On commencera par soumettre l'animal aux assouplissements généraux de la cravache, et comme il s'agit de donner une grande mobilité à l'arrière-main, puisque c'est sur cette partie que le cheval appuie ses résistances, on assouplira tout particulièrement cette région. On ne se contentera donc pas de faire tourner les hanches autour des épaules, mais on fera en sorte d'arriver le plus tôt possible à produire le trot *cadencé* dans l'exécution de ce mouvement, en insistant sur sa parfaite régularité aux deux mains, par les moyens indiqués plus loin (1).

---

(1) Voir la progression.

On se servira aussi du mouvement d'*avancer et reculer*, d'une utilité particulière dans le dressage des chevaux rétifs, et qui complète le travail gymnastique de l'arrière-main.

Cet assouplissement, qui trouve une fréquente application dans le dressage en général et dans les cas dont nous nous occupons ici en particulier, est d'une importance capitale, comme une gymnastique du rein par excellence ; il est donc de toute nécessité que le cavalier s'exerce sur un grand nombre de chevaux, de manière à acquérir l'adresse voulue pour pouvoir l'appliquer d'une main assurée, lorsqu'il s'agira pour lui de remettre un cheval difficile ; car il serait imprudent de s'exercer sur le sujet lui-même.

Il en est de même, du reste, de toutes les pratiques qui, par avance, ne lui seraient pas tout à fait familières.

Après une demi-heure consacrée à ces différents exercices, on monte le cheval et on les lui fait répéter en les entremêlant de fréquents temps de trot allongé, avec pincer les éperons, car il importe surtout de confirmer l'animal dans l'obéissance aux jambes, en restant constamment préoccupé d'empêcher le retour de l'acculement (retrait des forces).

Il va sans dire que l'on achèvera le dressage en se conformant en tous points à la progression prescrite, évitant toutefois d'insister sur le travail aux allures cadencées, sur les pirouettes ordinaires et sur le reculer, exercices qui ont l'inconvénient de disposer le cheval à revenir sur lui-même, et l'on abandonnera le manège pour l'extérieur le plus tôt possible.

Ainsi, pour le cheval qui *s'accule* uniquement parce qu'il souffre ou parce que certains mouvements lui sont pénibles, ou enfin parce qu'il a quelques prédispositions morales à la résistance aux aides, il faut commencer par détruire le retrait des forces, en mettant l'animal sur les épaules ; assouplir ensuite ce dernier de manière à lui communiquer de l'adresse et de la vigueur ; enfin, lui appliquer la progression normale du dressage.

Cheval rétif. — S'il s'agit d'un animal rétif, il est naturellement impossible de commencer par les allures vives, puisque, en admettant même qu'il se décide à marcher, on peut être assuré qu'il s'arrêtera court au premier coup d'éperons.

Il faut donc le mener immédiatement au manége ; mais, au lieu de débuter par la leçon de l'éperon aidé de la chambrière, on le soumet d'abord au travail préparatoire et aux assouplissements avec la cravache, en s'aidant du caveçon, en cas de résistance, et en s'en servant comme il est indiqué à l'article : *Cheval qui rue à la botte.*

On monte ensuite le cheval, en se faisant suivre de près par un aide muni d'une chambrière, lequel se conformera aux recommandations que j'ai faites touchant cet engin, c'est-à-dire qu'il dissimulera la chambrière et qu'il s'en servira toujours de manière que le cheval ne l'aperçoive pas avant de s'en trouver cinglé.

Lorsqu'on aura obtenu des temps de trot réguliers sur la piste, on allongera l'allure le plus possible, et, lorsqu'on y aura atteint une certaine franchise, on donnera la leçon du coup d'éperons, comme précédemment, avec le plus grand soin. Puis on commencera le dressage progressif, par les moyens ordinaires, en s'abstenant des mouvements aux allures ralenties.

Quand on fera reculer le cheval, il faudra, comme toujours, observer de le maintenir parfaitement léger et d'aplomb, et faire en sorte d'arriver peu à peu à *partir au trot*, en reprenant le mouvement en avant, c'est-à-dire en évitant le temps d'arrêt intermédiaire, et l'on ne reculera jamais plus de deux ou trois pas de suite. C'est le meilleur moyen pour éluder l'inconvénient de l'action rétrograde (qui, comme on sait, est de favoriser l'acculement) et pour communiquer aux jambes une puissance impulsive irrésistible.

Lorsque le cheval est devenu parfaitement docile à tout ce que l'on peut exiger de lui au manége, on essayera du travail aux allures allongées, sur les routes; mais on se fera suivre de l'aide armé de sa chambrière, afin de prévenir toute défense au départ.

On aura bien soin de ne pas se servir des éperons dans les premiers jours, et surtout de ne s'en servir plus tard qu'avec la plus grande réserve. Pour cela, on fera bien de mettre peu à peu le cheval au galop à fond de train, de façon à se ménager un auxiliaire dans l'impulsion, et de ne faire agir les éperons que lorsque l'animal aura pris un appui solide sur les poignets.

Contrairement au cas précédent, les éperons auront des molettes très-émoussées, en commençant; plus tard, on devra arriver à se servir de molettes pointues.

Je n'ai pas besoin de recommander de ne pas fatiguer le cheval; les temps de galop à toute vitesse seront donc peu fréquents et de courte durée. On ralentira l'allure peu à peu, lorsqu'on sentira le poids fixé sur les épaules.

et l'on reprendra pendant quelques jours le travail du manége, de manière à établir définitivement l'aplomb du cheval.

On comprend qu'une instruction aussi longue et aussi variée dans ses exercices réclame un certain savoir-faire et surtout une grande persévérance de la part du cavalier.

Je me suis étendu sur ce dressage, parce qu'il comporte à peu près toutes les pratiques auxquelles on peut avoir à recourir avec des chevaux qui se défendent et que cela me dispensera d'y revenir plus tard.

J'ai aussi voulu indiquer combien il est indispensable de savoir se rendre un compte exact de l'état physiologique et mécanique de la machine animale, à tous les instants du dressage, afin d'être toujours à même d'appliquer, avec à-propos, le genre d'exercice réclamé par la situation tant morale que physique du sujet.

C'est évidemment au cavalier de discerner les exercices qui conviennent d'avec ceux qu'il faut rejeter et d'avec ceux qui, étant inutiles, ne pourraient donner que de mauvais résultats si on les appliquait quand même. C'est aussi au cavalier de régler la durée relative de chacun de ces exercices.

S'il s'agit d'un cheval de troupe, l'instructeur fera bien de le monter quelquefois lui-même, pour s'assurer de son véritable état, afin de pouvoir conseiller le cavalier avec une parfaite connaissance de cause. Il va sans dire qu'il devra faire toujours travailler le cheval en sa présence.

Cheval entier à une main.

Le cheval *entier à une main* (expression qui a un peu vieilli) est celui qui refuse de tourner ou de travailler à une certaine main, tandis qu'il tourne et travaille très-volontiers à l'autre main. C'est une de ces nombreuses anomalies qui ne se rencontrent que dans les chevaux dont l'éducation a été entreprise par quelque cavalier maladroit, et jamais chez un cheval tout à fait neuf, à moins d'incapacité provoquée par une cause de souffrance. On peut, du reste, en dire autant de la généralité des autres cas où le cheval résiste. C'est ce qui a fait supposer à tort qu'il suffisait de recommencer l'éducation d'un animal vicieux pour avoir raison de ses résistances, faisant ainsi trop bon marché de ce que j'ai appelé le côté *moral* de la défense.

Que l'on pose un pareil principe dans une *théorie militaire*, je le comprends à la rigueur, parce qu'il est impossible, ainsi que je l'ai déjà dit, de donner, dans un règlement, autre chose qu'un simple canevas, lorsqu'il s'agit du dressage des chevaux de troupe, d'autant plus que la rétiveté proprement dite ne se rencontre pas dans les jeunes chevaux.

Mais que des méthodes qui s'occupent spécialement de dressage traitent aussi légèrement un sujet d'une telle importance, c'est vraiment par trop commode.

J'ai, pour mon compte, toujours attribué bien plus de mérite à l'homme de cheval capable de *remettre* et de mettre à toute main un cheval vraiment difficile, qu'au cavalier qui sera parvenu, à force de temps et de patience, à faire d'un animal de choix un cheval de haute école ou soi-disant tel.

Je sais bien que plus d'un cheval façonné aux tours de force de ce qu'on est convenu d'appeler la haute équitation, a fait la réputation et même la fortune de son maître ; mais cela ne prouve pas que l'utile ne doive être préféré à l'agréable.

Revenons à notre cheval rétif. Dans un animal bien conformé et dont la répartition des forces n'a subi aucune altération, le centre de gravité se trouvant toujours exactement dans la direction à suivre, le mouvement est aussi aisé, soit pour tourner à droite, soit pour tourner à gauche. Mais si l'animal, pour une raison quelconque, laisse aller une partie du poids de sa masse sur l'épaule gauche, par exemple, son centre de gravité, qui s'est porté de ce côté, se trouvera *en dehors* de la ligne suivie et deviendra ainsi un obstacle au changement de direction à droite ; on conçoit dès lors que le cheval hésite à tourner de ce côté. Remarquez en outre que, dans ce mouvement, l'épaule gauche ayant un plus grand arc de cercle à parcourir que l'épaule droite, demanderait à être allégée, tandis que c'est le contraire qui a lieu. Je ne parle pas des contractions anormales qui résultent d'une semblable répartition des forces. Dans ces conditions, un cheval d'un caractère peu endurant sera toujours disposé à résister et même à se défendre.

Si l'animal se contente de résister en opposant la force d'inertie, le mal est facilement réparable, et il suffira de recommencer l'éducation du sujet ; les assouplissements prescrits dans cette méthode, en rétablissant l'harmonie des forces, feront promptement disparaître toute résistance.

Mais si le cheval se *défend*, il faut, comme toujours, attaquer directement la cause première de toute défense : l'acculement, et appliquer ensuite à l'animal, suivant la nature de sa défense, le traitement prescrit dans ce livre.

Voici maintenant le moyen empirique que je recommande pour vaincre (vaincre ne veut pas dire guérir) ce genre de résistance ; car il importe d'avoir toujours raison du cheval, si l'on a eu la maladresse de se laisser surprendre par lui, quitte à revenir ensuite aux leçons antérieures, sur lesquelles on avait vraisemblablement passé trop vite.

Je suppose toujours que le cheval refuse de tourner à droite. Il s'est arrêté et il oppose la force d'inertie, en tendant la tête et l'encolure vers la gauche. Un cavalier intelligent, au lieu de recourir à la force, *décomposera* ainsi cette résistance : il commencera par *rendre* complétement de la main et des jambes, de manière à inviter le cheval à se décontracter et pour lui en laisser en même temps la liberté. Le résultat sera d'autant plus prompt que le cavalier prêchera par l'exemple, en se déraidissant lui-même, tout en assurant son assiette. Dès qu'il s'apercevra du relâchement des muscles de l'encolure et de la mâchoire, il attirera la tête et l'encolure tout doucement vers la droite (au moyen de la rêne du filet), *sans faire agir ses jambes*. Lorsque le gouvernail se trouvera ainsi dans la nouvelle direction, le cavalier fermera délicatement sa jambe droite, en s'aidant au besoin de la cravache, assez en arrière pour déplacer les hanches et les pousser vers la gauche, ce qui rompra le point d'appui de la résistance. Ce ne sera que lorsque les hanches auront ainsi cédé, que la jambe gauche entrera en ligne et unira son action à l'effet de la jambe droite, de manière à chasser le cheval en avant dans la nouvelle direction.

Il y a donc là quatre temps bien marqués qui devront se succéder de façon à ne pas laisser au cheval le temps de revenir à son attitude primitive : 1° rendre tout au cheval ; 2° amener, par une traction moelleuse et continue, la tête et l'encolure à droite ; 3° fermer la jambe droite avec tact ; enfin 4° chasser le cheval en avant dans les deux jambes.

Cette manière méthodique de procéder, la seule logique, trouve son application dans tous les cas où le cheval s'arrête et sort de sa direction pour se mettre en lutte contre son cavalier.

Si, dans cette défense, le cheval est parvenu à serrer son cavalier contre un mur ou contre un arbre, il faut, au lieu d'attirer la tête et l'encolure du côté opposé, *commencer par les attirer au contraire du côté de l'objet;* se servir ensuite de la jambe du même côté pour détacher la croupe. Une fois la croupe détachée, on procédera absolument comme il a été prescrit ci-dessus.

Il est presque inutile de rappeler que les caresses et les récompenses doivent toujours suivre de près toute résistance vaincue, mais aussi, qu'elles ne doivent jamais intervenir avant que la soumission soit complète.

Cheval qui se dérobe.

Il y a des chevaux qui résistent aux aides en *se déro-*

bant par un brusque écart à droite ou à gauche et presque toujours du même côté. Quelquefois ce n'est là que le prélude d'une défense plus sérieuse.

En elle-même, cette résistance est peu grave et elle disparaît à mesure que le cheval s'assouplit et se met d'aplomb. Le dressage de ces chevaux n'offre donc rien de particulier.

Comme, pour échapper aux aides, il faut toujours, au cheval qui se dérobe, un point d'appui momentané sur l'avant ou sur l'arrière-main, suivant qu'il entame le mouvement du derrière (cas rare) ou du devant, on rétablira l'harmonie des forces passagèrement rompue, en saisissant avec tact et à-propos cette espèce de temps d'arrêt pour pousser l'animal vivement en avant dans les jambes, en même temps qu'on lui fera de judicieuses oppositions de rênes.

Ce n'est donc là qu'un de ces nombreux incidents sans gravité aucune, qui surgissent à chaque pas dans le dressage du cheval, lesquels tiennent à une répartition de forces qui n'a pas encore acquis toute sa régularité, et qui ne méritent pas qu'on s'y arrête.

Cheval qui se cabre.

Parmi les sujets rétifs ou difficiles, le cheval qui se cabre est, sans contredit, celui qui embarrasse et qui intimide le plus le cavalier inexpérimenté.

C'est que, en effet, ce genre de défense, outre qu'il permet à l'animal de se soustraire à toute domination de la part de celui qui le monte, expose parfois ce dernier à de sérieux accidents, surtout s'il prétend attaquer le taureau par les cornes, c'est-à-dire s'il ne compte que sur la force brutale pour réduire le cheval à l'obéissance.

Mais tel n'est pas le moyen recommandé par la saine équitation, qui proscrit au contraire l'emploi de la force, toutes les fois qu'elle n'est pas absolument nécessaire pour combattre les mauvaises tendances du cheval, et qui n'en vient pas moins à bout des sujets les plus récalcitrants, sans exposer le cavalier qui se conforme à ses sages prescriptions, aux suites souvent fâcheuses d'une lutte toujours inégale.

Quant à rejeter comme impropre au service de la selle le cheval qui a pris la mauvaise habitude de se cabrer, sans qu'il soit bien avéré que l'état de son organisme ne lui permet pas de porter un cavalier, c'est évidemment faire preuve d'une grande impéritie en matière de dressage ou d'une pusillanimité peu digne d'un véritable cavalier.

Le défaut de se cabrer est la conséquence la plus grave de l'*acculement*. Pour se livrer à cette défense, le cheval fait brusquement refluer ses forces et son poids, les concentrant en quelque sorte dans son arrière-main ; il glisse en même temps ses membres postérieurs sous la masse, afin d'offrir à celle-ci un point d'appui plus solide, pendant que l'avant-main, ainsi allégée, favorisée en outre par un mouvement ascensionnel de la tête et de l'encolure, quittera la terre et s'enlèvera plus ou moins.

Le cabrer s'exécute donc en deux temps bien marqués : d'abord le retrait des forces, annoncé par un léger temps d'arrêt ; ensuite l'enlever de l'avant-main. Il est évident que, tant que le cavalier pourra s'opposer au premier temps, il empêchera également le second. Il devra donc, tout d'abord, amener les forces et le poids le *plus en avant qu'il pourra*, et les localiser, pour ainsi dire, dans l'avant-main, en s'opposant incessamment à tout retour vers leur premier point de concentration. Il assouplira ensuite le cheval, de manière à rompre la rigidité du bras de levier représenté par la colonne vertébrale, et il mobilisera l'arrière-main, pour pouvoir la déplacer instantanément et enlever ainsi à la défense ses points d'appui les plus indispensables.

Tel est le sommaire des modifications qu'il faut faire subir à l'organisme du cheval qu'il s'agit de corriger du défaut de se cabrer ou de *pointer* (1). Ces modifications sont invariables, quel que soit le sujet ; seulement, dans certains cas heureusement assez rares, de même qu'on l'a vu pour le cheval *qui s'accule*, il faut en intervertir l'ordre, et voici pourquoi :

Ou le cheval ne se cabre que lorsqu'on veut lui imposer quelque mouvement qui lui est pénible, tel que le reculer, le travail sur les hanches, les changements de direction un peu brusques, les sauts d'obstacles, etc., parce qu'il souffre, parce qu'il est gêné ou parce qu'il a peur ; ou bien il est totalement *rétif* et se sert de la cabrade pour échapper à toute contrainte et pour se soustraire à l'obéissance.

Ce dernier cas est naturellement le plus grave, et l'animal remis de cette infirmité aussi morale que physique

---

(1) La *pointe* est une variété de cabrade dans laquelle le cheval, au lieu de s'immobiliser sur son arrière-main, se porte en avant.

est malheureusement sujet à de fréquentes rechutes, s'il ne continue à être monté avec tout le tact et les ménagements que réclame sa nature.

Or, on l'a déjà dit, le seul correctif de l'acculement consiste dans l'emploi fréquent des allures vives. Il en est donc du cheval qui se cabre comme de celui qui s'accule : il faut qu'il consente, avant tout, à marcher. De là la nécessité d'établir également deux catégories, dont la deuxième ne comportera que quelques sujets tout à fait exceptionnels.

La manière de procéder pour le cheval qui se cabre est, à peu de chose près, celle qui est développée à l'article : *Cheval qui s'accule* (p. 80). Les quelques différences ne portent que sur des détails secondaires.

On commence donc par les allures rapides sur les routes. Si le coup d'éperons provoque le cheval à s'arrêter pour se défendre, on conduit ce dernier au manége, quitte à revenir ensuite au travail à l'extérieur.

Puis on passe à l'assouplissement, qui acquiert ici une importance toute particulière, puisqu'il s'agira non-seulement de mobiliser le cheval, afin de détruire les points d'appui dont il se sert pour se défendre, mais aussi de fournir au cavalier des *moyens de tenue*, les réactions déplaçantes s'amoindrissant à mesure que l'animal devient plus souple.

En conséquence, on commencera par affaisser le plus possible l'encolure (1), qu'on mobilisera également latéralement (2) ; car il suffit quelquefois d'une flexion laté-

---

(1) Voir *Manuel d'équitation*, p. 80. — (2) *Idem*, p. 82.

rale de l'encolure, pratiquée à propos, pour empêcher l'enlever de l'avant-main.

Comme il est indispensable également de rendre l'arrière-main très-mobile, il faut communiquer à cette partie une grande souplesse, ce qui favorisera singulièrement l'action des jambes, et l'on se servira naturellement, dans ce but, des exercices indiqués pour le dressage du cheval qui s'accule (p. 85).

Après ces exercices purement gymnastiques, on reprend de même les allures vives, pour arriver à surcharger les épaules le plus qu'on pourra. Enfin on passe au dressage proprement dit.

Cheval rétif. — Les observations que j'ai faites touchant le cheval rétif qui s'accule, s'appliquent, ainsi que je viens de le dire, à un animal chez lequel l'action de se cabrer est passée à l'état de manie. De même que pour le premier, on ne peut songer à commencer avec lui par les allures vives à l'extérieur : il faut donc, ici encore, intervertir l'ordre des exercices.

Avec cette catégorie de chevaux, quoi qu'on fasse, la lutte devient parfois inévitable ; dès lors, il faut mettre le cavalier dans les meilleures conditions pour l'abréger le plus possible et pour en sortir toujours vainqueur.

Quoique la *mémoire* soit le côté saillant de l'entendement du cheval, on doit, si l'on peut, laisser l'animal rétif pendant quelque temps sans le monter et se contenter de le faire promener à la main.

On commence ensuite le travail d'assouplissement au manége.

La mobilisation de l'arrière-main combinée avec l'affaissement du devant et les mouvements alternatifs d'*avancer et reculer* (1), communiqueront au cheval une souplesse qui, je le répète, rendra ses mouvements plus liants, moins déplaçants et, par suite, augmentera singulièrement les moyens de tenue du cavalier ; de plus, le travail gymnastique exécuté, le *cheval ayant la tête et l'encolure demi-affaissées*, amènera peu à peu sur les épaules une partie du poids qui surcharge l'arrière-main.

Ce travail préparatoire aura produit son effet, lorsque les fluctuations de poids et les translations de forces se produiront facilement dans les différents déplacements de la masse et que toute résistance aura disparu. Ce sera le moment de faire monter le cheval.

Ici encore, il faudra recourir à l'assistance d'un aide.

Le travail à cheval s'exécutera en suivant scrupuleusement la progression normale, le cavalier (l'instructeur, s'il s'agit d'un cheval de troupe) insistant particulièrement sur les effets de mise en main et de mobilisation de la mâchoire. Il *aidera* en conséquence, au commencement, le cavalier qui est en selle, en maintenant la tête et l'encolure du cheval au moyen d'une rêne de filet qu'il tiendra lui-même à 15 ou 20 centimètres de l'anneau du mors ; il agira moelleusement par une légère traction de haut en bas, de manière à concourir à l'effet produit sur la mâchoire par la main et les jambes du cavalier qui est en selle.

Pour la mobilisation de l'arrière-main, de pied ferme, le cavalier qui est à pied devra seconder également son

---

(1) Voir la progression.

associé (1); ce sera le meilleur moyen de prévenir toute défense.

Ainsi, pour faire pirouetter le cheval sur les épaules, de gauche à droite, par exemple, le cavalier à pied saisira la rêne gauche de la bride avec la main gauche, les ongles en dessous, près de l'anneau, et, après avoir produit l'affaissement de l'encolure combiné avec un effet de mise en main fait par l'aide, il prescrira à ce dernier de fermer la jambe gauche en arrière, la droite soutenant le cheval près des sangles.

Si l'arrière-main cède, chaque pas sera accompagné d'un effet de mise en main et d'une caresse. Si au contraire il y a résistance, le cavalier à pied viendra en aide à son associé, en se servant de la cravache, ainsi qu'il est indiqué dans le travail préparatoire; mais le cavalier qui est en selle fera sentir en même temps l'éperon (enveloppé d'un chiffon), à petits coups, jusqu'à ce que l'animal cède; s'il se défend contre l'éperon, s'il rue à la botte, il faut lui mettre immédiatement le caveçon et en user comme il a été indiqué (p. 68), jusqu'à parfaite soumission.

C'est ici surtout le cas de se rappeler les pressantes recommandations que j'ai faites touchant le maniement périlleux du caveçon, à l'occasion de la leçon du montoir (p. 65).

Pour la bonne exécution de ce travail, le cavalier qui

---

(1) On comprend que, pour ce dressage surtout, l'aide ne doit pas être le premier venu. Le mode de procéder que je recommande pour en avoir éprouvé les excellents effets, comporte une association temporaire entre deux cavaliers également familiarisés avec la pratique du cheval.

est en selle ne devra pas perdre de vue que son coup de talon ne doit jamais communiquer une impulsion que la main de celui qui est à pied serait impuissante à intercepter au profit de la légèreté du cheval, et que le coup de talon *devra toujours coïncider avec un effet de mise en main*, afin de provoquer le relâchement de la mâchoire.

Il faut, dans les commencements, exiger très-peu et récompenser chaque preuve d'obéissance et de bon vouloir, d'une caresse et d'une poignée d'avoine.

Lorsque l'animal se sera soumis et qu'il cédera facilement au talon, on l'exercera au mouvement d'*appuyer*, en se servant des mêmes moyens.

Pour cet exercice, le cavalier qui est à pied aura l'attention de *pousser*, — avec la main qui tient la rêne, — la tête du cheval du côté de l'appuyer, *sans faire plier l'encolure*, afin que les épaules précèdent toujours les hanches; faute de prendre cette précaution, les défenses ne tarderaient pas à se produire. Il tiendra du reste la rêne comme il est indiqué pour la rotation, et il produira de même un demi-affaissement de l'encolure, le cavalier qui est en selle préparant chaque pas de côté par un effet de mise en main.

Il ne faut pas oublier non plus que, de même que pour la rotation, la jambe du côté vers lequel on appuie devra stimuler incessamment le cheval près des sangles, afin de concourir à la production et à l'entretien du mouvement (action) avec l'autre jambe qui agit plus en arrière, pour chasser les hanches de gauche à droite, suivant une ligne parallèle à celle que parcourent les épaules.

On fera appuyer à droite et à gauche; mais, ainsi que

pour les rotations, on exercera davantage le côté le plus contracté.

Il faudra alors faire exécuter les mouvements d'*avancer et reculer*, — toujours plus pénibles à obtenir lorsque le cheval est monté, — en ayant soin, ainsi que je l'ai déjà recommandé, de ne pas laisser à l'animal le temps de s'arrêter. On fera quelquefois usage du pincer délicat des éperons, afin de ne pas augmenter l'acculement. Inutile d'ajouter que, dans ces mouvements, il sera laissé au cheval une entière liberté pour se porter en avant.

Pour cet exercice, comme pour le précédent, du reste, on se servira du caveçon, mais avec une grande discrétion et simplement pour venir en aide, au besoin, au cavalier qui est en selle, dans le cas où une défense viendrait à se produire. Le cavalier à pied laissera glisser insensiblement la longe dans sa main, de manière à ne pas gêner le reculer, et il évitera tout particulièrement de faire sentir le caveçon dans le mouvement d'avancer, quelque brusque, d'ailleurs, qu'il puisse être.

Afin d'obtenir un reculer bien droit, on placera le cheval sur la piste, à main gauche.

Cet exercice ayant surtout pour but de faire répondre instantanément l'animal à l'action impulsive des jambes, de manière à ménager au cavalier le moyen de pouvoir toujours porter son cheval en avant, — chose particulièrement importante lorsqu'il s'agit d'un cheval habitué à se cabrer, — il est essentiel de ne jamais faire plus de deux ou trois pas arrière sans reporter l'animal en avant. C'est, pour le sujet rétif, l'exercice le plus important, car, lorsqu'on sera maître de produire à volonté le mouvement progressif, les défenses auront perdu les deux tiers de leur gravité. Bien entendu, la durée de ces exercices préparatoires sera toujours proportionnée à l'importance de la résistance du cheval, dont chaque concesssion sera récompensée à point.

On enlèvera le caveçon lorsque le cheval se sera montré docile dans tout ce travail, et on mettra l'animal en marche sur la piste, lui laissant toute sa liberté, c'est-à-dire en lui jetant les rênes sur l'encolure. Mais le cavalier à pied aura soin de suivre avec une chambrière *soigneusement dissimulée* et dont il ne se servira que pour aider celui qui est en selle, dans le cas où le cheval viendrait à s'arrêter pour se défendre, et en suivant les recommandations que j'ai faites (p. 83) touchant le maniement de la chambrière.

Il aura une autre précaution, c'est de ne jamais donner un coup de chambrière, et même de ne jamais la faire voir, *si la tête et l'encolure ne se trouvent pas dans la direction que l'animal doit suivre ;* car si l'on touchait le cheval à contre-sens, non-seulement on manquerait le but, mais on risquerait d'augmenter la gravité de la défense.

Il s'agit maintenant de faire passer successivement le cheval par tous les exercices ordinaires du dressage, absolument comme si l'on n'avait pas affaire à un animal vicieux, c'est-à-dire en suivant la progression rationnelle qu'il faut appliquer à tous les chevaux; on devra seulement entrecouper fréquemment cette progression de marches au trot allongé, pendant lesquelles le cavalier pratiquera quelquefois le coup d'éperons, en baissant les poignets, au moment où il passera à proximité de la chambrière, de manière que, en cas de défense, le châtiment puisse suivre la faute de près.

Ici, le cavalier qui a entrepris le dressage de l'animal rétif reprend son cheval pour continuer à l'exercer seul, le concours de l'aide n'étant plus nécessaire.

Lorsqu'il aura obtenu une légèreté et une mobilité complètes aux trois allures et que le cheval sera devenu tout à fait docile aux aides dans toutes les circonstances (résultat qu'il atteindra certainement, s'il possède le tact équestre indispensable à quiconque croit pouvoir tenter de remettre un cheval vraiment difficile et dangereux, et s'il sait s'astreindre rigoureusement à la marche que je viens d'indiquer), ce sera le moment d'essayer les allures vives à l'extérieur.

Ce complément d'instruction est *indispensable* avec un cheval qui a été bien réellement rétif et pas seulement difficile, les allures allongées ne pouvant jamais être, au manége, assez soutenues en ligne droite pour mettre le cheval *sur les épaules*, ce qu'il faut absolument avoir obtenu, si l'on veut éviter toute rechute chez l'animal qui a eu une longue habitude de se cabrer.

Pendant les premiers jours de ce travail à l'extérieur, on fera bien de se faire accompagner, non pas par un aide à pied, mais par un cavalier montant un cheval franc, sage et suffisamment mis.

On mettra les deux chevaux au trot, puis au galop; on allongera insensiblement cette dernière allure, et, lorsque le cavalier qui exerce le cheval difficile le sentira convenablement sur les poignets, il en préviendra son compagnon, qui ralentira l'allure, se laissera dépasser et se mettra au pas.

Après deux ou trois cents mètres parcourus à ce galop de course, le cavalier remettra, lui aussi, son cheval au pas, le caressera et lui jettera les rênes sur le cou. Son compagnon prendra le trot et viendra le rejoindre.

On répétera deux ou trois fois cet exercice, en faisant quelquefois usage des éperons, comme il a été dit, et l'on rentrera le cheval à l'écurie.

Il faudra exécuter ce travail pendant quelques jours, le cavalier essayant de faire allonger insensiblement l'allure à son cheval, de manière à dépasser son compagnon, qui continuera à marcher au pas ou à un trot modéré, et qui pourra même faire demi-tour et rentrer, dès qu'il verra que le premier départ s'est bien effectué.

Si, dans ces différentes épreuves, le cheval se montre docile, on peut considérer la partie comme gagnée. On cessera alors de se faire accompagner ; mais, comme il pourra encore se manifester quelques velléités de résistance au départ du cavalier isolé, ce dernier fera bien de se faire suivre, pendant quelque temps, par un homme sachant manier la chambrière, afin de ne pas risquer de perdre, par une imprudence, le fruit de tant de labeurs.

On continuera naturellement ces marches aux allures vives, jusqu'à ce que le cheval soit bien sur les épaules, et, comme ces exercices auront fait quelque tort à sa légèreté, on reprendra le travail régulier du manége, qui remettra tout à sa place et marquera ainsi la fin de ce traitement curatif aussi long que peu à la portée des cavaliers médiocres.

Récapitulation. — Il convient maintenant de récapituler, en peu de mots, ce qui vient d'être dit pour le cheval qui se cabre.

Lorsque la défense n'est encore qu'à l'état purement *involontaire* (1), il faut commencer par détruire l'acculement, en donnant au cheval le défaut contraire au sien, c'est-à-dire en mettant l'animal autant que possible sur les épaules ; puis, procurer aux jambes du cavalier, au moyen du pincer des éperons pratiqué aux allures rapides, la puissance impulsive qui leur manque ; soumettre enfin l'animal aux assouplissements de la cravache et, graduellement, à la série des divers mouvements que l'on a coutume d'employer dans un dressage normal.

Lorsque la défense est arrivée à l'état *moral*, — cas beaucoup plus grave, — et s'il est possible de pousser le cheval aux allures rapides, on procédera exactement comme dans le cas précédent. Mais, si le cheval refuse de marcher, on commencera par l'affaissement et l'assouplissement au manége, et l'on finira par le travail à l'extérieur. Toutefois, lorsque ce dernier exercice a mis l'animal sur les épaules, — but que d'ailleurs on s'est proposé, — on le ramène au manége pendant quelques jours, et l'on achève son instruction par quelques exercices gymnastiques qui rétabliront bien vite l'harmonie des forces et l'aplomb du cheval.

Recommandations importantes. — Il ne reste plus que quelques recommandations à faire, soit pour prévenir la défense, soit pour en annuler les effets, si le cavalier s'est laissé surprendre.

Toutes les fois que le cheval veut se cabrer, il est forcé *de revenir sur lui-même*. Le retrait des forces se manifeste

---

(1) Voir p. 26.

invariablement, ainsi que je l'ai dit, par un léger temps d'arrêt que le cavalier qui a un peu de tact détruit facilement, en chassant le cheval vigoureusement en avant dans les jambes.

Si l'on n'a pas eu l'adresse d'interrompre ce courant rétrograde et si l'animal est parvenu à s'arrêter, il faut immédiatement qu'on lui rende la main, afin de lui refuser tout point d'appui et de l'engager à se décontracter ; il faut tâcher ensuite de lui gagner lestement l'encolure à droite ou à gauche, par un pli pratiqué au moyen d'une rêne de filet, faisant en sorte de déplacer en même temps l'arrière-main, en fermant, — très en arrière, — la jambe du côté du pli de l'encolure.

Si ces précautions ont fait échouer la défense, on doit se dépêcher de pousser le cheval en avant, en fermant les jambes. Si, au contraire, l'animal est parvenu à s'enlever, le cavalier, tout en se liant à son mouvement, saisit vivement, de la main qui tient les rênes, une poignée de crins, de manière à se donner un point d'appui solide, fortifié encore par la pression des genoux contre la selle ; de la main qui reste libre, il cingle le cheval, d'un vigoureux coup de cravache sous le ventre, le plus en arrière possible, au moment où, ayant quitté la position verticale, l'animal se décide à revenir à terre. Il est essentiel de bien saisir ce moment, car si l'on donnait le coup de cravache trop tôt, on risquerait de renverser le cheval, aussi bien que si l'on avait l'imprudence de tirer sur les rênes.

Plus on aura insisté sur le travail au caveçon et moins on aura besoin de recourir à ces moyens extrêmes. L'on reviendra d'ailleurs au caveçon après chaque défense un peu sérieuse, afin d'impressionner le cheval, qui finira par obéir par crainte du châtiment.

C'est du reste en maintenant l'animal, toujours souple et léger à toutes les allures, au moyen de fréquents effets de mise en main (mobilisation de la mâchoire le cavalier étant en selle), que l'on se placera dans les conditions les plus favorables pour prévenir et annuler les moindres velléités de résistance, car jamais le cheval ne se défend lorsque sa mâchoire est mobile; c'est donc là une véritable éprouvette.

Toutefois, c'est ici le cas de ne pas se laisser tromper par une fausse légèreté et de toujours s'assurer que la mise en main est bien la conséquence de la répartition harmonieuse des forces et non pas un effet de l'acculement, tel qu'il se produit chez le cheval qui se retient et qui roue son encolure, en mâchant le mors, pour ne pas s'appuyer sur la main.

D'ailleurs, il ne suffit pas que l'animal mâche son mors, ce qui, parfois, n'est qu'une espèce de grincement de dents annonçant des contractions et de la mauvaise humeur; il faut qu'il le *lâche*, pour que la mâchoire soit bien réellement mobile.

Enfin, il est bon que le cavalier sache que le son de sa voix peut quelquefois lui servir d'aide supplémentaire, et que plus d'un cheval s'arrêtera court dans sa défense, lorsqu'il s'entendra interpeller énergiquement, de même qu'il achèvera de se calmer sur une caresse donnée à propos et accompagnée de quelques paroles encourageantes.

J'ai cru devoir donner, encore ici, le développement complet, quoique un peu fastidieux peut-être, du dressage d'un cheval vraiment rétif, et j'ai supposé le cas le plus sérieux : l'animal qui s'arrête court, refuse d'avancer, recule, rue à la botte et se cabre. Le cavalier qui parvient à remettre complétement un pareil sujet, se jouera de toutes les autres difficultés, car il aura fait preuve d'un savoir-faire qui n'est le partage que du véritable écuyer.

CHAPITRE III.

CHEVAUX QUI RÉSISTENT PAR SUITE DE SURCHARGE DES ÉPAULES

Chevaux qui s'emportent. — Chevaux qui gagnent à la main. — Nécessité d'un dressage méthodique pour guérir du défaut d'emporter. — Aucun instrument soi-disant pour arrêter les chevaux emportés ne peut suppléer à l'insuffisance de dressage du cheval et au manque d'adresse du cavalier.

Nous voici arrivés à la deuxième catégorie de chevaux qui se défendent. Ceux-là ne peuvent pas être considérés comme rétifs ; mais ils n'en sont pas moins vicieux et quelques-uns fort dangereux : ce sont les chevaux qui appuient leurs résistances principalement sur l'avant-main.

Nous avons vu que *la surcharge des épaules*, comparée à *l'acculement*, consiste dans une disposition de forces absolument inverse de celle qui caractérise ce dernier : le foyer locomoteur se trouve *en avant* de la position que la nature lui a assignée dans une répartition régulière des agents du mouvement, lesquels sont, comme chacun le sait, le poids de la masse et les contractions musculaires préposées aux déplacements de cette masse, celles-ci accompagnant forcément le poids et leur centre étant toujours le centre de gravité lui-même (1).

Dans la surcharge des épaules, comme dans l'acculement, le poids ne se trouve pas toujours également réparti sur les membres deux à deux, ainsi que cela a lieu dans le cheval qui est d'aplomb; le centre de la locomotion peut donc, ici aussi, être en dehors de la surface verticale qui partage le cheval en deux parties parfaitement symétriques; mais il n'y a pas non plus à s'en préoccuper.

Ce qu'il faut faire, nous l'avons vu dans un chapitre précédent : c'est mettre d'abord très en arrière (non pas sur les jarrets, s'entend!) l'animal qui est trop en avant et, de même que pour les cas d'acculement, partir de cette nouvelle base, non moins défectueuse que la première, pour recommencer l'instruction du cheval.

Cheval qui s'emporte.

Logiquement, j'aurais dû commencer par le cheval qui *gagne à la main;* mais je préfère intervertir ici l'ordre méthodique que j'ai adopté comme règle, parce que ce que je dirai du cheval qui s'emporte, me permettra de passer très-rapidement sur une défectuosité d'un intérêt secondaire.

Le défaut de s'emporter, comme beaucoup d'autres défenses, ainsi que je l'ai déjà dit, a pour cause une distribution de forces en désaccord avec l'état défectueux

---

(1) Voir IIe partie : *Considérations sur la mécanique animale.*

de certaines régions de la machine animale; seulement, contrairement aux résistances dont il a été question jusqu'ici, c'est l'avant-main qui est surchargée : le poids de la masse a des tendances particulières à se porter beaucoup trop en avant et devient ainsi un puissant auxiliaire des contractions anormales provoquées par l'état de souffrance de certaines parties de l'arrière-main et qui peuvent, pour cette raison, agir toutes au profit de la vitesse.

Le cheval susceptible, d'un tempérament énergique, qui souffre dans sa région postérieure, est naturellement disposé, pour se soulager, à porter tout son poids sur les épaules; si, avec cela, il redoute la main dure et inhabile du cavalier, non-seulement il ne reviendra pas sur lui-même, — puisque ce serait le moyen d'augmenter sa souffrance,—mais il cherchera à forcer cette main, en élevant, en baissant ou en détournant violemment la tête, afin de se soustraire à l'action du mors qui, au bout de très-peu de temps, ne produira plus aucun effet, et il emportera le cavalier, malgré tous ses efforts pour le retenir.

Il est utile, surtout ici, de ne pas prendre l'effet pour la cause, et d'attribuer, ainsi qu'il arrive souvent à tort, ce défaut à la dureté de la bouche ou à la roideur de la mâchoire et de l'encolure; d'où l'on pourrait inférer qu'il suffirait d'assouplir ces parties, pour remettre le cheval qui s'emporte, ce qui serait une grosse erreur.

Certes, il n'en faut quelquefois pas davantage; mais alors le cas n'est pas sérieux et tient plutôt à la maladresse du cavalier, qu'à toute autre cause.

Généralement, comme dans la majeure partie des défenses du reste, le siége du mal se trouve dans l'arrière-main, et particulièrement dans les jarrets, dont l'état douloureux s'oppose à ce que les membres postérieurs s'engagent suffisamment, pour annuler, par une flexion préalable, toute réaction pénible, et permettre ainsi que l'arrêt puisse se produire sans une grande souffrance pour l'animal.

La faiblesse et la sensibilité du rein peuvent, jusqu'à un certain point, produire des effets analogues et, si elles sont unies à la première infirmité (jarrets douloureux), elles en doublent naturellement le degré de gravité. Alors toute action de la main, si elle réagit sur le derrière, devient insupportable au cheval, qui bravera la douleur produite par le mors, — douleur qui, pour certaines raisons mécaniques et physiologiques, tend incessamment *à diminuer* (1), — par appréhension d'une souffrance bien plus vive. C'est là un effet naturel dû à l'instinct de la conservation.

Avec un pareil sujet, il faut pratiquer les assouplissements à fond et avec un soin extrême, afin de faciliter le jeu de toutes les articulations et de permettre à l'animal d'opérer, peu à peu et sans effort, les translations de poids nécessaires au soulagement des parties souffrantes ; puis, le premier résultat obtenu, provoquer insensiblement le retrait des forces.

La gradation seule prescrite pour ce travail indique que toute lutte entre le cavalier et le cheval devra être absolument évitée.

---

(1) Voir la note, p. 119.

Quelques chevaux s'emportent après avoir gagné insensiblement à la main; d'autres, tels que les chevaux peureux, partent spontanément, après un écart et même, s'ils sont très-susceptibles, après un simple faux pas trop brusquement corrigé. Les uns et les autres réclament beaucoup de tact, de patience et de sang-froid de la part des cavaliers chargés de les dresser.

Le dressage du cheval qui s'emporte se fera nécessairement en entier au manége, puisqu'il consiste, presque exclusivement, en assouplissements et en mouvements ralentis et cadencés, destinés à modifier la répartition du poids et à faire disparaître les contractions de l'arrière-main, ainsi que celles de la mâchoire et de l'encolure qui en sont la conséquence.

Il faut commencer par soumettre au travail gymnastique de la cravache l'animal qui s'emporte, en insistant particulièrement sur le reculer, pour lequel, exceptionnellement, on *soutiendra* la tête du cheval.

A mesure que la souplesse générale se produira, il faudra faire en sorte d'obtenir une certaine *cadence* dans tous les mouvements du cheval, d'abord en le faisant pirouetter sur les épaules, ainsi qu'il a été prescrit pour le cheval qui se cabre (moins le demi-affaissement de la tête et de l'encolure, qui n'est pas toujours *indiqué*, ainsi qu'on le verra plus loin); ensuite on tâchera d'obtenir cette cadence en place (1), travail difficile qui demande une grande habitude du maniement de la cravache.

Il y a des chevaux qui s'emportent en renversant leur

---

(1) Voir la progression.

encolure et en portant le nez au vent; d'autres au contraire s'encapuchonnent et cherchent à se soustraire à l'action du mors, en rapprochant le menton du poitrail; d'autres, enfin, baissent la tête en tendant l'encolure. Pour les uns et les autres, on commencera le dressage, comme il vient d'être prescrit; seulement, après avoir obtenu la souplesse de l'ensemble, on affaissera les premiers, tandis qu'on relèvera au contraire les autres.

C'est au moment de commencer à cadencer les mouvements du cheval, lorsqu'on le fait pirouetter sur les épaules, qu'il faut modifier l'attitude de sa tête et de son encolure. On fera donc travailler, la tête et l'encolure de plus en plus affaissées, celui qui, en s'emportant, porte au vent, tandis que l'on soutiendra le plus possible (mais insensiblement) ces parties chez celui qui s'encapuchonne ou qui baisse la tête.

Avant de faire monter le cheval qui s'emporte, il faut avoir non-seulement obtenu une grande souplesse dans tout son organisme locomoteur et particulièrement dans le rein et dans les jarrets, mais surtout *un ramener* parfait, sans lequel il n'y a pas de domination possible de la part du cavalier. Ce ramener consiste bien entendu dans un certain soutien de l'encolure, avec une direction de tête plus ou moins rapprochée de la verticale, suivant la conformation du sujet, et la mobilité complète de la mâchoire inférieure.

Ce résultat obtenu (il se fait quelquefois attendre), on monte le cheval et on lui fait exécuter le travail en place avec le plus grand soin.

On porte une attention particulière aux rotations sur les épaules et l'on ajoute à ce travail préparatoire les rotations ou pirouettes sur les hanches et le reculer qui, dans le travail normal, se pratiquent beaucoup plus tard.

Pour les premiers pas de reculer, il est quelquefois bon de se faire aider par une main exercée.

On place le cheval sur la piste, à main gauche, et l'on fait en sorte de lui maintenir la tête dans une bonne position, pendant que le cavalier qui est en selle le fait reculer.

Après avoir obtenu deux ou trois pas en arrière, on aidera le cavalier à reporter immédiatement le cheval en avant, afin d'obtenir le plus tôt possible le mouvement d'*avancer et reculer*, d'une grande utilité dans le dressage du cheval qui se cabre et qui, ici encore, est d'un secours précieux pour provoquer l'engagement des membres postérieurs.

On peut alors se passer de l'aide et il ne reste plus qu'à suivre scrupuleusement la progression des exercices du dressage normal.

On s'attachera particulièrement à bien exécuter le travail de deux pistes (hanches et demi-hanches), les pirouettes sur l'arrière-main et le reculer, qu'on pratiquera souvent et le plus longuement possible, surtout lorsqu'on s'apercevra que le cheval est disposé à gagner à la main, quelle que soit son allure.

Tous les exercices seront exécutés dans un mouvement lent et cadencé, ce qui implique nécessairement la *légèreté* avec le ramener qui en est la conséquence.

Le cavalier devra faire d'incessants effets de mise en main (effets d'ensemble) avec mobilité de la mâchoire, car c'est par eux qu'il s'apercevra immédiatement de toute velléité, chez le cheval, de gagner à la main ; de plus ces effets ramèneraient le centre des forces à sa place, s'il s'en était quelque peu éloigné.

Les effets d'ensemble devront être souvent suivis de *remises* de main, quelquefois seulement de *descentes* de main complètes, pour hâter la décontraction.

Ainsi, au cheval qui s'emporte, il faut des assouplissements comme au cheval rétif; seulement l'animal qui s'emporte a besoin d'être travaillé aux allures ralenties souvent entrecoupées de temps de reculer plus ou moins prolongés, tandis que l'autre réclame, au contraire, des allures vives soutenues, peu de reculer et surtout peu de travail concentré.

En parlant du défaut de s'emporter, il ne saurait être question de cet acte désespéré qui pousse un cheval susceptible à fuir de toutes ses forces, la tête égarée au point d'aller se la briser au premier obstacle venu, action à laquelle la volonté de l'animal reste absolument étrangère et qui est ordinairement la suite d'une frayeur excessive entretenue par l'inhabileté et le défaut de tenue du cavalier.

En effet, que l'on suppose un animal très-ardent et sensible à l'excès, monté par un homme maladroit, qui manque d'assiette et de sang-froid ; que le cheval effrayé fasse un écart : il déplacera notre homme, qui, pour se raccrocher, lui plantera les éperons dans le flanc, après avoir lâché les rênes, et augmentera ainsi l'effroi du cheval, jusqu'à lui faire complétement perdre la tête. Les meilleurs chevaux sont susceptibles de s'emporter ainsi, et il n'y a d'autre remède pour arriver à les conduire que d'apprendre à monter à cheval.

Quant à ceux qui ont le défaut bien avéré de s'emporter, comme ils sont d'un usage dangereux et d'un dressage difficile, on a inventé une foule de moyens soi-disant infaillibles pour les arrêter ou pour les empêcher de partir. Ce sont autant d'œuvres de charlatans, d'un emploi souvent fort périlleux et qui ne sauraient être recommandées.

Les inventeurs de systèmes pour arrêter les chevaux emportés sont généralement des spéculateurs habiles, qui ne cherchent qu'à exploiter la crédulité publique au profit de leur bourse. Ce sont parfois de vigoureux cavaliers, très-adroits à se servir de leur instrument, mais qui pourraient très-bien s'en passer; d'autres fois ce sont des théoriciens qui n'ont pratiqué l'équitation que les pieds sur les chenets, et qui seraient fort embarrassés s'il leur fallait faire usage de leur invention, pour leur propre compte. Tous ont d'ailleurs la prudence extrême de n'expérimenter leur système que sur des chevaux parfaitement inoffensifs, qu'ils lancent, à la vérité, à toute vitesse, mais qu'ils arrêteraient sans aucune difficulté avec la bride ordinaire!

Règle générale, pour se servir avec avantage d'un de ces ridicules instruments, il faut être très-expert dans l'art de monter à cheval; en d'autres termes, il faut être avant tout en état de s'en passer.

L'immense majorité des accidents est due au manque d'adresse et de sang-froid du cavalier. Aucun instrument, aucun système ne saurait suppléer à ce qui lui fait défaut : le savoir-faire, qui ne s'acquiert que par une longue pratique.

Cheval qui gagne à la main.

Après avoir donné en détail la marche qu'il convient de suivre avec un animal qui s'emporte, pour le guérir de sa dangereuse habitude, il ne me reste que bien peu de chose à dire pour le cheval qui *gagne à la main*.

Le défaut de gagner à la main, particulier aux chevaux d'action, est un genre de résistance aux aides qu'il est prudent de corriger à temps, car, avec certains sujets, il pourrait avoir de terribles conséquences.

Il serait difficile d'assigner une cause générale à ce défaut qui, tantôt tient à la conformation du cheval, à l'état douloureux de ses jarrets, à son caractère ou à son tempérament, tantôt au seul manque d'habileté de celui qui le monte.

Lorsqu'il est inhérent à la manière d'être particulière de l'animal, on arrive très-certainement à le faire disparaître, en appliquant plus ou moins le dressage recommandé pour le cheval qui s'emporte.

C'est, par une grande fixité dans la tenue du cavalier (ne pas confondre fixité avec roideur) et par un emploi judicieux de demi-arrêts fréquemment entrecoupés d'effets de mise en main, que l'on entretient la régularité de l'allure et le même degré de vitesse, en attendant qu'un assouplissement général permette au cheval de modifier la répartition de ses forces, de manière à se mettre d'aplomb.

Mais nul n'est infaillible et, de même que dans les cas précédents, du reste, le cavalier peut être surpris, ou bien il peut manquer du tact voulu pour empêcher le cheval de partir ; je lui conseillerai alors de se conformer aux recommandations suivantes :

Dès qu'il s'apercevra que le cheval lui gagne à la main et qu'il n'en est plus le maître, il commencera par raccourcir un peu les rênes, — aussi bien celles du filet tenues croisées dans la main droite, que celles de la bride ; — il assurera en même temps sa position, en cherchant le fond de la selle.

Ces dispositions lestement prises, il fera agir alternativement et vigoureusement les deux poignets, en s'arc-boutant fortement sur les étriers et en rejetant le corps très en arrière.

Si le cheval porte au vent, les poignets agiront autant que possible par une traction de haut en bas ; si, au contraire, il encapuchonne, le cavalier cherchera, à l'aide d'énergiques saccades du filet (qui agiront de bas en haut) et même au besoin de la bride, à lui faire lever la tête, afin de lui enlever l'appui qu'il a pris contre la base de l'encolure. Dans l'un et l'autre cas, il faut, je le répète, que les effets produits par le mors de la bride et par celui du filet soient *alternatifs* et ne soient jamais assez prolongés pour que le cheval puisse prendre son appui sur l'une ou sur l'autre main, ce qui ne tarderait pas à produire l'insensibilité des barres (1) et à enlever

---

(1) « Le cavalier qui, pour ralentir l'allure, tire sur les rênes de la « bride, en rapprochant la main du corps, *accule* son cheval. Aussi, « qu'arrive-t-il avec certains chevaux mal conformés ou souffrant dans « leur arrière-main ? Vaincu dans cette lutte inégale entre ses forces et « celles de sa monture, le cavalier inexpérimenté se sent peu à peu ga-

ainsi tout espoir de domination au cavalier. En conséquence, il faut, parfois, que celui-ci rende complétement la main, pour reprendre un instant après.

Pendant tout le temps que durera cette course folle, le cavalier devra faire en sorte de garder son sang-froid, de manière à *diriger* le cheval et à éviter tout ce qui pourrait être une cause d'accident.

Si le terrain s'y prête, le meilleur moyen sera de tâcher de mettre le cheval sur un cercle qu'il faudra rétrécir de plus en plus, en penchant le corps en dedans et en portant la jambe du dehors très en arrière, jusqu'à ce que l'animal se décide à ralentir l'allure et à se laisser arrêter (1).

De même qu'après toute espèce de défense, il faut éviter de ramener le sujet récalcitrant trop tôt à l'écurie.

« gner la main et il se trouve finalement emporté à toute vitesse. La
« raison en est toute simple : chacun sait que la direction *perpendiculaire*
« au bras de levier est la plus favorable à la *puissance;* or, en tirant sur
« les rênes de la bride, *on ouvre* considérablement l'angle qu'elles font
« avec les branches du mors et qui est déjà au moins de 90°. On amoin-
« drit donc l'action locale produite par ce mors.

« D'un autre côté, la circulation artérielle se trouve arrêtée dans la
« mince couche charnue comprimée entre l'os du maxillaire et un corps
« bien plus dur encore, et la disparition de la sensibilité dans cette partie
« en est la suite naturelle, la pression, quoique moins forte, étant *con-*
« *tinue.*

« Chacune de ces deux raisons expliquerait à elle seule pourquoi, dans
« certains cas, il devient extrêmement imprudent de tirer sur la bouche
« du cheval. »

(A. Gerhardt, *Manuel d'équitation*).

(1) Voir IIe partie, les effets de la *force centrifuge.*

Si le cavalier se trouvait dans l'incapacité de continuer à le monter, il faudrait attacher l'animal à la porte de l'écurie et l'y laisser pendant plusieurs heures ; de cette façon du moins sa rentrée ne semblerait pas être la récompense de son incartade.

Tels sont les moyens à employer pour arrêter un cheval emporté.

..... Je ne garantis pas qu'ils réussiront toujours.

CHAPITRE IV.

CHEVAUX ALTERNANT LES POINTS D'APPUI DE LEURS RÉSISTANCES.

Chevaux qui s'immobilisent. — Chevaux qui ruent. — Chevaux qui bondissent. Saut de mouton ; saut de carpe ; saut de pie.

J'ai indiqué, dans les deux chapitres précédents, le traitement qu'il convient d'appliquer aux sujets vicieux qui se servent soit de l'acculement, soit de la surcharge des épaules, pour annuler les effets des aides et se livrer à de fastidieuses fantaisies ou à des désordres dangereux provoqués par un état de gêne ou de souffrance dans leurs organes locomoteurs.

Il nous reste à nous occuper des chevaux susceptibles de faire voyager le centre de leurs forces de l'avant à l'arrière-main et *vice versâ*, se servant ainsi alternativement de l'acculement et de la surcharge des épaules, pour seconder leurs résistances.

Parmi ces sujets, il en est d'inoffensifs ; d'autres sont assez compromettants, du moins en ce qui touche à la solidité du cavalier. Les uns et les autres sont fort désagréables.

Ainsi que je l'ai dit en parlant des singulières propensions des chevaux de cette catégorie (p. 38), leur dressage est assez long, parce que l'emploi des allures vives et le pincer des éperons, seul moyen de détruire l'acculement, augmente la surcharge des épaules, et que, d'un autre côté, les allures ralenties et le reculer disposent le cheval à se mettre en arrière.

Mais j'ai dit aussi qu'il n'en fallait pas moins, le cas échéant, se servir de ces deux correctifs, en alternant intelligemment leurs effets et qu'il fallait toujours *quand même* exiger l'obéissance instantanée à l'action des jambes, dût-on momentanément augmenter la surcharge des épaules.

La marche du dressage qu'il convient d'employer pour ces chevaux se trouve donc toute tracée.

Cheval qui s'immobilise.

Le cheval qui n'a pas confiance dans sa force, soit parce que son rein est long et faible, soit par lâcheté, soit pour toute autre raison, n'entre pas en défense de but en blanc : il commence par résister en s'arrêtant court et en opposant la force d'inertie à l'action des jambes. C'est une preuve non équivoque d'acculement qu'il faut détruire coûte que coûte.

Cette résistance se présente très-souvent dans les sauts d'obstacles tentés avec des chevaux médiocres.

Si le cavalier surpris ainsi reprend du champ, s'il attaque l'animal plus vigoureusement et au moment opportun, ou bien si la chambrière est venue à point se mettre de la partie, on voit le cheval s'élancer, franchir l'obstacle tant bien que mal, — plus souvent mal que bien, — puis, incapable de se remettre d'aplomb, continuer sa course en luttant violemment contre la main de son cavalier : la surcharge des épaules est venue prendre la place de l'acculement.

Le même phénomène se produit parfois lorsque le cheval qui a commencé par s'immobiliser, se décide spontanément à se porter en avant, pour fuir l'action douloureuse des éperons. Il cherche alors à forcer la main et, s'il est doué d'une certaine dose d'énergie, il pourra se faire qu'il emporte son cavalier.

Un pareil cheval veut d'abord être exercé aux allures vives, non pas pour le mettre davantage sur les épaules, — car il est même fâcheux d'être obligé d'employer ce moyen, — mais pour arriver à lui appliquer plus sûrement les éperons (1) (à molettes acérées) et le rendre docile à l'effet impulsif des jambes, sans courir le risque de le voir s'arrêter, en même temps que l'on détruira définitivement l'acculement au profit de la surcharge des épaules.

Lorsqu'on aura obtenu ce résultat, il restera à traiter l'animal comme il est prescrit pour le cheval qui gagne à la main (p. 118) et même, suivant le cas, comme celui qui s'emporte (p. 110); c'est-à-dire qu'on le soumettra

---

(1) Voir le cheval qui *se cabre*.

aux assouplissements gymnastiques de la cravache, éminemment propres à fortifier son rein; puis enfin, au dressage normal, suivant la progression recommandée.

Cheval qui rue.

Après le cheval qui s'immobilise, vient le cheval *rueur*, qui, lui aussi, se sert des deux modes de résistance, mais en les faisant se succéder beaucoup plus rapidement.

Il y a des chevaux qui ruent en place, en refusant de se porter en avant; d'autres, au contraire, se livrent à cette défense en marchant à toutes les allures.

Chez les premiers, l'acculement domine comme chez tous les chevaux rétifs; mais ils sont susceptibles, dans un moment donné, de jeter leur poids sur les épaules pour alléger l'arrière-main et, une fois la ruade détachée, de le faire retourner rapidement à son premier et défectueux point de concentration. Chez les autres, c'est au contraire la surcharge des épaules qui est prépondérante, et ceux-là, à proprement parler, devraient figurer au Chapitre II. C'est pour ne pas scinder ce qui se rapporte à la même nature de défense (la ruade), que je les fais figurer ici.

Pour le dressage des chevaux rueurs, il y a, comme pour les sujets qui s'acculent ou pour ceux qui se cabrent, deux manières d'opérer (1).

Si la défense tient seulement à une mauvaise habitude,

---

(1) Voir ces défenses.

suite d'un usage immodéré d'éperons trop pointus, par exemple, ou appliqués trop en arrière, la leçon du *caveçon* donnée avec soin, ainsi qu'il est prescrit pour le cheval qui rue à la botte (p. 67), donnera d'excellents résultats, dans un temps relativement très-court : c'est le savoir-faire du cavalier (de l'instructeur si c'est un cheval de troupe) qui décidera de sa durée.

Mais si le cheval rue, parce qu'il souffre, il faut le soumettre aux assouplissements de la cravache et à la leçon du caveçon, absolument comme le cheval qui se cabre (p. 94); seulement on insistera beaucoup plus sur le *reculer* avec celui qui rue en accélérant l'allure et, dans ce cas, on ne se contentera pas, comme pour l'animal qui se cabre, de deux ou trois pas seulement.

Dans le travail accompli sous le cavalier, on suivra simplement la progression normale; toutefois on n'exercera à travailler aux allures allongées que le cheval qui rue en place. Pour celui-ci, il va sans dire qu'il faut, avant tout et à tout prix, obtenir le facile mouvement en avant, dût-on, pour un moment, provoquer une surcharge exagérée des épaules. C'est, comme on le voit, toujours la même méthode.

Ainsi, pour le cheval qui rue en place : allures allongées et pincer vigoureux des éperons, assouplissement modéré et peu de reculer; pour celui qui rue en accélérant l'allure : travail ralenti et cadencé, beaucoup de reculer et pas d'éperons.

Il me reste à faire quelques observations pratiques qui ont leur importance.

Le cheval, pour détacher la ruade, commence toujours par baisser un peu la tête; on peut donc arriver à prévenir cette défense et à la faire échouer, une fois le sujet suffisamment assoupli, en soutenant la tête de celui-ci par des demi-temps d'arrêt appliqués avec à-propos et combinés avec des pressions de jambes destinées à s'opposer ou à combattre l'acculement. L'assouplissement général, par la pondération qu'il établira dans les forces, ne tardera pas à amener la disparition de la défense; à moins que les résistances du cheval ne soient occasionnées par une maladie ou par un état de sensibilité extrême du rein; elles sont alors indépendantes de la répartition des forces, tout en en bénéficiant pour pouvoir se produire, et un dressage, quel qu'il soit, sera impuissant à les faire disparaître. Il faut, dans ce cas, se décider à réformer un animal définitivement impropre au service de la selle.

Cheval qui bondit.

Enfin, pour terminer cette série de chevaux vicieux ou difficiles, il convient de parler de quelques sujets dont les défenses, sans être extrêmement dangereuses, n'en sont pas moins fort désagréables et exigent, chez le cavalier, des moyens de tenue et un certain sang-froid assez rares et qui même ne le mettent pas toujours à l'abri d'un accident. Ce sont les chevaux qui, pour se débarrasser de leur cavalier, se livrent à des bonds désordonnés, soit sur place, soit en se précipitant en avant.

Comme cette défense tient pour ainsi dire du cabrer et de la ruade, les moyens à employer pour en corriger le cheval se déduiront tout naturellement des procédés indiqués pour combattre ces deux sortes de résistances.

Dans le *saut de mouton*, l'animal bondit, en voûtant le rein, en baissant la tête et en prenant, par conséquent, des points d'appui successifs sur les membres de devant et de derrière, mais surtout de devant. Dans *le saut de carpe*, le cheval s'enlève du devant, en levant la tête et en s'appuyant davantage sur les membres postérieurs : c'est l'exagération *du saut de pie*, qui n'est pas, à proprement parler, une défense.

Dans le premier cas, le cheval se défend tantôt sur place, tantôt en avançant, en détachant ou sans détacher la ruade. Dans le second, il gagne toujours du terrain en avant, sans jamais détacher la ruade.

Le saut de mouton est naturellement celui qui est le plus susceptible de compromettre l'assiette du cavalier. Celui-ci devra donc soigneusement assurer sa tenue et pousser le cheval énergiquement en avant dans les jambes, tout en lui relevant la tête avec vigueur.

Dans le saut de carpe, le cavalier restera également bien assis, en suivant le mouvement du cheval; seulement, lorsqu'il chassera l'animal en avant, il aura l'attention de lui rendre la main le plus possible.

Les chevaux de l'une et l'autre de ces deux catégories sont tous plus ou moins acculés, tout en jouissant, ainsi que les rueurs, de la faculté de varier leurs points d'appui : il convient donc de les mettre aux allures vives. Mais comme ils ne se défendent généralement que pour se débarrasser de leur cavalier, l'on commencera par les assouplir de manière à fortifier l'assiette de celui-ci, en rendant les sauts de moins en moins déplaçants, ce qui ramènera en même temps l'harmonie dans les forces.

On relèvera naturellement du devant l'animal qui, dans ses bonds, s'appuie sur les épaules, tandis que l'on affaissera au contraire la tête et l'encolure de celui qui s'appuie sur les hanches.

Ce dressage ne présente donc aucune difficulté dont la facile solution ne se trouve indiquée dans les paragraphes relatifs aux chevaux qui ruent et à ceux qui se cabrent.

Quant aux chevaux qui bondissent par gaieté ou par excès de vigueur, il suffit, avant de les monter, de leur faire faire quelques tours à la longe, pour les calmer et leur fournir l'occasion de jeter leur feu. A mesure que le dressage normal avancera, ce petit inconvénient disparaîtra tout seul.

CHAPITRE V.

RÉSISTANCES DIVERSES.

Chevaux qui refusent de sauter. — Chevaux peureux. — Cheval qui a peur de l'eau. — Chevaux qui ne supportent pas le sabre. — Chevaux qui ont peur du bruit des armes. — Chevaux qui ont peur du roulement du tambour. — Toutes ces résistances indiquent une éducation incomplète ou manquée.

Chevaux qui refusent de sauter.

Pour le cheval qui refuse de sauter un obstacle, aussi bien que pour celui qui se livre à une défense quelconque, il faut toujours commencer par remonter à la cause de la résistance, et le cavalier doué de quelque pénétration ne manquera certainement pas de la découvrir.

Le plus ordinairement cette cause réside dans un défaut d'instruction, et dès lors le remède est tout indiqué.

Quelquefois la maladresse ou la brutalité de celui qui l'a monté antérieurement a ainsi perverti le moral de l'animal et, dans ce cas encore, la solution du problème ne saurait présenter une sérieuse difficulté.

Mais la désobéissance du cheval est parfois la conséquence d'une construction vicieuse engendrant de la faiblesse, ou d'infirmités susceptibles de gêner les mouvements et même de provoquer de la douleur, dans un exercice qui réclame chez le cheval un grand déploiement de force joint à une certaine adresse.

Ici la difficulté est beaucoup plus grande, surtout si, comme dans le cas précédent, le cheval a eu déjà affaire à un cavalier brutal ou manquant d'adresse, le remède devant agir aussi bien sur le physique que sur le moral de l'animal.

On comprend qu'un cheval qui a le rein trop long, par exemple, et les jarrets faibles, — deux défauts qui ne se rencontrent que trop souvent réunis dans le même sujet, — on comprend, dis-je, qu'un pareil cheval n'ait pas confiance dans sa force et qu'il refuse de sauter, si le cavalier va trop loin dans ses exigences.

De ce conflit peut naître la rétiveté et, dans tous les cas, le parti pris, chez l'animal, de se refuser à toute espèce de saut.

C'est naturellement ici le cas de remettre d'abord l'animal en confiance, de le confirmer dans l'obéissance aux aides et de suivre ensuite, pour le saut des obstacles, une marche sagement graduée dans ses difficultés progressives, que j'indiquerai plus loin et qui est d'ailleurs, sans aucune exception, celle qu'il convient de suivre avec tous les chevaux, jeunes ou vieux, difficiles ou non.

Lorsque la mauvaise conformation de l'animal est doublée de sensibilité maladive ou de douleur dans certaines régions, de souffrance engendrée par des tares ou résultant de mauvais pieds, de tendons fatigués, etc., si à ces défectuosités vient s'ajouter un tempérament irascible, un caractère peu endurant, vicieux, on comprend toutes les difficultés de la cure et combien il faut savoir se contenter de peu quant au résultat définitif.

Ce sont des chevaux à rejeter d'un service où ils peuvent être appelés à sauter souvent.

Je me contenterai donc d'indiquer ici la marche à suivre avec un cheval auquel les moyens de sauter ne font pas défaut et qui refuse le saut, soit parce que son éducation n'a pas été complétée sur ce point, soit parce qu'elle a été manquée, soit enfin parce que le sujet a été rebuté par des exigences exagérées ou par de mauvais traitements.

Le cheval sain de corps et régulièrement conformé qui refuse de franchir un obstacle, si l'effort qu'on exige de lui ne dépasse pas ses moyens, prouve, en résistant ainsi à l'action des aides, que son dressage est loin d'être parfait; on fera donc sagement en n'insistant pas pour vaincre cette résistance, et l'on évitera surtout de recourir à la force d'où pourrait naître une lutte toujours préjudiciable à l'organisme du cheval et qui pourrait avoir une influence funeste sur son moral, si le succès ne couronnait pas les efforts du cavalier.

Si donc celui-ci peut se dispenser de soumettre son cheval à une épreuve aussi aléatoire, il fera bien de s'en abstenir jusqu'à ce qu'il puisse, sans danger, aborder ce complément indispensable de toute bonne éducation, et alors il procédera en suivant en tous points la progression que voici :

Saut en largeur.

Si les localités le lui permettent, le cavalier fera creuser un petit fossé de 50 à 60 centimètres de large et de 33 centimètres de profondeur, en ayant soin de donner au talus opposé à celui d'où devra s'élancer le cheval, une pente très-douce, tandis que l'autre talus sera incliné le moins possible.

Tous les deux ou trois jours on fera agrandir ce fossé, en augmentant progressivement sa largeur et sa profondeur, mais d'une manière insensible. On lui donnera une longueur de 10 à 12 mètres au moins, et l'on fera entasser les terres, à mesure qu'elles seront extraites, aux deux extrémités, du côté de l'arrivée, ce qui contribuera à empêcher le cheval de se dérober. Le mieux serait, pour augmenter ces remblais, de faire creuser latéralement, du côté de l'arrivée, deux fossés venant aboutir à angle droit aux extrémités du fossé principal.

Dans le début de cette leçon, le fossé n'étant encore ni large ni profond, le cavalier se contentera de le faire *enjamber* au cheval, en empêchant autant que possible celui-ci de sauter.

Il pourra commencer par donner cette instruction à pied, en conduisant le cheval avec les rênes du filet passées par-dessus l'encolure et en enjambant lui-même le fossé, en même temps que le cheval.

On pourra même, si les localités s'y prêtent, mettre le cheval en liberté et s'aider de la chambrière pour lui faire franchir l'obstacle, ainsi que le recommande fort judicieusement l'ordonnance de cavalerie.

Après cette leçon préparatoire, que je ne considère pas comme indispensable, mais qui ne peut donner que d'excellents résultats, on monte le cheval ; et, pour éviter qu'un mouvement désordonné (qu'il n'est pas toujours possible d'empêcher et qu'il faut prévoir), ne fasse sentir le mors de la bride d'une manière douloureuse ou même simplement désagréable au cheval, on aura soin de tenir les quatre rênes séparées dans les deux mains (1), laissant prendre à l'animal un faible point d'appui sur le filet.

Le cheval devra être présenté au pas et toujours suivant une direction exactement perpendiculaire au fossé. Si donc il tentait de se traverser, il faudrait l'en empêcher, en lui opposant les épaules aux hanches, tout en entretenant son action constamment au même degré.

A mesure que le cavalier avance vers le fossé, il faut qu'il assure son assiette et en général toute sa tenue, en approchant moelleusement les jambes, afin d'éviter tout déplacement si, s'attendant à franchir l'obstacle par une simple enjambée, il était surpris par un saut ou par un brusque écart qu'il n'aurait pu empêcher.

Un cheval familiarisé avec l'action des aides, et, je le répète, il faut que son éducation soit suffisamment avancée sur ce point, ne refusera jamais de passer un fossé aussi insignifiant que celui dont il est question ici, si le cavalier est doué du moindre tact. Il est presque inutile d'ajouter qu'il ne faut pas chercher à surprendre l'animal, en le présentant à l'obstacle d'une manière inopinée, mais qu'on doit au contraire le lui faire bien voir à distance et même, en cas d'hésitation, le lui laisser

---

(1) Les rênes de la bride sont tenues séparées dans les deux mains, comme on a coutume de le faire pour le bridon; en même temps les rênes de filet sont passées entre le *médium* et l'*annulaire,* et maintenues par le pouce, ainsi que celles de la bride, sur la deuxième jointure de *l'index,* les mains bien fermées.

examiner à loisir, lorsqu'il y est arrivé. Une simple pression des jambes, en rendant la main, doit suffire pour déterminer l'animal à enjamber.

Si, malgré toutes ces précautions, le cheval refuse de passer, c'est que, ainsi que je l'ai déjà dit, son dressage est trop imparfait : il ne craint pas assez les jambes et il faut lui donner la leçon du coup d'éperons. On suspendra donc pour un temps la leçon du saut, pour y revenir plus tard, lorsque le moment en sera venu.

Mais c'est là un cas tellement exceptionnel, que j'aurais pu, à la rigueur, me dispenser d'en parler.

Je suppose donc que le cheval a passé sans hésitation ce semblant d'obstacle. Il faut bien se garder de recommencer immédiatement. On caresse l'animal, on lui jette les rênes sur l'encolure et l'on s'en va: c'est la récompense. Cette instruction ne devra par conséquent être donnée qu'au moment de rentrer le cheval à l'écurie.

On la continuera les jours suivants, en agrandissant le fossé, ainsi que je l'ai dit.

Lorsque l'obstacle ne peut plus être facilement enjambé, le cavalier prend le trot, quelques pas avant d'y arriver et, si le cheval prend le galop, il le laisse faire, se contentant de le maintenir parfaitement droit et ne l'excitant avec les jambes que lorsqu'un retrait de forces se fait sentir ou si l'action faiblit. En arrivant au fossé, il rend la main *sans que les rênes deviennent flottantes*, car il faut continuer d'offrir à la bouche le léger soutien qui est son guide en même temps qu'il est le régulateur de l'impulsion, et aussi pour que le cavalier soit en mesure de soutenir l'animal s'il venait à butter de l'autre côté du fossé.

On n'oubliera pas que c'est le filet qui joue le principal rôle dans ce travail et qu'il n'est permis de faire agir la bride, même légèrement, que si la sûreté du cavalier se trouve compromise, par suite d'un faux pas en arrivant à terre. Dans ce cas, il faut agir sur les deux rênes de la bride en renversant les poignets, les doigts en dessus et en les rapprochant du corps, jeter en même temps le haut du corps très en arrière, en fermant vigoureusement les deux jambes jusqu'à l'éperon inclusivement.

Pendant le saut, il va sans dire que le cavalier restera parfaitement lié avec le cheval, dont il suivra le mouvement en conservant une grande souplesse dans le rein, ainsi que la parfaite enveloppe des jambes.

Les étriers devront être chaussés jusqu'au cou-de-pied, pour éviter qu'un saut désordonné ne les fasse perdre, ce qui pourrait avoir des inconvénients, une fois l'obstacle franchi.

Il est de la dernière importance que le cavalier, en approchant du fossé, redresse le corps sans raideur, à mesure que ses jambes se ferment, ce qui augmente sa puissance et contribue à la franchise du cheval.

Ce sont là, je le sais, des recommandations superflues pour la plupart des cavaliers auxquels je destine ce livre, car elles sont du domaine de l'équitation pure; mais l'observation des principes qu'elles rappellent est d'une importance telle, lorsqu'il s'agit de remettre un cheval vraiment difficile, que je n'ai pas cru pouvoir me dispenser de les faire.

En suivant la progression que je viens d'indiquer, je le répète, le cavalier est sûr du succès. Je ne dis pas qu'il ne rencontrera jamais aucune résistance; mais il viendra certainement à bout de les vaincre toutes, s'il sait s'astreindre à la ligne de conduite que je lui ai tracée, et surtout s'il se possède assez pour ne jamais se laisser aller à un mouvement de colère ou seulement d'impatience. Il faut aussi qu'il se garde soigneusement de rentrer le cheval à l'écurie sans qu'il ait obéi, car ce serait lui donner une détestable leçon, le retour à l'écurie, dans ce travail, devant toujours être, pour l'animal, la récompense de sa docilité.

Si l'on veut avoir un cheval franc et lui conserver cette précieuse qualité, il faut éviter de le ramener sur le même obstacle une fois qu'il l'a franchi, ainsi que beaucoup de cavaliers ont la mauvaise habitude de le faire. Le cheval se dégoûte facilement de sauter, surtout si, par la faute de celui qui le monte, le mors de la bride a agi d'une manière inopportune, et il y a tout bénéfice à lui faire oublier ce mauvais procédé qui est venu se substituer si mal à propos à une récompense méritée.

Quant à cette exécrable manie qui consiste à enlever soi-disant le cheval par un vigoureux coup de cravache, au moment où il se décide à sauter (qui a tout au plus sa raison d'être dans une course de vitesse, pour entretenir le train), ce qui équivaut en définitive à lui administrer une correction au moment même où il fait preuve de bonne volonté, je ne crois pas avoir besoin de la réfuter ici.

Il est évident que la manière que je viens d'indiquer pour augmenter insensiblement l'importance de l'obstacle, n'est pas dans les moyens de tous les cavaliers. C'est celui que, dans mon *Manuel*, j'ai recommandé pour le dressage des chevaux de troupe réunis en reprise, l'officier chargé de cette instruction pouvant facilement suivre mes prescriptions.

S'il s'agit d'un cavalier isolé qui dresse son cheval, d'un officier ou d'un amateur, il faut que, dans ses promenades à l'extérieur, il tâche de trouver des obstacles naturels gradués dans leur importance, et, dans ce cas, il n'y a aucun inconvénient à passer ou à franchir plusieurs fossés le même jour, surtout s'ils sont suffisamment éloignés les uns des autres et tout particulièrement s'ils se trouvent sur le chemin qui ramène le cheval à l'écurie.

Saut en hauteur.

Le saut en hauteur exige les mêmes précautions et la même gradation que le saut en largeur. Il faut faire enjamber l'obstacle aussi longtemps qu'on pourra.

Quel que soit cet obstacle du reste, que ce soit une barrière, une haie ou un mur, le même principe veut être fidèlement observé ; le succès est à ce prix, et j'étendrais inutilement mon sujet, si j'entrais ici dans des détails qui ne seraient qu'une répétition de ce que je viens de dire et qui d'ailleurs se trouvent tout au long dans mon *Manuel d'équitation*.

Je crois devoir toutefois insister sur un point qui touche à la *conservation* du cavalier, mise plus particulièrement en péril par les sauts en hauteur.

Lorsque la hauteur de l'obstacle, insensiblement augmentée, ne permet plus au cheval de passer sans sauter et que le cavalier se décide à exiger le saut, il faut qu'il prenne du champ et qu'il aborde la barrière, la haie ou le mur à une allure franche, bien décidée (sans être toutefois trop allongée), surtout si c'est une barrière, car, en cas de chute, le cavalier sera projeté en avant et il ne courra pas ainsi le risque d'être atteint et peut-être écrasé par son cheval.

Il s'agit naturellement ici de la barrière *fixe*, la seule admissible, la barrière mobile dont on a le tort de se servir encore quelquefois dans les régiments de cavalerie, ayant l'inconvénient de rendre le cheval paresseux, en lui apprenant le peu de danger qu'il y a à la renverser, et, comme il ne saurait distinguer une barrière mobile de celle qui ne l'est pas, on ne pourrait, sans s'exposer à un danger sérieux, lui faire ensuite aborder cette dernière.

Il faut aussi que le cavalier évite de chercher à *enlever* son cheval avec la main, car le mouvement ascensionnel de cette main ne peut que rompre l'harmonie des forces instinctives de l'animal et lui enlever la liberté si indispensable pour s'élancer et pour décrire sa courbe. La main, sans quitter la bouche du cheval, doit simplement suivre l'avant-main dans son ascension et éviter avec soin de faire refluer le poids sur les jarrets, pour ne pas produire de l'acculement.

Pour ce qui est du corps, il faut qu'il conserve sa direction verticale pendant toute la durée du saut; le cavalier le portera donc légèrement en avant au moment de *l'enlever* et il le redressera, en le portant ensuite en arrière, à mesure que le cheval, quittant le sommet de la courbe, se rapprochera du sol.

Les chevaux qui ont les jarrets sensibles et qui pour cela n'engagent pas suffisamment leur arrière-main sous la masse, éprouvent, en retombant à terre, une commotion pénible, dont l'effet se manifeste souvent par un coup de rein suivi d'une accélération subite dans l'allure. Le cavalier, dans ce cas, doit bien se garder de trop soutenir la main au moment du poser des pieds de devant et laisser à l'animal, autant que possible, la latitude d'étendre un peu son encolure et de soulager ainsi la partie souffrante.

Il y a aussi des chevaux qui,—peut-être pour la même raison que les précédents,—plongent en quelque sorte de haut en bas, en faisant affluer tout leur poids sur l'avant-main, au moment de rejoindre le sol, ce qui peut donner lieu à de graves accidents. Avec ceux-là le cavalier devra, au contraire, soutenir énergiquement les poignets, en même temps qu'il fermera, avec la dernière vigueur, les jambes le plus en arrière possible.

Naturellement, le cheval qui a des tendances à trop s'enlever du devant en sautant, aura besoin d'être *poussé* sur l'obstacle, ce qui s'opposera au retrait des forces, tandis que ce reflux de forces devra, au contraire, être provoqué chez le cheval qui s'enlève trop peu.

Il y aurait encore plus d'une observation à faire sur cet important sujet; mais, comme mon livre ne s'adresse qu'à des cavaliers ayant déjà une certaine expérience dans la matière, je puis m'abstenir de plus amples développements.

Je terminerai donc cette partie de ma théorie par une recommandation toute pratique à l'adresse des cavaliers qui abordent un obstacle un peu sérieux avec des chevaux d'une franchise douteuse.

Quelques chevaux refusent de sauter, en s'arrêtant court (1). Si l'obstacle ne peut être franchi de pied ferme, il faut naturellement reprendre du champ et recommencer, en imprimant au cheval une impulsion telle, que l'arrêt ne puisse plus se produire : c'est l'A, B, C, du métier.

Mais c'est généralement en se dérobant (2) que l'immense majorité des chevaux cherchent à se soustraire à l'effort qu'on leur demande. Or, chacun sait que c'est presque toujours du même côté que le cheval qui manque de franchise cherche à se dérober. L'obstacle, dans ce cas, devra donc toujours être abordé au galop, le cavalier ayant la précaution d'embarquer son cheval sur le pied droit, si le sujet a l'habitude de fuir à gauche et *vice versâ*, en faisant en sorte de s'opposer, par la puissance des aides, à toute tentative de changement de pied. Comme l'animal éprouve une grande difficulté à tourner court *à faux*, surtout si l'allure est un peu allongée, il y a beaucoup de chances pour qu'il se décide à s'élancer. C'est un moyen qui réussit souvent, et comme il est d'ailleurs tiré de la nature même du cheval, je n'hésite pas à le recommander.

Si je me suis un peu étendu sur ce sujet, c'est que cette méthode s'occupe spécialement de chevaux *difficiles*, et que le dressage de pareils chevaux exclut toute fantaisie

---

(1) Voir la cause de cette résistance, P. 38 et 122.
(2) Voir le cheval qui se dérobe, P. 93.

de la part du cavalier, les sauts d'obstacles constituant une épreuve décisive à laquelle on ne peut soumettre le cheval qu'en suivant une gradation sage, lente, tellement insensible, que l'animal passe d'un degré à l'autre, en quelque sorte sans s'en douter.

Chevaux peureux.

Le cheval est un animal essentiellement poltron, quoi qu'en aient dit ses panégyristes, et lorsque sa nature craintive se complique d'une vue défectueuse, infirmité qui se rencontre malheureusement très-souvent, il est fort difficile de le mettre en confiance et de le rendre parfaitement franc.

La peur ne raisonne pas, et tout mauvais traitement, toute brusquerie pour forcer le cheval à s'approcher d'un objet qui l'effraie, ne peut qu'être contraire au but que l'on se propose. L'animal se persuade aisément que c'est l'objet même dont il se défie qui lui vaut la correction, et il l'en redoutera d'autant plus à l'avenir.

Naturellement les écarts du cheval mis, du cheval parfaitement docile aux aides, présentent peu de danger, et il est toujours facile d'empêcher l'animal de fuir, lorsqu'on se tient sur ses gardes ; aussi n'y a-t-il qu'un seul remède contre la peur ou plutôt contre les conséquences possibles de la peur : le dressage.

Il faut donc confirmer l'animal dans l'obéissance aux aides et chercher à le familiariser avec les objets qui l'effraient, mais sans user de force, sans même y mettre une grande ténacité et en s'efforçant de calmer le cheval par des caresses *faites à propos*.

Il n'y a d'ailleurs aucune règle précise à poser pour la manière de procéder, suivant les circonstances éminemment variables et parfois difficiles à prévoir, qui peuvent rendre l'incident plus ou moins sérieux. Le sentiment équestre devra inspirer au cavalier le meilleur usage à faire de ses aides, en tenant compte du caractère du cheval, de son tempérament, de sa vue et aussi de la nature des lieux, qui ne sont pas toujours favorables.

Je veux pourtant indiquer, à titre de spécimen, la marche à suivre dans quelques cas particuliers qui ont leur importance et qui embarrassent quelquefois les meilleurs cavaliers. Je choisis le cheval *qui a peur de l'eau* et qui refuse de s'en approcher; celui qui *a peur du sabre* et qui ne le supporte pas; celui, enfin, *qui a peur des coups de feu et du roulement du tambour* et qui résiste ou s'emporte.

Cheval qui a peur de l'eau.

Avec un animal de cette nature, il faut, comme toujours, éviter la lutte, surtout si l'on prétend guérir le sujet d'un défaut qui, quoique peu dangereux, n'en peut pas moins, dans un moment donné, embarrasser singulièrement le cavalier.

Dès que le cheval manifeste de la répugnance à s'approcher de l'eau,—j'entends parler, bien entendu, d'une eau peu profonde, dont les abords sont faciles, — et que l'on peut prévoir une résistance sérieuse, il faut arrêter l'animal, lui jeter les rênes sur le cou et lui faire une caresse pour le rassurer. Lorsque toute contraction a cessé, on le met face en arrière et on le caresse de nouveau ; puis on le fait reculer pas à pas, en ayant soin d'entretenir sa légèreté et (recommandation importante) en le maintenant parfaitement droit, afin de l'empêcher autant que possible d'apercevoir l'objet de sa frayeur.

Lorsque le cheval se trouve dans l'eau et toujours face en arrière, ce qui s'obtient généralement avec une grande facilité, on l'arrête et, comme toujours, on lui jette les rênes sur l'encolure, en se contentant de le maintenir légèrement avec les jambes. La surprise de se trouver au milieu de l'élément tant redouté le fait presque toujours tenir immobile, mais tremblant. C'est le moment de lui prodiguer des caresses et de bonnes paroles pour appeler sa confiance. La peur qu'il a éprouvée l'ayant quelque peu altéré, il ne tarde pas à chercher à boire : il faut le récompenser en le laissant faire, car sa confiance n'en renaîtra que plus vite.

Ce résultat atteint, le cavalier, après avoir repris ses rênes, exécutera un demi-tour sur place, c'est-à-dire sans sortir de l'eau, et cela le plus lentement possible, en entrecoupant le mouvement de petits temps d'arrêt.

Le cheval se trouvant ainsi face en avant, il faut de nouveau lui faire une descente de main complète et le caresser encore. Toute frayeur ayant disparu, le cavalier le remet face en arrière, sort de l'eau et revient à son point de départ. Il essaie cette fois de s'approcher de l'eau sans recourir au reculer et, neuf fois sur dix, il pourra constater que toute résistance aux aides a disparu.

Si cependant le cheval montre encore de l'hésitation, il faut immédiatement le remettre face en arrière et recommencer l'opération, en suivant en tous points la même gradation, ce qui, je le garantis, ne tardera pas à amener une obéissance parfaite. Ce ne sera qu'après l'avoir obtenue que le cavalier continuera son chemin ou, s'il le juge à propos, reviendra sur ses pas.

Je n'ai pas besoin d'ajouter que, pour aborder cette leçon avec des chances de succès certaines, il faut, de même que pour les sauts d'obstacles, que le cheval ait été rendu, auparavant, parfaitement souple et obéissant.

Je n'ai pas non plus besoin de recommander de ne pas mettre l'animal à une trop rude épreuve, en le faisant débuter par un ruisseau trop large ou trop profond et sur un terrain qui ne serait pas absolument favorable à cet exercice. Il faut tâcher de découvrir, dans la campagne, de petits cours d'eau facilement guéables qui traversent les chemins ; ce sont les meilleurs obstacles de cette nature pour corriger les chevaux du défaut dont nous venons de nous occuper.

Cheval qui ne supporte pas le sabre.

J'ai indiqué, dans mon *Manuel d'équitation*, la marche à suivre pour habituer les jeunes chevaux à supporter le sabre. C'est la même qu'il convient d'adopter pour le cheval qui a été *manqué*, quelle que soit la cause qui occasionne le désordre auquel il se livre et quelle que puisse être la nature de sa résistance.

Je veux pourtant la rappeler, pour la commodité du lecteur, en l'appropriant plus particulièrement au cheval d'un caractère violent, irascible, difficile en un mot.

Il faut, dans le cas présent, comme dans toutes les circonstances analogues, confirmer d'abord le cheval dans l'obéissance aux aides, en perfectionnant son dressage normal; le reste n'est qu'affaire de patience et de savoir-faire.

C'est généralement par peur ou par un excès d'impressionnabilité que l'animal se défend contre le sabre, et cette peur ou cette impressionnabilité trouve une excitation, soit dans le *contact*, soit dans le *bruit* de l'arme, soit dans la *vue* de la lame lorsque le cavalier met le sabre à la main, soit enfin dans les trois causes réunies.

La plus vulgaire logique veut que l'on procède avec un grand esprit de méthode dans la leçon qui a pour objet de corriger l'animal d'un défaut qui peut avoir de regrettables conséquences et qui occasionne d'ailleurs de fréquents accidents.

On commencera donc par accoutumer le cheval à l'impression produite par le simple contact de l'arme sur les différentes parties de son corps, à l'état de station et en marche, avant de chercher à l'habituer au bruit et surtout avant de lui faire voir la lame; car il est aisé de comprendre que, si le cheval redoute le contact, le bruit que fait le sabre en ballottant sur ses flancs n'est pas fait pour le rassurer, et que la vue de la lame, lorsqu'il est ainsi surexcité, ne peut qu'achever de lui faire perdre la tête.

Il est par conséquent indispensable de commencer de pied ferme cette importante leçon, en se faisant seconder par un aide qui obligera l'animal à rester en place, en le maintenant par les rênes du filet, et qui sera muni d'un peu d'avoine qu'il lui donnera par petites poignées, pour le rassurer et pour le récompenser lorsqu'il y aura lieu.

C'est surtout en s'attachant à lui entretenir la *mobilité de la mâchoire*, que cet aide, qui est à pied, se ménagera le moyen de prévenir à temps tout mouvement désordonné du cheval, toujours annoncé par la contraction spontanée du maxillaire, quelquefois suivie de près de l'enlever plus ou moins violent de l'avant-main et, dans tous les cas, de la disparition instantanée de toute *légèreté*. C'est en outre un moyen d'occuper le cheval et d'entretenir chez lui cette même légèreté; et j'entends par légèreté à l'état de station, cette attitude calme et pondérée qui indique chez l'animal l'absence de toute velléité de résistance.

Le cavalier montera à cheval, en conservant le sabre au crochet, et il attendra que le calme se soit produit. Il décrochera ensuite le sabre et l'approchera avec précaution du flanc de l'animal, qu'il caressera en même temps, pour le mettre en confiance.

Au moindre déplacement du cheval, le cavalier s'empressera d'éloigner le sabre et il ne le rapprochera que lorsque le calme sera revenu.

Quand ce premier résultat aura été obtenu, le cavalier touchera avec le sabre les différents endroits qui pourront être plus tard atteints pendant la marche, et, dès qu'il aura réussi à faire supporter ces attouchements plus ou moins accentués, il replacera le sabre au crochet, mettra pied à terre et renverra le cheval à l'écurie, après l'avoir récompensé par quelques caresses et surtout par quelques poignées d'avoine, dont l'animal conservera le meilleur souvenir.

Avec un cheval de sang, dont les tissus sont très-fins, il sera bon de commencer par envelopper le fourreau du sabre et particulièrement les anneaux, d'une bande de grosse flanelle qui en rendra le contact plus supportable.

On continuera, en place, cette leçon dont l'influence est décisive sur l'issue du dressage, jusqu'à ce que le cheval reste parfaitement immobile au toucher de l'arme sur toutes les parties qu'elle pourra heurter dans la suite, en ne se contentant pas d'un simple attouchement, mais en procédant par petits coups de plus en plus forts, sans pourtant jamais arriver à produire une impression douloureuse.

On se mettra ensuite en marche au pas, le cheval toujours contenu par l'homme à pied, afin que celui-ci puisse l'arrêter promptement au moindre désordre et au moment même où ce désordre se produira.

Dans ce travail qui exige une main exercée pour maintenir l'animal, le cavalier qui a entrepris ce dressage généralement assez difficile, fera bien de mettre l'aide en selle et de prendre sa place à la tête du cheval. Naturellement l'aide n'exécutera les différents mouvements qu'à mesure qu'ils lui seront commandés et en se conformant à ce qu'il a vu pratiquer dans le travail en place.

Il n'est évidemment question ici que de la marche au pas ou au trot très-ralenti, l'allongement de l'allure ne permettant pas de continuer à tenir le cheval.

Le cavalier qui est en selle tiendra ses rênes dans la main droite, afin de conserver la main gauche libre, pour pouvoir, le cas échéant, saisir le sabre avec célérité et l'éloigner du corps du cheval, et il recommencera, en marchant, l'opération qui a été faite en place, en suivant exactement la même gradation; on renverra de même le cheval à l'écurie (recommandation importante), dès qu'il fera preuve de calme et de soumission.

Si c'est dans un manége qu'on travaille, il faut avoir soin de se maintenir toujours à *main gauche*, pour éviter que le sabre, en rencontrant le mur, ne surprenne le cheval et n'occasionne du désordre.

On passera ainsi successivement au trop et au galop, en commençant toujours le plus lentement possible.

Naturellement, à ces allures (le petit trot excepté), il faut savoir se passer du concours de l'aide; mais celui-ci n'en doit pas moins se tenir constamment à proximité, afin de pouvoir venir au secours du cavalier, si quelque incident imprévu en faisait naître le besoin, et aussi pour offrir de temps en temps de l'avoine au cheval, soit à titre d'encouragement, soit pour le récompenser.

Ce ne sera qu'après avoir obtenu le calme le plus absolu aux trois allures, à main gauche, que le cavalier recommencera le même travail à main droite.

Qu'on n'oublie pas qu'il s'agit ici d'un cheval *difficile*, et que la réussite même partielle dans ce dressage dépendra exclusivement du tact du cavalier et de la gradation observée.

Lorsqu'on sera ainsi parvenu à habituer le cheval au contact du sabre au pas, au trot et au galop, ce qui l'a nécessairement familiarisé en partie avec *le bruit* que cette arme fait entendre, il sera bon, avant de passer outre, de continuer à monter l'animal pendant quelque temps, sans lui demander autre chose, afin d'achever de le confirmer.

On revient ensuite au travail de pied ferme, en reprenant, autant que possible, la même place, et l'on procède ainsi qu'il suit.

On monte à cheval, comme toujours, le sabre au crochet. Une fois en selle, on décroche le sabre; puis, si l'animal est bien tranquille, on commence par tirer la lame à moitié seulement et on la chasse dans le fourreau en la faisant résonner. On recommence plusieurs fois ce mouvement, en le faisant suivre d'une caresse et parfois de l'offre d'une poignée d'avoine, et en observant de le suspendre à la moindre inquiétude manifestée par le cheval, jusqu'à ce que le calme soit revenu.

Lorsque le cheval a cessé de s'inquiéter du bruit ainsi produit, on retire complétement la lame et on la place en travers dans la main qui tient les rênes, afin de pouvoir caresser l'animal avec la main droite sur l'encolure.

On remet la lame dans le fourreau, en suivant la même gradation, c'est-à-dire en commençant par l'engager à moitié, pour la retirer de nouveau, en s'aidant au besoin de la main gauche, qui abandonne momentanément les rênes, et l'on finit par chasser la lame jusqu'au fond. On renvoie ensuite le cheval.

Lorsque toute manifestation de crainte a disparu chez le cheval, on lui fait voir la lame, en la lui présentant alternativement à droite et à gauche de l'encolure; enfin, on décrit une série de moulinets que l'on recommence plusieurs fois, en évitant soigneusement de toucher le cheval avec la lame du sabre; on achèvera ainsi de familiariser l'animal avec la vue de l'arme, comme on l'a, par avance, accoutumé à entendre le bruit que fait l'arme et à supporter patiemment son contact.

Ce même travail gradué est répété successivement en marchant aux différentes allures, et, bien entendu, en n'exigeant chaque fois que bien peu de chose et en renvoyant toujours le cheval à l'écurie après chaque nouvelle concession.

Chacune de ces leçons ne prenant que très-peu de temps, on ne les donnera qu'à la fin des reprises, afin que le sujet, récompensé à l'issue de la séance, reste sous l'impression des bons traitements que lui a valus sa soumission.

Je me résume :

Pour habituer le cheval au sabre, surtout lorsque son éducation, sur ce point, a été manquée une première fois, il faut *décomposer les impressions que l'arme est susceptible de produire* sur l'ensemble du système nerveux de l'animal et tout particulièrement sur le centre de ce système, qui est le cerveau. Ces impressions résultent du contact du sabre, quelquefois très-pénible, du bruit de la lame dans le fourreau et de la vue de cette lame.

Il faut donc familiariser l'animal avec chacune de ces impressions prises isolément, d'abord en place, puis successivement en marchant aux trois allures, en suivant une gradation très-lente et en n'exigeant que peu à la fois, pour arriver facilement à les faire subir au cheval, soit simultanément, soit en les faisant se succéder rapidement les unes aux autres.

Cette progression si simple est indiquée par le sens commun ; c'est probablement la raison qui fait qu'on néglige généralement de la suivre, et qu'il arrive tant d'accidents pour avoir passé trop légèrement sur cette partie si importante de l'éducation du cheval de guerre.

On habitue l'animal au contact et à la vue du fusil ou de toute autre arme, en suivant une gradation analogue à celle qui vient d'être indiquée pour le sabre.

Il est sous-entendu que le cheval doit être suffisamment *mis*, pour lui donner cette leçon; s'il ne l'est pas, il faut d'abord le dresser, en lui appliquant la progression que j'ai recommandée.

Si le cheval ne veut pas se tenir en place en commençant la leçon de pied ferme, il faut lui mettre le caveçon.

Cheval qui a peur du bruit des armes à feu.

S'il est facile d'accoutumer les chevaux aux détonations des armes à feu, lorsqu'ils sont réunis en troupe, et en suivant, bien entendu, une progression rationnelle, la solution du problème devient beaucoup plus difficile, lorsqu'il s'agit d'un cheval isolé, surtout si son caractère le dispose à se livrer à toutes sortes de désordres, et s'il a commencé par être manqué sur ce point.

Ainsi que dans les cas précédents et comme pour toutes les leçons de ce genre, c'est la soumission la plus complète à la main et aux jambes qu'il faut rechercher d'abord.

Il faut ensuite profiter de toutes les occasions de procurer à l'animal la compagnie de chevaux *faits*, pendant les exercices à feu de la troupe, car c'est là le moyen le plus sûr de l'aguerrir promptement, le cavalier isolé et abandonné à ses seules ressources ne pouvant réussir que bien difficilement.

Une fois que l'animal aura cessé de s'effrayer des détonations produites à distance, on les lui fera entendre de plus en plus près, mais en observant de le faire toujours accompagner d'un cheval absolument accoutumé au bruit des armes de guerre.

Le cavalier s'isolera ensuite pour exercer son cheval seul.

Enfin, il se décidera à tirer lui-même quelques coups de feu, d'abord en marchant, puis de pied ferme, en commençant par une très-faible charge qu'il augmentera insensiblement, pour arriver finalement aux plus fortes détonations.

Pour cette dernière partie de l'instruction surtout, le cavalier fera bien de rechercher de nouveau la compagnie de quelques cavaliers ayant des chevaux calmes et froids au feu, pour servir d'exemple et rassurer le sujet qu'il exerce. Peu à peu il s'en éloignera, de manière à s'en passer tout à fait.

Une recommandation très-importante trouve ici sa place.

En faisant feu à cheval, aussi bien de pied ferme qu'en marchant, il faut absolument éviter de faire agir la main de la bride, à l'instant où le coup part, afin que, si l'animal fait un écart, sa bouche ne soit pas péniblement impressionnée par le mors, ce qu'il ne manquerait pas d'attribuer à la détonation elle-même, et sa frayeur s'en augmenterait encore.

On devra donc *mollir* la main de la bride, au moment de presser la détente, redresser le corps pour assurer l'assiette et chasser le cheval en avant dans les jambes, ses dispositions le portant généralement à s'arrêter court, pour se jeter ensuite à droite ou à gauche. En lui refusant ainsi tout point d'appui sur la main, la pression des jambes suffit le plus souvent pour entretenir ou pour provoquer le mouvement en avant et pour prévenir l'écart.

On comprend que pour cette leçon, plus que pour toute autre, la patience et le savoir-faire du cavalier jouent un rôle considérable, et que la progression que je viens d'indiquer à grands traits n'a rien d'absolu.

J'ajouterai même que cette leçon du coup de feu à cheval est la plus difficile de toutes, lorsqu'il s'agit de la donner à un animal énergique et puissant auquel on a laissé prendre la mauvaise habitude *de se sauver*, et que je ne garantis pas que l'on arrivera à un résultat complet, même en suivant de point en point la progression que je viens d'indiquer, si la cause du vice réside exclusivement dans une perturbation du système nerveux sous l'influence de la peur. Je considérerai, dans ce cas, le sujet comme incurable et tout à fait impropre à un bon service de cheval d'arme.

Cheval qui a peur du roulement du tambour.

On habitue le cheval au roulement du tambour, en faisant battre la caisse à l'heure de l'avoine.

Il arrive parfois qu'un animal impressionnable refuse, pendant plusieurs jours, de manger dans ces conditions. Il n'en faut pas moins continuer ; seulement on enlèvera la ration après chaque leçon et l'on augmentera le fourrage, ces jours-là, afin que la quantité de nourriture ne s'en trouve pas réduite. Le cheval ne tardera pas à se familiariser avec le bruit de la caisse qu'il faudra faire battre pendant quelque temps encore, même quand ce bruit aura complétement cessé de l'inquiéter. On devra ensuite faire battre la caisse quand on exercera l'animal au manége, en ayant la précaution de se munir d'un peu d'avoine, pour s'en servir à propos. Enfin, on saisira toutes les occasions de lui faire entendre le tambour, pendant les promenades à l'extérieur, car ce ne sera que là que le sujet achèvera de se familiariser avec ce bruit.

Le dressage des chevaux exceptionnels se termine ici.

D'après les développements contenus dans cet exposé méthodique, on voit que, si de bonnes habitudes peuvent être facilement inculquées au cheval qui n'a pas encore été gâté par la main de l'homme, il est au contraire extrêmement difficile de détruire chez lui des vices invétérés, surtout s'ils sont dus à des causes indépendantes de sa volonté. C'est pourquoi, je ne saurais trop le répéter, le dressage de certains chevaux vraiment *difficiles* n'est de la compétence que de quelques cavaliers privilégiés; car il exige, outre des connaissances hippiques et un sentiment équestre qui ne s'improvisent pas, un jugement sûr, une patience à toute épreuve et cette expérience qui ne s'acquiert que par une longue et laborieuse pratique.

Il est donc de l'intérêt de l'État de débarrasser les régiments de toutes les natures ingrates, à mesure qu'elles s'y révèlent, en faveur de l'École de cavalerie, la seule académie qui nous reste; les hommes de talent et d'expérience sont loin d'y manquer, Dieu merci, et les défauts mêmes de ces chevaux profiteront à l'enseignement équestre qui continue à se donner, à Saumur, avec autant de dévouement que de réelle et parfaite distinction.

CHAPITRE VI.

DE QUELQUES ACCIDENTS QUI PEUVENT RÉSULTER DE LA RUPTURE DE L'ÉQUILIBRE (1).

Cheval qui butte ou qui glisse du devant ou du derrière, diagonalement, latéralement, des quatre pieds, etc.—Terrains accidentés.

Si l'équilibre hippique, autrement dit l'harmonie des forces, contribue puissamment à la solidité du cheval, on ne saurait affirmer cependant que son absence la compromette sérieusement; car nous voyons journellement des chevaux à peine débourrés et fort mal montés, faire preuve d'une incontestable solidité. Il n'en est pas de même de l'équilibre purement *mécanique* qui entre dans la composition du premier, la brusque rupture de celui-ci entraînant fatalement la chute de l'animal, toutes les fois qu'un de ses membres n'arrive pas à temps pour étayer la masse du côté où le poids tend à la précipiter.

---

(1) Le lecteur, dont les idées ne seraient pas absolument fixées sur les questions se rattachant à l'*équilibre* du cheval, trouvera le sujet traité dans la IIe partie de ce livre.

A l'état de station aussi bien qu'en marche, la chute pourra être le fait de la volonté du cheval, comme elle pourra être involontaire ou purement accidentelle.

Lorsque l'animal, partant de l'équilibre statique, veut se coucher, il commence par rapprocher ses membres de la ligne de gravitation, en arquant sa colonne vertébrale en contre-haut et en baissant la tête et l'encolure; il replie ensuite ses membres antérieurs sous la masse, se met à genoux, l'un des genoux arrivant toujours à terre avant l'autre; il incline enfin le corps du côté du genou qui arrive le dernier à terre et se laisse tomber sur le côté : c'est la chute volontaire.

Il arrive parfois que, pour une raison quelconque, on est obligé d'abattre un cheval. On a, pour cette opération, plusieurs manières de procéder. La plus usuelle consiste à se servir d'entraves et d'une plate-longe, pour produire une réduction forcée de la base de sustentation et rendre l'équilibre aussi instable que possible. On oblige en même temps le cheval à baisser la tête et l'encolure; puis on force la masse à s'incliner d'un côté, ce qui amène une chute presque instantanée : c'est la chute involontaire.

Certaines causes accidentelles peuvent provoquer la chute du cheval à l'état de station, mais il est superflu de nous en occuper ici.

La rupture de l'équilibre dynamique est toujours accidentelle.

Il y a pourtant des chevaux qui, étant montés, cherchent à se coucher, tout en se déplaçant, et que le cavalier a quelquefois beaucoup de peine à empêcher de donner suite à leur fantaisie; mais, en les observant de près, on peut remarquer qu'ils commencent toujours par marquer un certain temps d'arrêt, ce qui doit faire ranger ces cas exceptionnels dans la catégorie des chutes attribuées à la rupture de l'équilibre statique : je veux parler des chevaux qui aiment à se coucher dans l'eau et de ceux qui se jettent à terre pour se débarrasser de leur cavalier.

La rupture de l'équilibre dynamique, celle qui occasionne de si fréquents accidents, est amenée par différentes causes qui méritent la peine d'être examinées avec soin.

Le cheval *butte* du devant ou du derrière, ordinairement d'un seul pied, quelquefois des deux pieds à la fois ; il *glisse* soit du devant, soit du derrière, de l'un ou des deux pieds ou simultanément du devant et du derrière, par bipèdes diagonaux, par bipèdes latéraux, ou des quatre pieds à la fois.

Il n'est pas rigoureusement exact de dire que les membres antérieurs ou postérieurs faillissent en même temps, leur évolution ne s'accomplissant pas simultanément. Mais, au moment où l'animal bronche, le synchronisme des battues de ses pieds sur le sol s'interrompt subitement, et le membre qui était en l'air rejoint si rapidement la terre, pour venir au secours de son congénère, que, lorsqu'il butte ou qu'il glisse à son tour, l'action peut être considérée comme simultanée. Cette observation ne concerne naturellement pas le cas où, au trot ou au galop, le cheval faillit d'un bipède diagonal, les deux pieds du diagonal arrivant toujours à terre en même temps ; mais elle est applicable au bipède latéral.

Remarquons d'abord que, lorsque le cheval butte ou lorsqu'il glisse du derrière, en cheminant suivant une ligne droite, il y a toujours moins de danger pour le cavalier, que lorsque c'est l'avant-main qui commet la faute, le centre des forces se trouvant très-près des membres qui restent à l'appui (1), ce qui est particulièrement favorable à l'action musculaire déployée *instinctivement* par l'animal pour rétablir son équilibre. Il n'en est pas absolument de même dans les changements de direction ou lorsque le cheval parcourt des courbes, surtout à l'allure du galop, où les fautes du derrière sont toujours à redouter.

Le cas le plus grave est celui où le cheval glisse à la fois d'un pied de devant et d'un pied de derrière, et en particulier lorsque c'est le bipède latéral qui glisse. Dans ce dernier cas, la ligne de gravitation s'échappe par côté et l'action musculaire est généralement impuissante à la ramener dans la base; aussi, si les membres ont glissé *du dehors en dedans*, la chute est-elle inévitable, les aides du cavalier ne pouvant suppléer à cette insuffisance. Elles suffisent à peine pour concourir à soutenir la masse, lorsque l'animal glisse de deux pieds opposés en diagonale, surtout lorsque les deux pieds glissent *dans la même direction*.

Règle générale : toutes les fois qu'un cheval faillit, l'instinct de la conservation lui fait faire instantanément un effort musculaire (proportionné à la vitesse acquise, si c'est du devant, et inversement proportionnée à cette vitesse, si c'est du derrière), pour ramener le plus vite possible le centre de gravité sur la direction et à la place

---

(1) Voir IIe partie : *Considérations sur la mécanique animale.*

qu'il a quittées accidentellement. Dans cette opération les aides du cavalier ne peuvent que seconder l'instinct du cheval.

Voyons maintenant dans quelle mesure, en cas de rupture d'équilibre mécanique, le cavalier pourra, par le moyen des aides, empêcher son cheval de tomber.

Le soutien énergique de la main et quelques vigoureux coups d'éperons appliqués à propos empêchent sûrement le cheval de se coucher, quelque envie qu'il puisse en avoir. Inutile de nous arrêter sur ce point.

Cheval qui butte d'un pied de devant.—Lorsque le cheval butte d'un pied de devant, le cavalier devra soutenir avec plus ou moins d'énergie (suivant le degré de vitesse de l'allure ou l'importance de la faute) la main dans la direction du membre resté à l'appui, en redressant le corps, et fermer les jambes proportionnellement au degré de soutien de la main, pour éviter le retrait des forces.

Cheval qui butte des deux pieds de devant. — Si la faute a été commise simultanément par les deux membres antérieurs, comme dans les sauts d'obstacles en hauteur ou simplement comme il peut arriver sur de mauvais terrains, le retrait des forces doit être au contraire sollicité par la main qui, dans ce cas, ne se contentera pas de soutenir le cheval, mais qui agira vigoureusement de bas en haut et d'avant en arrière, en même temps que le cavalier jettera le corps en arrière le plus possible. Les jambes (renforcées par les éperons) seront fermées non moins vigoureusement, très-en arrière, pour déterminer les membres postérieurs à venir s'engager sous la masse.

Cheval qui butte du derrière. — Excepté dans les sauts d'obstacles, le cheval butte rarement des deux pieds de derrière à la fois ; mais, que ce soit d'un pied ou de tous les deux, le cas est toujours peu grave et il suffira de rendre la main, en portant légèrement le haut du corps en avant et de fermer les jambes plus ou moins, pour entretenir l'allure.

Cheval qui glisse du devant.—Les moyens indiqués pour remettre dans son équilibre physique un cheval qui butte du devant, sont également applicables au cheval qui glisse ; mais la glissade est généralement plus à redouter que le butter, parce que, le terrain ne manquant pas aussi subitement ni aussi complétement à l'appui des membres, le cheval ne met pas toujours assez de célérité pour se retenir ; de plus il peut arriver que, avant d'avoir retrouvé son aplomb, l'animal glisse également d'un pied de derrière, ce qui complique singulièrement l'incident. Dans tous les cas, les jambes du cavalier doivent agir avec prudence, afin de ne jamais provoquer cette dernière complication.

Cheval qui glisse d'un pied de derrière. — Si le cheval glisse d'un pied de derrière, la main et le corps du cavalier joueront le même rôle que s'il buttait ; mais la jambe du côté du membre resté à l'appui agira seule, pour chasser le cheval en avant.

Cheval qui glisse des deux pieds de derrière. — Lorsque le cheval glisse à la fois des deux pieds de derrière, le cavalier doit s'empresser de rendre complétement la main, jeter son corps très-en avant et appliquer vigoureusement les deux éperons, afin de provoquer la détente des jarrets, dès que les pieds du cheval auront rencontré quelque aspérité du terrain susceptible d'arrêter la glissade.

Cheval qui glisse d'un bipède diagonal. — Ce cas est très-grave, le cheval, pour éviter de tomber, étant dans la nécessité de se mettre en équilibre sur le bipède qui est venu au secours de l'autre. L'opération est d'autant plus délicate, que le cavalier, quelle que puisse être la finesse de son tact, ne saurait saisir avec assez de célérité le moment précis de faire agir ses jambes à propos; il fera donc bien de s'en rapporter à l'instinct du cheval, qu'un effet inopportun des aides pourrait risquer de contrarier, et il se contentera de soutenir la main, en se gardant soigneusement de fermer les jambes.

Cheval qui glisse d'un bipède latéral. — Le cheval qui manque latéralement de deux pieds, si quelque aspérité du sol ne vient pas entraver à temps la glissade, surtout s'il glisse *sous lui*, tombe fatalement; ni les efforts musculaires de l'animal ni les aides du cavalier ne peuvent s'opposer à la chute. Tout ce que pourra faire ce dernier, ce sera de quitter précipitamment l'étrier du côté où le cheval va tomber et de porter la jambe, soit en avant, soit en arrière, le plus qu'il pourra, afin qu'elle se trouve le moins engagée possible sous le cheval. C'est là une maigre ressource, je l'avoue, mais il ne faut pas moins la mettre à profit.

Cheval qui glisse des quatre pieds à la fois. — Enfin, le cheval qui glisse des quatre pieds à la fois, s'effondre en quelque sorte sous lui-même, et la chute se produit malgré les efforts du cheval et ceux du cavalier réunis.

Ainsi que dans le cas précédent, l'instinct de la conservation pourra seul suggérer au cavalier les moyens d'atténuer les conséquences de cette brusque et terrible rupture d'équilibre; nulle combinaison des aides, quelque savante qu'on puisse l'imaginer, n'étant susceptible de faire retrouver au cheval son aplomb perdu.

On comprend que cette classification des différentes formes sous lesquelles peut se produire la rupture de l'équilibre dynamique est très-incomplète, et que j'ai dû négliger une foule de nuances qui peuvent ou augmenter ou diminuer la gravité de chacun des cas que j'ai examinés.

Au surplus, je n'ai pas la prétention de donner ici un recueil de recettes infaillibles pour se préserver des chutes. Le sujet des différentes ruptures d'équilibre n'ayant jamais été abordé, que je sache, par les auteurs hippiques, j'ai essayé de combler, tant bien que mal, cette lacune, plutôt pour engager un plus éclairé que moi à suivre ma voie (quand ce ne serait que pour relever et pour corriger les erreurs dans lesquelles j'ai pu tomber), que pour offrir la solution définitive d'un difficile problème.

Ce qu'il importe simplement de retenir de l'ensemble des observations que j'ai faites touchant la rupture de l'équilibre physique et les moyens d'aider à son rétablissement, c'est qu'il vaut mieux se fier à l'instinct du cheval, quelque précaire que puisse être cette ressource, plutôt que de se servir des aides *au hasard*. Ainsi, le cheval venant à manquer du devant, par exemple, si le cavalier baissait la main et s'il portait le corps en avant (ce qui n'arrive malheureusement que trop souvent!), au lieu de faire le contraire, loin d'entraver la chute, il la rendrait plus imminente; s'il élevait la main et s'il redressait le corps, le cheval bronchant du derrière, il en adviendrait de même; s'il fermait les jambes, au lieu de les relâcher *et vice versâ*, il pourrait également déterminer la chute, au lieu de l'empêcher.

Comme conséquence des principes que je viens d'ébaucher, le cavalier agira prudemment, lorsqu'il aura à parcourir un terrain très-glissant, en abandonnant le cheval à son instinct, en lui rendant de la main et des jambes et en conservant l'immobilité, se tenant toutefois prêt à intervenir avec tact et à propos, suivant ce qui a été dit dans ce chapitre, le cheval venant à glisser.

Si le terrain, au lieu d'être glissant, était inégal et semé de pierres ou d'objets quelconques susceptibles de faire broncher le cheval, le cavalier fera bien de soutenir délicatement la main, après avoir donné au cheval un léger appui sur le mors, afin de l'obliger à tenir la tête et l'encolure levées, sans entraver la liberté de ses mouvements, ni l'empêcher de voir où il marche; il assurera sa position en selle et il tiendra les jambes près, afin d'être, le cas échéant, toujours prêt à venir en aide à sa monture.

Lorsqu'il s'agira de gravir une pente escarpée, le cavalier prendra son appui sur les étriers, portera le haut du corps très en avant, en saisissant une poignée de crins de la main droite, le plus en avant possible et en rendant complétement la main qui tient les rênes; il ne se servira de temps en temps de ses jambes que pour entretenir l'action, s'il en est besoin.

Si, au contraire, il s'agit de descendre une côte rapide, le cavalier portera le corps en arrière, soutiendra la tête et l'encolure du cheval par des demi-temps d'arrêt pratiqués avec tact, et il ne se servira de ses jambes que si le cheval montre quelque hésitation à marcher et pour l'inviter à engager ses membres postérieurs sous lui. Le cheval devra être tenu constamment droit des épaules et des hanches, les glissades, dans ce cas, offrant infiniment moins de danger que quand l'animal est de travers.

Lorsque le terrain n'est pas glissant et s'il est suffisamment perméable aux pieds du cheval, il vaut quelquefois mieux éviter la ligne de plus grande pente et descendre suivant une oblique.

Telles sont les recommandations puisées dans une longue expérience, que je crois devoir faire aux cavaliers imparfaitement familiarisés avec quelques-uns des incidents qui surgissent fréquemment dans l'usage du cheval à l'extérieur.

Je termine ici la partie *pratique* de mon livre qui, ne traitant que du dressage d'une certaine catégorie de chevaux, a naturellement passé sous silence ce qui ne m'a pas paru absolument indispensable à la parfaite compréhension du sujet.

C'est ainsi que j'ai cru devoir renvoyer le lecteur à mon *Manuel d'équitation*, pour les détails d'exécution de la progression du dressage *normal* et, à la IIe partie du présent ouvrage, pour les développements scientifiques qui auraient inutilement encombré la Ire partie.

Il va sans dire que cette étude s'adressant plus particulièrement à MM. les officiers de cavalerie, c'est à l'ordonnance du 17 juillet 1876 que je les renvoie, pour tout ce qui est du domaine de l'équitation proprement dite, aucun de mes principes ne se trouvant en contradiction avec ceux prescrits par cette ordonnance.

CHAPITRE ADDITIONNEL.

GYMNASTIQUE HIPPIQUE.

Cet ouvrage, son titre l'indique et je l'ai plus d'une fois répété, n'est destiné qu'aux cavaliers suffisamment versés dans l'art de monter à cheval, pour pouvoir se permettre d'entreprendre le dressage d'un cheval difficile, tâche hérissée d'écueils et qui, pour être menée à bonne fin, réclame quelques connaissances spéciales.

Je pourrais donc, à la rigueur, me dispenser d'entrer dans des détails d'application que j'ai déjà donnés ailleurs (1) et que l'on trouve, du reste, dans la majeure partie des traités sur cette matière.

Mais, puisque j'ai tant insisté sur la nécessité de prendre la *gymnastique* pour base de l'éducation du cheval de selle et que j'en ai recommandé l'application méthodique à chacun des cas particuliers dont traite ce livre, je veux exposer ici une *progression* de dressage qui s'adapte à l'universalité des chevaux, sous les restrictions, bien entendu, que j'ai faites dans les chapitres précédents.

Cette progression se divisera en *deux parties*, la première donnant les exercices auxquels il faut soumettre le cheval avant de le monter; la deuxième, le travail qu'il faut lui faire exécuter, le cavalier étant en selle.

---

(1) *Manuel d'équitation.*

J'exposerai donc la théorie complète du *maniement de la cravache* comme aide, qui se trouve simplement ébauchée dans mon *Manuel d'équitation*, et je me contenterai d'indiquer la succession graduée des autres exercices, trop connus pour que j'aie à en développer la mise en pratique.

La gymnastique hippique dont il a été longuement question dans un chapitre spécial (p. 10) et qui a pour but d'assouplir l'organisme, de manière à le fortifier et à faciliter les actes de la locomotion, peut se diviser en deux séries distinctes d'exercices découlant tous les uns des autres.

La première série, qui ne sera qu'un acheminement indispensable à la deuxième, comprendra des mouvements purement préparatoires applicables à *tous les chevaux*, jeunes ou vieux, difficiles ou non, dont on aura à commencer le dressage. C'est une entrée en matière pour familiariser l'animal avec l'action des aides et pour lui *ouvrir l'entendement* aux exigences à venir de son cavalier.

La deuxième série de la Ire partie donnera les exercices gymnastiques chargés de mettre l'organisme en mesure de se plier sans effort à ces mêmes exigences et ne s'appliquant à chaque sujet *que dans la mesure réclamée par sa nature particulière*.

La seconde partie de la progression contiendra simplement l'énumération et la succession graduée des exercices auxquels il faut astreindre le cheval après qu'il a été assoupli par le travail gymnastique, et pour lesquels je crois superflu d'entrer dans des détails de mise en pratique.

PROGRESSION.

PREMIÈRE PARTIE (TRAVAIL A PIED).

Le cheval exercé à la main.

PREMIÈRE SÉRIE (Exercices préparatoires).

1° Faire marcher le cheval sur la cravache. — 2° Rotation des hanches autour des épaules. — 3° Appuyer à droite et à gauche. — 4° Faire reculer le cheval.

Observations préliminaires. — La première condition, pour marcher vite en dressage, est de savoir aller très-lentement au début.

On sait que l'intelligence du cheval, tant vantée par quelques-uns, se réduit, en somme, à très-peu de chose (1), et que la plupart des actions de cet animal peuvent être considérées comme tout à fait inconscientes; mais cette intelligence n'en existe pas moins chez lui, et il faut savoir en tirer parti, toute minime qu'elle soit. Éviter d'y apporter du trouble doit donc être la principale préoccupation du cavalier. C'est dire que le plus grand calme et la plus extrême douceur dans les procédés sont absolument de rigueur.

---

(1) V. II° partie.

Des premières leçons *bien données* dépendant le succès de l'entreprise, je vais indiquer la gradation qu'il y a lieu d'observer dans les différents exercices, ainsi que la manière de procéder, d'une part pour que le cheval s'y soumette de bonne grâce et, de l'autre, pour que les moyens pratiques produisent bien réellement les effets physiologiques en vue desquels ils ont été imaginés.

Pour inspirer au cheval une entière confiance, il faut, de toute nécessité, se mettre pour ainsi dire en communion morale avec lui. On évitera donc qu'aucune partie du harnachement (1) ne le gêne; on veillera à ce qu'il soit bien bridé, bien embouché; on évitera également toute occasion de distraction pour lui, afin qu'il soit tout à sa leçon et, pour cela, on l'exercera seul, dans un lieu écarté, au manége autant que possible.

Le mors de la bride que l'on emploiera devra être très-doux, et la cravache dont on fera usage sera suffisamment longue et peu flexible.

Le cheval, conduit par les rênes du filet, étant arrivé à la place où l'on se propose de l'exercer et que je suppose être le manége, on lui fait quelques caresses, afin de le mettre en confiance, et l'on accroche la gourmette, en ayant soin de la laisser assez lâche pour pouvoir y passer facilement la main.

Ceci fait, si le cheval témoigne quelque inquiétude, on lui passe les rênes du filet par-dessus l'encolure, on les saisit avec la main droite à quelques centimètres des anneaux du mors, leur extrémité passée dans le pouce de

---

(1) On peut se passer de seller le cheval pour les premières leçons.

la même main, et on lui fait faire quelques tours dans le manége, en s'arrêtant parfois pour caresser l'animal, et en tâchant, à mesure que sa confiance s'établit, d'arriver à le conduire peu à peu à bout de rênes.

Lorsque toute crainte a disparu chez lui, on retourne à la place où l'on s'était d'abord arrêté ; on remet les rênes sur l'encolure et on caresse de nouveau le cheval, après l'avoir complétement abandonné à lui-même.

On pourra même, ainsi que le conseille, avec un grand sens pratique, un auteur moderne que j'ai déjà cité (1), faire le tour du cheval, en lui levant successivement les quatre pieds, en le caressant et en lui passant la main partout.

Recommandation importante : Il faut prodiguer les caresses au cheval toutes les fois qu'il manifeste de l'inquiétude et à chaque preuve de docilité ou de soumission, *mais jamais pour l'engager à céder lorsqu'il résiste ni pour le calmer quand il est en colère ou simplement impatient,* car il ne manquerait pas d'attribuer ces récompenses inopportunes à un sentiment de pusillanimité chez le cavalier, ou même de les considérer comme un encouragement à continuer ou à recommencer ses résistances.

1° *Faire marcher le cheval sur la cravache.*

Le cheval étant bien calme, bien confiant et bien d'aplomb, on passe les rênes de la bride par-dessus l'en-

---

(1) M. Emile Debost, *Causeries équestres.*

colure, on introduit le pouce de la main gauche dans leur extrémité et on les saisit avec cette même main, les ongles en dessous, à dix ou douze centimètres environ des anneaux.

On se place ensuite bien en face du cheval, on passe un instant la cravache dans la main qui tient les rênes et, après avoir regardé le cheval avec douceur, on lui fait quelques caresses de la main droite.

Puis on reprend la cravache et on l'applique délicatement, mais par un petit coup sec, en travers du poitrail.

On verra immédiatement le cheval tendre les rênes, en levant la tête, en raidissant l'encolure et en faisant refluer son poids sur l'arrière-main.

Le cavalier porte son poids, à lui, en sens inverse, de manière à résister, par la force inerte, à toute action rétrograde du cheval, mais *sans chercher à attirer l'animal* ce qui serait contraire au but que l'on se propose ; car si le cheval se portait en avant en cédant à l'effort du poignet du cavalier, ce ne serait plus seulement à l'action excitante de l'attouchement de la cravache qu'il obéirait, et l'effet serait manqué.

Ainsi, c'est le cheval qui doit tendre les rênes et non pas le cavalier. Celui-ci, sans se départir du plus grand calme, continue à faire agir la cravache par petits coups, jusqu'à ce que l'animal fasse mine de se porter en avant : immédiatement le cavalier interrompt son opération, passe la cravache dans la main gauche et caresse le cheval, pour recommencer un instant après.

Il ne tardera pas à obtenir un pas en avant, puis deux,

trois et ainsi de suite, s'arrêtant chaque fois pour récompenser le cheval et recommencer sans retard.

Il est essentiel, on le comprend, qu'on sache saisir à *point* toute concession : le secret de l'opération est là.

Mais les choses ne se passent pas toujours aussi régulièrement, et c'est peut-être très-heureux, ainsi qu'on le verra plus loin.

Il peut se faire que le cheval, au lieu de se porter en avant à la sollicitation de la cravache, cherche à se soustraire à ses atteintes, en s'*acculant* (on ne saurait se servir du mot reculer pour désigner un mouvement rétrograde fait dans de semblables conditions). Dans ce cas, le cavalier, *tout en continuant à opposer le poids de son corps*, suit l'animal dans sa retraite, en persistant dans ses petits coups de cravache (qui doivent se succéder de seconde en seconde) et sans y mettre plus de force.

Le cheval pourra ainsi faire huit, dix, quinze pas en arrière : peu importe ; mais, constamment gêné par une résistance inerte et incessamment attaqué par la cravache, il ne tardera certainement pas à céder. Ici surtout il ne faudra pas manquer de le caresser et on le reprendra un instant après.

En thèse générale, il vaut mieux que le cheval commence par résister, car lorsqu'il obéira après, on sera du moins assuré que ce ne sera pas par un effet du hasard, mais bien parce qu'il a compris.

Cela est bien préférable à cette obéissance spontanée que l'on trouve souvent chez beaucoup de chevaux, qui trompe le cavalier, fort surpris ensuite de voir la résistance se produire au moment où il y songe le moins.

Une fois que le cheval a bien saisi, on arrivera facilement à le faire partir de pied ferme au trot et c'est à ce résultat qu'il faut viser. Lorsqu'on l'aura obtenu, mais alors seulement, on pourra passer outre.

Si le cheval ne s'est complétement soumis qu'après avoir résisté pendant quelque temps, on fera bien de le renvoyer à l'écurie, pour le récompenser.

Enfin si, exceptionnellement, la résistance se prolongeait trop longtemps, on aurait recours au caveçon et l'on pourrait même se faire aider par un homme qui ferait sentir délicatement au cheval la chambrière sur la croupe, ce qui arrêterait inévitablement le mouvement rétrograde. Dans ce cas, pour empêcher l'animal de se dérober, on le placerait sur la piste.

Cet exercice qui a pour but de mettre le cavalier à même de provoquer à volonté et d'entretenir l'*action* du cheval, pendant le travail à pied, rôle qui reviendra plus tard aux effets impulsifs des jambes, est le plus important de toute cette série. C'est le point de départ du dressage, et il a une influence considérable sur toutes les opérations ultérieures; il faut donc y apporter le plus grand soin.

2° *Rotation de la croupe autour des épaules.*

Le cheval se portant facilement en avant, à la sollicitation la plus délicate de la cravache et *sans que la main du cavalier qui tient les rênes y soit pour quelque chose*, c'est le moment de commencer la *rotation sur les épaules*.

Cet exercice a pour but d'apprendre au cheval à ranger ses hanches à droite et à gauche et de le préparer ainsi à céder à la pression des jambes quand le cavalier sera en selle.

On comprend, en effet, que lorsque le cheval sera devenu obéissant aux suggestions de la cravache, pendant le travail à pied, il y cédera également quand il sera monté, moins spontanément sans doute, moins facilement, mais il y cédera, parce qu'il aura compris que c'est le seul moyen de se soustraire à leur action importune.

On n'aura donc qu'à accompagner chaque pression de jambe d'un attouchement de la cravache, pour arriver très-vite à obtenir l'obéissance à la jambe seule.

L'action simultanée des deux jambes produira ensuite tout naturellement le *mouvement en avant*, point de départ des exercices à cheval, comme il a été celui des exercices à pied. Et c'est ainsi qu'il faut envisager le rôle de la cravache dans la première série de ces opérations préliminaires.

Pour faire exécuter au cheval la rotation sur les épaules, on tient les rênes comme pour le mouvement précédent, mais on se place un peu sur le côté, pour arriver plus facilement à toucher le flanc de l'animal.

On commencera, comme toujours, par des caresses, et l'on partira de la station *libre* du cheval bien d'aplomb sur ses quatre supports, car il ne faut pas oublier que l'attitude absolument dépourvue de toute contraction irrégulière est la condition *sine quâ non* d'un prompt succès.

On glissera la cravache le long du côté gauche du cheval, en partant de l'épaule, jusqu'à ce que le petit bout se trouve tout près de la place qu'il devra toucher, et sans que le cheval s'aperçoive de ce mouvement ; y étant arrivé, on fera agir la cravache, sans plus l'écarter, à petits coups, au-dessous de la partie la plus arrondie des côtes, un peu en avant du flanc, de la même manière que précédemment au poitrail.

Si l'animal cède, on cesse immédiatement l'action et on le caresse. On lui fait faire ensuite un, deux, trois pas de suite, la main gauche se contentant d'obliger les membres antérieurs à tourner à peu près sur place.

Si le cheval, au lieu de céder à l'action de la cravache, porte au contraire ses hanches à gauche, on lui amène la tête du même côté, de manière à le gêner dans son mouvement, par une opposition des épaules aux hanches, ce qui ne tardera pas à le décider à se porter du côté opposé.

Si le cheval cherchait à frapper, il faudrait faire vibrer un peu la main gauche, mais en se gardant soigneusement de produire aucune saccade du mors, et, s'il persistait, au lieu de le châtier avec la cravache, il faudrait lui mettre le caveçon et procéder comme je l'ai indiqué (p. 67), pour le cheval qui *rue à la botte*.

Mais c'est là un cas tout à fait exceptionnel qui ne devra pas se présenter si le cavalier a du tact.

Le cheval ayant obéi, on change les rênes et la cravache de main et l'on fait fuir les hanches de droite à gauche, par les mêmes moyens.

Lorsque l'animal fera sans hésitation deux ou trois pas de suite sur ce commencement de rotation, on augmentera peu à peu le nombre de pas, jusqu'à faire faire au cheval un tour entier sur les épaules, mais sans obliger les membres antérieurs à *pivoter*, en leur laissant au contraire la liberté de décrire un petit cercle dont on réduira peu à peu le diamètre, en augmentant insensiblement la fixité de la main qui tient les rênes. Cette main sera toujours *douce* et agira le plus souvent de haut en bas, pour empêcher le mors de la bride d'impressionner douloureusement le cheval.

3° *Appuyer à droite et à gauche.*

Lorsque le cheval porte instantanément les hanches à droite et à gauche, au simple contact de la cravache contre son flanc, il est on ne peut plus facile de le faire appuyer, car on n'a qu'à diriger, avec la main qui tient les rênes, les épaules du côté où l'on veut aller, en même temps qu'on fera agir la cravache contre le flanc.

Mais ce mouvement n'étant rien moins que naturel au cheval, il est indispensable de placer ce dernier, mécaniquement, dans les meilleures conditions possibles.

Il faut se rappeler que, dans ces exercices, les membres *du côté où agit la cravache* sont obligés de chevaucher par-dessus leurs congénères, et que, par suite, l'épaule du même côté doit avoir la liberté nécessaire pour pouvoir incessamment dépasser l'autre; en d'autres termes, il faut que le cheval soit toujours maintenu dans une direction oblique, relativement à la ligne que l'on prétend lui faire suivre. Sans cette précaution, le mouvement est impossible.

On doit donc commencer par donner cette *position* et la maintenir sans force pendant tout le temps que durera l'exercice. L'obéissance du cheval dépend complétement de l'observation de ce principe.

Pour ce mouvement, comme pour tous les autres, du reste, on se contentera d'abord d'un seul pas; puis on en fera deux, trois, et ainsi de suite, laissant au cheval, après chaque pas, la liberté voulue pour retrouver son aplomb dans la position imposée. Il ne suffira donc pas que la cravache cesse son action après chaque pas, mais il faudra de plus que la main gauche, elle aussi, cesse d'agir, laissant à l'instinct du cheval le soin de rétablir l'*équilibre naturel*.

Après avoir obtenu facilement quelques pas d'appuyer à droite, on changera les rênes et la cravache de main et l'on opérera de la même manière pour faire appuyer le cheval à gauche.

Ainsi que je l'ai dit, ce déplacement par côté est tout artificiel et en quelque sorte contre nature, par conséquent les exigences du cavalier doivent être on ne peut plus modérées, et il faut fréquemment arrêter le cheval pour le caresser et le laisser se déraidir.

4° *Faire reculer le cheval.*

Pour des raisons mécaniques que j'ai fait ressortir dans la deuxième partie de ce livre, le reculer en *ligne droite* n'est pas très-facile au jeune cheval. C'est encore là un mouvement artificiel qui doit être enseigné à l'animal, car on ne saurait appeler reculer, cette action rétrograde de quelques pas qu'il est susceptible de faire de lui-même, lorsqu'il est abandonné à son seul instinct.

Pour commencer cet exercice dans les meilleures conditions possibles, on place le cheval sur la piste à main gauche. Partant alors de l'état de station absolument *libre*, on sollicite l'animal, par un attouchement de la cravache au poitrail, à se porter en avant ; et, *dès que le membre postérieur droit est arrivé au soutien* (1) (lorsqu'il est en l'air), la main, par un rapide effet d'avant en arrière, fait refluer la masse, ce qui oblige ce même membre qui allait se porter en avant, à se porter au contraire en arrière. Le membre antérieur gauche se lèvera et se portera également en arrière, et le premier pas de reculer sera ainsi obtenu.

On soutiendra la main pour empêcher le cheval de revenir en avant, et l'on verra immédiatement les membres postérieur gauche et antérieur droit se lever, pour venir se placer chacun à côté de son congénère. Ce sera le moment de rendre complétement la main, pour laisser à l'animal la liberté de se décontracter, afin de retrouver son aplomb.

Après avoir caressé le cheval, on le reportera en avant et l'on recommencera, en ayant toujours soin de faire coïncider l'effet rétrograde de la main avec le soutien du membre postérieur *droit*.

On obtiendra un deuxième pas sans temps d'arrêt préalable, en continuant simplement l'effet de pulsion de la main, après le poser du membre qui s'est porté en arrière.

Il ne faudra exiger, dans les commencements, que

---

(1) On sait que l'évolution de chaque membre, dans l'action de la locomotion, se subdivise en quatre temps : le *lever*, le *soutien*, le *poser* et l'*appui*.

deux ou trois pas au plus. Les ayant obtenus facilement, on placera le cheval à main droite, après avoir changé les rênes et la cravache de main.

Dans le reculer à main droite, qui s'obtiendra naturellement de la même manière, on aura l'attention de régler l'action déterminante de la main sur le membre postérieur *gauche*.

Et maintenant, si l'on veut savoir pourquoi, pour commencer, il faut se régler ainsi sur le membre du *côté du mur*, on n'a qu'à faire sortir le cheval de la piste et essayer de le faire reculer : on le verra se traverser dès le premier pas et toujours du côté de celui de ses membres postérieurs qui, le *premier*, quitte le sol. Cela s'explique aisément, l'instinct de la conservation portant naturellement le cheval à s'étayer *du côté où sa ligne de gravitation est sortie de la base d'appui* momentanément réduite à un triangle, dont le sommet se trouve au pied postérieur resté à terre.

La cravache ne pouvant opérer que sur l'un des flancs du cheval, ce ne sera qu'en plaçant l'animal sur la piste et en lui faisant entamer le reculer par le membre le plus rapproché du mur, qu'on se mettra dans les conditions les plus favorables pour obtenir, dès le début et sans aucun effort, le reculer droit.

Si l'obéissance à la cravache a été complète dans l'exécution de la rotation sur les épaules et dans les mouvements d'appuyer, il sera on ne peut plus facile de faire reculer le cheval suivant une ligne droite dès le commencement de cet exercice. Et c'est là un point essentiel, car moins les oscillations latérales du centre de gravité seront étendues et plus facilement l'animal retrouvera son aplomb, après chaque pas dans le sens rétrograde.

Cette observation s'applique du reste également aux mouvements précédents.

Dans le bon reculer, les deux membres de chaque diagonale doivent se lever et se poser *simultanément*, comme dans le trot, et non pas en se succédant, comme dans l'allure du pas.

Il faut bien se garder de faire reculer le cheval, s'il n'est pas d'une franchise parfaite dans le mouvement en avant obtenu par le contact de la cravache au poitrail, et cela se conçoit; car s'il prenait fantaisie à l'animal de précipiter son mouvement en arrière, pour échapper à l'action de la main, comment ferait-on pour le décider à revenir en avant?

La même observation est applicable au reculer lorsque le cavalier est en selle, cet exercice, pour être commencé dans de bonnes conditions, exigeant impérieusement une obéissance absolue et instantanée à la pression des jambes; ainsi, il ne faut faire reculer le cheval que lorsqu'il a compris qu'il lui est de toute impossibilité de *résister à la puissance impulsive des jambes.*

J'ai protesté toute ma vie contre la funeste habitude de la plupart des dresseurs de chevaux, de faire reculer le jeune cheval dès les premiers jours de son instruction, sous le prétexte spécieux qu'on ne lui fait faire que deux ou trois pas au plus, pour le préparer à ce qu'on lui demandera plus tard. Mais qu'il lui plaise de faire dix, quinze, vingt pas! comment l'en empêcherez-vous, s'il n'obéit pas aux jambes? Ensuite, où est la nécessité de faire reculer le cheval avant qu'il sache même marcher bien droit devant lui? Lorsqu'il connaîtra bien les aides et lorsqu'il sera suffisamment assoupli, il reculera à la moindre indication, s'il est bien placé. A quoi bon lui enseigner le moyen de se soustraire, par le mouvement rétrograde, aux suggestions des aides? C'est pourtant ce qu'on recommande dans plus d'une théorie qui a la prétention d'être rationnelle!

Pour moi, je le trouve on ne peut plus illogique; c'est pourquoi j'insiste pour que, avec le cheval difficile surtout (sous les réserves que j'ai faites), on agisse autrement.

Ici se termine la première série des exercices préparatoires. Si l'on y a apporté toute l'attention et tout le soin voulus, on pourra désormais monter le cheval, car on se sera ménagé les moyens *de se faire toujours comprendre de lui*, condition indispensable pour pouvoir se permettre de l'enfourcher, sans courir le risque de se trouver arrêté dès les premiers pas, par quelque résistance exclusivement due à l'ignorance de l'animal.

Cheval exercé à la main.

DEUXIÈME SÉRIE (Gymnastique hippique).

1° **Effets de mise en main en faisant marcher le cheval sur la cravache.** — 2° **Rotation et mouvement d'appuyer en cadence.** — 3° **Avancer et reculer sans temps d'arrêt intermédiaire.** — 4° **Mouvement cadencé en place. Rassembler.**

Ainsi que je l'ai dit et comme semble d'ailleurs l'indiquer le simple bon sens, il ne suffit pas que le cheval comprenne le langage des aides, sache ce qu'on lui veut : il faut encore et surtout que l'état de son organisme *lui permette* d'obéir facilement et à première sommation aux différentes suggestions du cavalier.

Si donc on prétend marcher vite en besogne, sans fatiguer le cheval, il faut, avant de lui imposer un poids qui va modifier de fond en comble les conditions mécaniques et physiologiques de son équilibre, commencer par communiquer à l'appareil locomoteur la résistance et l'agilité voulues pour pouvoir suffire aux exigences incessantes dont il sera l'objet. C'est la gymnastique hippique qui va nous permettre d'obtenir ce résultat.

Les mouvements auxquels on va soumettre le cheval sont à peu près les mêmes que ceux qu'il a exécutés déjà. On exigera seulement une exécution plus parfaite, et on y introduira la *cadence*, élément d'assouplissement par excellence.

1° *Mise en main en faisant marcher le cheval sur la cravache.*

On place le cheval sur la piste, à main gauche et on le sollicite à se porter en avant, par les moyens indiqués dans la première série de ce travail.

On accélère peu à peu le développement du moteur (l'action), de manière à obtenir un mouvement progressif décidé et d'une entière franchise. L'ayant obtenu, on *oppose* peu à peu la main gauche, tout en continuant l'action de la cravache, ce qui oblige le cheval à se *ramener ;* mais l'obéissance ne sera complète, que lorsque l'animal, pour échapper à la pression du mors, se sera décidé à desserrer les mâchoires.

A cet effet, le cavalier ayant obtenu une direction de tête approchant de la verticale (jamais en arrière de cette ligne), au lieu de continuer son opposition en fixant simplement la main gauche, *il élèvera* peu à peu cette main, de manière à donner aux rênes une *direction perpendiculaire* aux branches du mors, ce qui occasionnera, sur les barres, une pression *maxima*, exclusivement *locale*, sans que l'on soit obligé d'y mettre plus de force.

Le cavalier devra saisir le moment où la mâchoire cède, pour céder à son tour, en mollissant la main le plus possible, sans la changer de place.

Si, au lieu d'élever simplement la main, on cherchait à faire desserrer les mâchoires en y mettant plus de force et en rapprochant la main du poitrail, l'effet *local* serait moindre et on agirait, sans chance de succès, sur l'ensemble des forces du cheval, au lieu d'avoir contre soi la seule résistance de la mâchoire inférieure ; on produirait en outre de l'acculement.

Un cavalier qui a du tact, s'il sait mettre ces différentes recommandations en pratique, obtiendra en très-peu de temps, dans le mouvement progressif provoqué par les excitations de la cravache, le ramener avec la mobilité de la mâchoire. C'est là un point extrêmement important, car nul exercice n'est *gymnastique*, c'est-à-dire fortifiant et assouplissant, tant que le cheval conserve les mâchoires serrées. Il faut donc viser avant tout à ce résultat et ne passer outre que lorsqu'on l'a obtenu.

Il ne faut pas non plus se laisser tromper par une

fausse mobilité qui se traduit ordinairement par une sorte de bâillement ou par un grincement de dents, qui indiquent une évidente contraction dans cette partie : le cheval doit lâcher son mors, tout en le mâchant.

Le bon ramener s'étant produit au pas, on l'obtient au petit trot, en augmentant progressivement l'intensité des attaques de la cravache.

Tous les exercices de cette série doivent se faire dans l'*équilibre naturel* du cheval; il faut donc éviter toute compression dans les aides, toute contrainte douloureuse, la main gauche se contentant de régulariser, au profit de la *légèreté* du cheval, l'impulsion résultant des excitations de la cravache.

A moins qu'on ne soit *gaucher*, il est inutile de répéter cet exercice à main droite. Il est inutile aussi de dégager les rênes de l'encolure. On les laissera et on se contentera de remonter leur extrémité, ainsi que l'extrémité des rênes du bridon, jusqu'à hauteur de la têtière de la bride, afin qu'elles ne gênent pas l'action de la cravache; on les saisira ensuite à environ dix ou douze centimètres des anneaux.

2° *Rotation et mouvement d'appuyer en cadence.*

Ici commence le travail vraiment gymnastique, les mouvements qui précèdent n'ayant été qu'une préparation indispensable à des exercices plus sérieux.

Tout ce qui a été fait jusqu'ici est à la portée des cavaliers les plus ordinaires, ainsi que me l'a prouvé une longue expérience en matière d'instruction.

Le travail cadencé demande un peu plus de tact; point n'est besoin toutefois d'être un écuyer consommé, pour pouvoir se permettre de le pratiquer sur tout cheval qui ne pèche pas par un excès d'impressionnabilité ou par un caractère par trop irritable, et pour en tirer un excellent parti.

Le cavalier, comme dans l'exercice précédent et comme dans ceux qui vont suivre, laisse les rênes sur l'encolure. Inutile ici de les rapprocher de la têtière de la bride.

On commencera par faire exécuter au cheval (toujours en partant de la station libre) une rotation de la croupe autour des épaules, par les moyens précédemment indiqués, et, à mesure que le déplacement de l'arrière-main se produira avec quelque facilité, on augmentera le nombre des tours consécutifs sur l'avant-main, et cela sans permettre au cheval de s'arrêter. Au lieu de l'attaquer au flanc, on le touchera *sur la hanche*, et l'on aura soin de combiner les attouchements de la cravache avec des oppositions de la main qui tient les rênes, absolument comme dans l'exercice précédent, afin d'entretenir la mobilité de la mâchoire; on les réglera en outre sur les foulées des membres postérieurs du cheval, qui prendra peu à peu un petit *trot cadencé*, pour peu que chaque coup de cravache coïncide exactement avec le poser de chaque membre.

Cet exercice essentiellement gymnastique, qui fortifie les jeunes chevaux et développe leurs moyens, est une puissante ressource dans le dressage des chevaux difficiles, où, ainsi qu'on l'a vu, il joue un grand rôle.

Pendant tout ce travail, ainsi que je l'ai dit, et je dois renouveler cette recommandation ici, la cravache n'est employée que comme une aide et jamais comme un instrument de châtiment, de crainte de nuire à sa précieuse qualité.

La position imposée à la tête contribuant à rendre le mouvement plus ou moins facile, on commencera par la maintenir *directe* et un peu affaissée, de manière que l'animal n'ait rien à redouter de la part de la main, laquelle ne se fait sentir que par un léger appui de la têtière de la bride sur la nuque.

A mesure que l'arrière-main se déplacera avec plus de légèreté et que la rotation se cadencera, on insistera davantage sur le ramener, en soutenant progressivement la tête du cheval, sans lui laisser prendre aucun point d'appui sur le mors, et l'on finira par donner à l'encolure (en abandonnant la rêne gauche) une demi-flexion à droite, de manière que le cheval voie arriver ses hanches.

Inutile d'ajouter qu'il s'agit de la rotation de gauche à droite, et que ce sera en intervertissant le rôle des deux mains, que l'on produira la rotation en sens inverse.

Lorsque le cavalier fait ainsi tourner son cheval sur l'avant-main, il doit veiller, en pratiquant ses oppositions avec la main qui tient les rênes en conséquence, à ce que l'avant-main ne se déplace pas trop et à ce que les membres antérieurs fassent leurs foulées presque sur place. Le cavalier suivra incessamment le cheval dans son mouvement, en se mettant au pas avec lui, de manière à ne pas le gêner.

Pour obtenir la cadence dans le mouvement d'appuyer à droite et à gauche, on se conformera aux mêmes prescriptions.

Il faut éviter que, dans cet exercice, le cheval *traîne* en quelque sorte son arrière-main après lui. Le mouvement n'est vraiment bien exécuté, que lorsque tout l'organisme de l'animal se meut, parallèlement à lui-même, dans son *équilibre naturel,* par le déplacement simultané de l'avant et de l'arrière-main, la mâchoire restant constamment mobile.

A mesure que le mouvement se perfectionnera, la main qui tient les rênes se fera moins sentir, le cheval se soutenant peu à peu par l'harmonie seule de ses forces.

La plupart des chevaux n'étant pas également mobiles des deux côtés, il faut avoir soin d'exercer davantage le côté le plus raide, jusqu'à ce que les mouvements se fassent avec la même facilité à droite et à gauche.

Dans tous ces exercices, les principes de *position* et *d'action* (1), qui sont la véritable clef de l'équitation, doivent trouver une incessante application de la part du cavalier.

3° *Avancer et reculer sans temps d'arrêt intermédiaire.*

Cet exercice est un des plus précieux moyens d'assouplissement du rein qu'il y ait, et il ne présente aucune

---

(1) Voir IIe partie.

difficulté dans l'application, si le travail précédent a été bien fait.

Ce qu'il faut surtout, c'est la franchise du cheval dans le mouvement progressif par le moyen de la cravache. Cette condition se trouvant remplie, on place le cheval sur la piste, comme pour le reculer de la première série, et on lui fait faire quelques pas en arrière, en observant de le tenir bien droit.

On passera alors du mouvement rétrograde au mouvement progressif, en *interceptant* simplement un pas de reculer au moyen de la cravache appliquée au poitrail, *à l'instant où l'un des bipèdes diagonaux est en l'air*.

Après avoir laissé marcher le cheval quelques pas, on l'arrête, on abandonne les rênes et on le caresse. On recommence ainsi plusieurs fois, jusqu'à ce que le cheval se porte franchement en avant, après le reculer, sans marquer aucun temps d'arrêt entre les deux mouvements en sens inverses.

On porte ensuite le cheval en avant, on produit un effet de ramener et, dès que la mâchoire se détache, on intercepte de même un pas en avant, pour le changer en mouvement rétrograde. Après quelques pas de reculer, on arrête également, on laisse les rênes et on caresse le cheval.

Lorsque ces deux exercices s'exécuteront régulièrement, on fera en sorte de les réunir, c'est-à-dire qu'on fera successivement reculer, avancer, reculer de nouveau et avancer encore, plusieurs fois de suite et sans permettre au cheval de s'arrêter.

On diminuera ensuite peu à peu le nombre de pas dans les deux sens, jusqu'à les réduire à deux ou trois, en ayant toujours soin de conserver le cheval parfaitement droit et léger, avec une constante mobilité de la mâchoire.

Pendant cet exercice, on seconde l'action rétrograde, par le toucher de la cravache sur la croupe, afin d'obliger les membres postérieurs du cheval à s'engager sous la masse.

Pour que ces mouvements aient pour résultat l'assouplissement du rein, il faut que le cheval se meuve toujours *parallèlement au sol* et en équilibre naturel, comme dans tous les exercices qui ont pour but d'augmenter la mobilité de l'animal.

4° *Mouvement cadencé en place* (1). — *Rassembler*.

Cet exercice complétera le travail d'assouplissement. C'est le plus difficile de tous, car il s'agit d'abord de produire la cadence en marchant, puis de l'obtenir en place, sans que le cheval se traverse ni manifeste aucune impatience.

Pour commencer, on met l'animal au pas sur la piste, à main gauche. On produit quelques effets de ramener, par les moyens indiqués dans cette méthode (p. 181); puis, la mobilité de la mâchoire obtenue, on touche le cheval sur le sommet de la croupe, en réglant les attaques de la cravache sur les foulées des membres,

---

(1) M. le capitaine Raabe est le premier auteur hippique qui ait parlé, dans ses ouvrages, de ce travail en place, que les anciens écuyers obtenaient en mettant le cheval dans les piliers.

ainsi qu'on l'a fait pour les exercices précédents. L'animal prendra insensiblement le petit trot et, à mesure que les membres postérieurs s'engageront sous la masse, — ce qui ne peut manquer si le cavalier sait produire à point les oppositions de sa main gauche, — la cadence se produira dans l'allure.

Comme toujours, on arrêtera le cheval et l'on abandonnera les rênes. S'il est trop disposé à se porter sur la main, on l'arrêtera également, mais pour commencer immédiatement le mouvement d'avancer et reculer qu'il faudra continuer jusqu'à ce que la mâchoire redevienne mobile; puis on reprendra le mouvement cadencé.

Il est essentiel de n'exiger que très-peu de chose dans les premiers jours de ce travail et de savoir attendre patiemment les progrès de l'animal. Dans tous ces exercices, la véritable souplesse n'arrive pas immédiatement. Il faut du temps pour que l'organisme puisse se modifier, et trop de hâte de la part du cavalier pourrait avoir de funestes conséquences, non pas sur la santé du cheval, mais sur la régularité de ses allures : une main maladroite et le manque d'accord dans les aides *détraquent* aussi bien un cheval dans le travail à pied que dans le travail en selle. On doit donc se garder de tout emploi de force et s'étudier constamment à entretenir l'accord le plus parfait entre la main qui tient les rênes et celle qui manie la cravache.

Il faut aussi faire de fréquents repos, pour éviter que l'animal ne se blase sur les attouchements de la cravache, dont il ne faut pas plus abuser que du pincer des éperons.

Lorsqu'on aura obtenu une certaine cadence en marchant au trot, on fera en sorte de l'obtenir au pas; puis on réduira peu à peu le mouvement progressif, jusqu'à produire, non pas la cadence, mais une légère mobilité en place, sans que le cheval se traverse.

C'est ici surtout qu'il faut beaucoup de tact et savoir récompenser à point la plus petite preuve de soumission!

Une fois la mobilité en place obtenue, la cadence viendra toute seule, si le cavalier possède le *doigté* délicat que réclame un pareil travail de précision. La mobilité cadencée en place qui mène à la réduction de la base de sustentation, n'est autre chose que le *piaffer*, lequel n'est pas plus facile à obtenir à pied qu'à cheval.

Je connais bien une hérésie équestre (qui semble démontrer un défaut absolu de pratique chez les auteurs qui l'ont émise) consistant à recommander de *réduire la base de sustentation* (avec quoi?), comme moyen d'obtenir promptement la légèreté d'un animal qui ne connaît encore la main que par les quelques flexions de mâchoire qu'on lui a faites (à moins que ce ne soit par les à-coup qu'il a pu recevoir de son palefrenier), et qui connaît encore moins les jambes!

Ce sont là des théories pernicieuses qui ont pu sembler rationnelles à leurs auteurs, parce que l'application leur en a réussi par hasard, mais contre lesquelles il faut se mettre en garde, car, généralisées, elles ne peuvent porter que de détestables fruits.

DEUXIÈME PARTIE (TRAVAIL EN SELLE).

1° Débourrage. — 2° Dressage normal.

Pour cette deuxième partie du dressage, il faut établir une distinction entre le jeune cheval dont on commence l'éducation et qui ne résiste jamais si le cavalier sait procéder avec tact et méthode, et l'animal défectueux ou vicieux qu'il s'agit de corriger de ses mauvaises habitudes.

Je n'ai pas à m'occuper du premier de ces chevaux, mon *Manuel d'équitation* constituant un guide sûr où le lecteur trouvera tous les renseignements voulus pour mener à bonne fin le dressage d'un animal bien construit et dont le moral n'aura pas été prématurément perverti par l'impéritie du cavalier ou par de mauvais traitements.

Cette progression concerne donc exclusivement les chevaux difficiles, et elle s'écartera plus ou moins de la marche normale suivant la nature particulière de chaque sujet.

L'article que j'ai consacré à chacune des résistances du cheval indique à quels assouplissements il faut soumettre le sujet de préférence, suivant le cas, et dans quelle mesure on doit les lui appliquer.

Règle générale : plus le cheval aura été assoupli par la gymnastique hippique *avant* d'être monté, moins il faudra le travailler en place une fois que le cavalier sera en selle. Il n'y a d'exception à cette règle que pour le cheval qui *gagne à la main* et surtout pour celui qui *s'emporte*(1); et cela se conçoit aisément : la gymnastique, en faisant incessamment jouer le mors de la bride dans la bouche du cheval, a fait comprendre à ce dernier que c'est là une barrière qu'il ne saurait franchir; elle lui a fait connaître en même temps le moyen de se soustraire à tous les degrés de pression du mors, en desserrant la mâchoire, en cédant de l'encolure et, finalement, en revenant sur lui-même. Il reste maintenant, pour compléter la sujétion, à donner à l'animal une idée telle de la puissance impulsive des jambes du cavalier qui le monte, qu'il ne puisse songer à résister à leurs effets, pas plus qu'il ne cherche à lutter contre les actions de la main. Or, il n'y a qu'un écuyer consommé qui puisse à la rigueur se permettre de donner cette leçon *en place ;* car, donnée ainsi, elle est pleine d'écueils qu'une grande habitude du métier permet seule d'éviter.

Certaine théorie moderne préconise la *station forcée* comme point de départ du dressage, son auteur oubliant évidemment que ce n'est que par un accord parfait des aides que cette immobilité relative peut être obtenue et que cet accord restera forcément sans effet, tant que l'animal ne sera pas parfaitement obéissant à l'action de chacune des aides prise isolément. Et — singulière anomalie, — cet auteur rejette tout travail préparatoire comme superflu!

Certes, il y a de bonnes pâtes de chevaux qui ne demandent qu'à rester en place; il n'y en a peut-être que

---

(1) Voir la méthode pour le dressage de ces chevaux, p. 118 et 110.

trop! Mais il y a aussi des natures impressionnables, irascibles, craintives qui se révoltent contre cette sujétion peu efficace d'ailleurs et tout à fait hors de saison; sans compter que l'accord parfait des aides n'est pas, hélas! le partage de la généralité des cavaliers.

Par quel moyen, je vous le demande, si ce n'est avec le caveçon (dont, bien entendu, ces hippophiles ne veulent pas entendre parler), par quel moyen immobiliser un cheval ardent, impatient, qui ne connaît ni les jambes ni la cravache? N'est-ce pas vouloir provoquer des résistances, des défenses même dès le début?

C'est pour ces motifs que je recommande, lorsqu'il s'agit d'un animal difficile, de le mettre immédiatement en marche ; car ce ne sera que lorsqu'on aura obtenu l'obéissance passive à l'action des jambes (la main, l'animal assoupli à pied la connaît), que l'on pourra imposer *l'immobilité* au cheval. Cela paraît pouvoir se passer de plus ample démonstration.

C'est donc en marche qu'il faut apprendre à l'animal à connaître l'effet des aides inférieures, et suivant les indications qui sont contenues dans les différents cha pitres que j'ai consacrés en particulier à chaque résistance.

Voici donc comment on procédera, toutes les fois que la méthode que j'ai exposée ne s'y opposera pas.

La leçon du montoir ayant été donnée avec un soin minutieux (avec ou sans l'aide du caveçon), on porte immédiatement le cheval en avant et on le laisse marcher librement sur la piste, c'est-à-dire sans chercher à le renfermer.

On prend, dans chaque main, une rêne de la bride et

une rêne du filet, toutes les deux contenues par le pouce appuyé sur la deuxième phalange du premier doigt, les quatre doigts passés entre les deux rênes, qui se trouvent ainsi séparées.

Lorsque les rênes sont ajustées de cette manière et également tendues, les deux mors doivent offrir momentanément au cheval un point d'appui collectif et moelleux.

Dans cette position des poignets, qui est celle que l'ordonnance de cavalerie prescrit pour la conduite du cheval avec bridon, il est facile, suivant le besoin, de faire agir seules, soit les rênes de la bride, soit les rênes du filet. Mais, je le répète, il faut que le cheval tende les quatre rênes également et sans effort.

Dans l'arrêt, les poignets se tournent les doigts en dessus, ce qui permet d'agir sur les rênes de la bride seules.

Dans le changement de direction, *les deux* poignets se portent en même temps vers le point sur lequel le cavalier veut se diriger.

Il faut faire de fréquents temps d'arrêt suivis de remises et de descentes de main ; jeter ensuite les rênes sur l'encolure et caresser le cheval, de manière à lui inspirer une grande confiance.

On se dispensera provisoirement de tout travail en place et de tous les mouvements exigeant une certaine concentration de forces.

Lorsque le pas sera bien franc et qu'il n'y aura aucune contraction étrangère au mouvement, on prendra le trot et on l'allongera *insensiblement*, tout en le rhythmant le plus possible, car c'est au maintien de la régularité de l'allure qu'il faut viser avant tout.

Dans le principe, on passera au pas pour changer de direction ; puis on changera en ralentissant seulement le trot; enfin on exécutera le mouvement en continuant à marcher au trot allongé.

Il ne faut pas faire durer les temps de trot plus de cinq minutes.

On pourra quelquefois mettre le cheval sur de grands cercles et répéter les mêmes changements d'allure entrecoupés de temps d'arrêt, mais ces derniers en marchant au pas seulement. On pratiquera le pincer des éperons de temps en temps, en se conformant aux indications données dans la méthode et en suivant une gradation appropriée au caractère et au tempérament du cheval.

Si c'est une jument (*hystérique*) qu'il s'agit de dresser, il faut, avant de pratiquer le pincer des éperons, la mettre au caveçon et procéder avec elle comme avec le cheval qui rue à la botte. On commencera ce travail *sans éperons*, jusqu'à ce qu'on ait obtenu l'obéissance au coup de talon. On prendra ensuite des éperons dont on aura masqué les pointes au moyen de plusieurs épaisseurs d'un cuir très-mou, de manière à former de petites boules. On dégarnira peu à peu les molettes ; enfin on se servira de molettes très-émoussées. Dans le courant du dressage, on ne fera usage des éperons que *le moins possible*, mais toujours vigoureusement, sans les laisser séjourner au poil et lorsque l'application de la cravache à l'épaule sera restée impuissante à produire l'impulsion voulue. Ce toucher de la cravache devra toujours accompagner la pression des jambes. Règle générale : avec les juments, hystériques ou non, il faut être extrêmement sobre d'éperons.

Ce n'est là qu'une sorte de *débourrage* qui doit toujours suivre le travail gymnastique pratiqué avec la cravache, afin de donner aux jambes du cavalier la puissance impulsive qui leur est si nécessaire quand il s'agit de chevaux ramingues et habitués à résister, et pour faire disparaître l'*acculement*.

Ce ne sera qu'après avoir obtenu cette franchise indispensable dans le mouvement en avant, ce *perçant*, que l'on commencera le dressage proprement dit, je veux dire, que l'on exercera l'animal à la série progressive des mouvements auxquels on a coutume de soumettre le cheval que l'on destine au service de la selle et que j'ai développée dans mon *Manuel*. Encore faudra-t-il souvent entrecouper ce dernier travail, de marches au trot allongé, pendant lesquelles on fera sentir les éperons au cheval, toutes les fois qu'une simple pression des jambes ne produira pas instantanément une augmentation de vitesse, parce qu'il ne faut pas oublier que les exercices en place, les mouvements aux allures ralenties et cadencées et particulièrement le reculer favorisent l'acculement, surtout si le sujet y est prédisposé.

Voici, du reste, comment il faudra diviser le travail, pour éviter de fatiguer le cheval : Vingt minutes consacrées à la gymnastique hippique; une demi-heure employée au débourrage d'abord et, plus tard, au travail suivant la progression; enfin, dix minutes de gymnastique avant de renvoyer le cheval. Le tout à raison de deux séances par jour.

A mesure que les exercices gymnastiques produiront

leur effet, on en réduira la durée, et on les supprimera définitivement lorsqu'on aura obtenu une légèreté suffisante et égale aux trois allures ; car il serait plus nuisible que utile de les continuer sans nécessité.

Ce dressage ne concernant que les chevaux difficiles dont les défenses sont éminemment variables, il est impossible de préciser davantage. C'est au jugement du cavalier de décider de l'importance relative à accorder à chaque exercice, afin de toujours approprier le traitement à la gravité de la résistance.

Il est presque inutile d'ajouter que le travail régulier suivant la progression, travail que l'on peut appeler *classique*, est surtout destiné à détruire le point d'appui momentané qu'il a fallu donner à l'animal pendant le débourrage, car la véritable légèreté, but de tout dressage, n'admet de point d'appui d'aucune sorte.

Ainsi, si la gymnastique hippique a l'immense avantage d'assouplir et de fortifier l'organisme, — ce qui ne saurait être mis en doute, — elle n'en veut pas moins être appliquée avec une sage mesure. Mais, comme je viens de le faire voir, le remède se trouve toujours à côté du mal, et il suffit d'un peu de jugement, lorsque d'ailleurs on possède le sentiment équestre que donne la pratique du cheval, pour y trouver, en même temps qu'une grande économie de temps, un moyen sûr de venir promptement à bout de toutes les résistances, quelle que puisse être leur nature.

PROGRESSION DU DRESSAGE NORMAL (1)

Travail en place, le cavalier étant en selle.

Effets de mobilisation de la mâchoire et de mise en main. Descente de main.

Flexions latérales de l'encolure pour les chevaux qui réclament cet assouplissement.

Rotation sur les épaules.

Nota. — Il faut être très-sobre de descentes de main avec les chevaux *acculés*.

Travail en marchant au pas.

Marcher au pas sur la ligne droite. Effets de mobilisation de la mâchoire et de mise en main en marchant au pas ; descente de main. Arrêter et repartir.

Changement de direction.

Marche circulaire.

Premiers pas d'appuyer, à la fin d'un changement de direction diagonal. Arriver *très-insensiblement* à compléter le changement de direction sur la demi-hanche.

Épaule en dedans, sur la ligne droite et sur le cercle. Épaule en dehors.

Tête au mur ; contre-changement de main, croupe au mur ; changement de main renversé.

Rotation sur les hanches.

---

(1) Pour les détails pratiques, voir le *Manuel d'équitation*.

Demi-volte ordinaire; volte l'épaule en dedans; demi-volte renversée; volte l'épaule en dehors.

Nota. — On pourra entrecouper ce travail, de marches au trot sur la ligne droite, sans exiger du cheval autre chose que la mise en main.

Travail en marchant au trot.

Partir au trot; marcher au trot. Arrêter et repartir. Effets de mobilisation de la mâchoire et de mise en main en marchant au trot. Descente de main.

Répétition *progressive*, au trot, des différents exercices exécutés en marchant au pas.

Pincer des éperons.

Reculer.

Effets de mise en main avec *pression* des éperons.

Premiers effets de rassembler.

Reculer et se reporter en avant au trot.

Nota. — Avec les chevaux qui gagnent à la main et surtout avec ceux qui s'emportent, le *reculer* peut être pratiqué dès le début du travail au pas.

Travail en marchant au galop.

Départs au galop en marchant au pas, sur le cercle (avec un cheval lourd et peu impressionnable, on peut commencer ces départs en marchant au trot). Passer au pas après deux ou trois foulées de galop.

Départs au galop, sur la ligne droite (sur la piste le long du mur).

Marcher au galop sur la ligne droite et sur le cercle.

Effets de mobilisation de la mâchoire et de mise en main, en marchant au galop. Descente de main.

Premiers pas d'appuyer au galop, à la fin d'un changement de direction diagonal; passer au pas en arrivant sur la piste. Compléter *insensiblement* le changement de direction sur la demi-hanche.

Demi-hanche la tête au mur, la croupe au mur et sur le cercle.

Arrêter en marchant au galop et se remettre en mouvement au pas.

Partir au galop de pied ferme.

Arrêter et repartir.

Rassembler avec mobilisation cadencée, en place.

Départs au galop *à faux*, sur la ligne droite et sur le cercle.

Voltes et demi-voltes au galop (passer au pas à la fin de la demi-volte).

Départs successifs et de plus en plus rapprochés au galop, sur l'un et sur l'autre pied, en continuant à marcher à la même main.

Changement de pied à la fin d'un changement de direction diagonal.

Changement de direction en dehors et en dedans du cercle avec changement de pied.

Changement de direction et demi-volte sur la demi-hanche, terminés par un changement de pied.

Changement de pied sur la ligne droite.

Travail complémentaire.

Sauts d'obstacles. (Ce travail peut être commencé après le pincer des éperons).

Habituer les chevaux aux armes et à la pression du rang.

Habituer les chevaux aux coups de feu.

Nota.—S'il s'agit de dresser simplement un cheval pour la promenade, pour la guerre ou pour la chasse, les effets de rassembler et le travail de deux pistes au galop, ainsi que tout exercice compliqué exigeant une grande précision dans l'emploi des aides, doivent être naturellement supprimés comme superflus. On se contentera du changement de pied en changeant de direction sur une seule piste.

J'ai fini la partie *pratique* de mon livre. J'aurais pu, à l'exemple de beaucoup d'auteurs hippiques, commencer par promener le lecteur dans un dédale de développements scientifiques empruntés à des ouvrages spéciaux étrangers à l'équitation ; soumettre à l'analyse les systèmes osseux, musculaire et nerveux ; entrer dans des détails minutieux de structure, de contexture, de mouvement propre de chacun des organes qui composent la machine animale. Mais cet étalage d'une érudition aussi facile que douteuse m'a paru absolument superflu et, par conséquent, contraire au but que je me propose ; je me suis donc bien gardé de suivre cette voie.

La justification des règles que j'ai développées dans cette méthode de dressage des chevaux difficiles ne m'oblige pas moins à faire maintenant quelques incursions dans le domaine des sciences physiques et naturelles ;

mais je m'y attarderai le moins possible et je m'en tiendrai absolument aux notions les plus élémentaires, aux vérités les plus indéniables, renvoyant le lecteur avide *de savoir*, à ces mêmes ouvrages spéciaux dont l'idée philosophique ne saurait suffisamment se dégager des emprunts forcés et tout à fait arbitraires que certains auteurs se sont plu à leur faire.

FIN DU DRESSAGE DES CHEVAUX DIFFICILES.

DEUXIÈME PARTIE

PHILOSOPHIE HIPPIQUE

JUSTIFICATION DES PRINCIPES ET DES MOYENS PRATIQUES
EXPOSÉS DANS LA PREMIÈRE PARTIE

AVERTISSEMENT

Après avoir exposé, pour ainsi dire sans commentaire, dans la première partie de ce livre, les principes et les procédés que j'ai puisés dans une longue expérience en matière de dressage du cheval de selle, je tiens à démontrer que les uns et les autres, bien loin d'avoir rien d'arbitraire, découlent au contraire, avec la dernière évidence, des règles les plus élémentaires posées par la science.

Ce qui me reste à dire, sans être beaucoup plus compliqué, est un peu plus abstrait, et c'est pourquoi, ainsi que j'en ai prévenu le lecteur, j'ai cru devoir en faire l'objet d'une étude distincte, s'adressant particulièrement à l'homme sérieux, qui n'accepte une théorie nouvelle que sous bénéfice d'inventaire.

Lorsque j'aurai dit ou plutôt répété, ce que je pense de l'intelligence tant vantée du cheval,—car je ne ferai, sur ce point, que reproduire un essai critique que j'ai déjà donné dans une publication qui remonte à quelques années, mais qui sera ici beaucoup mieux à sa place,— lorsque j'aurai indiqué dans quelle mesure, selon moi, cette intelligence peut être mise à profit par le cavalier, il me restera à analyser, mécaniquement d'abord, puis physiologiquement, l'organisme animal dans ses fonctions locomotrices, afin de faire jaillir de ce rapide examen la justification la plus claire et la plus complète des moyens de dressage que j'ai recommandés dans la première partie.

Je suis profondément convaincu que le lecteur, qui me suivra jusqu'au bout, me rendra cette justice, que j'ai tiré ma théorie *de la nature* même du cheval et que tous les éléments qui en font en quelque sorte la trame, sont non-seulement coordonnés entre eux suivant la logique la plus rigoureuse, mais qu'ils sont en outre tous en parfaite concordance avec les lois immuables qui régissent la machine animale.

PHILOSOPHIE HIPPIQUE

I. APERÇU DE PSYCHOLOGIE COMPARÉE.

> « Le plus stupide des hommes est incompa-
> « rablement plus raisonnable et plus docile
> « que la plus spirituelle de toutes les bêtes,
> « quoiqu'on dise quelquefois le contraire par
> « jeu d'esprit. » LEIBNITZ, *Nouveaux essais
> sur l'entendement humain.*

DU CHEVAL SOUS LE RAPPORT DE SES FACULTÉS INTELLECTUELLES.

Généralités.

L'usage admis chez les naturalistes, les poëtes et les romanciers, de consacrer, dans les œuvres qui ont trait au cheval, quelques pages à l'éloge de ce noble animal, a donné lieu à de singulières erreurs et à des préjugés grotesques que les plumes savantes des auteurs les plus compétents sont restées impuissantes à déraciner. Je n'ai pas la prétention téméraire de réussir là où tant de maîtres en matière hippique ont échoué ; mais, me proposant de dépeindre le cheval sous le rapport intellectuel, tel que plus de trente années d'observation attentive m'ont appris à le connaître, je ne puis passer ces erreurs entièrement sous silence. Au risque donc d'être taxé d'irrévérence pour des écrits qui, grâce à leur mérite littéraire, sont passés à l'état classique, je me permettrai de les réfuter en temps et lieu, dans l'intérêt même de ce précieux compagnon de l'homme, qui n'a pas moins de droits à notre admiration, voire à notre reconnaissance, parce qu'il ne répond pas en tous points au panégyrique exalté que les enthousiastes se sont plu à en faire.

Le cheval réduit à l'état de domesticité et formé pour nos besoins, le cheval de sang, par exemple, est à l'animal sauvage dépeint par les naturalistes, ce qu'un produit de nos jardins, une belle poire ou une pêche de Montreuil, est au fruit aigre et désagréable qui pousse au milieu des bois : l'un se fait, l'autre vient tout seul.

Il ne peut naturellement être question ici du cheval qui vient tout seul, lequel appartient exclusivement à l'histoire naturelle. C'est donc de l'autre que je vais m'occuper.

Depuis l'antiquité la plus reculée, les poëtes et les prosateurs ont célébré à l'envi les louanges du cheval; mais parmi ceux qui ont le plus contribué à propager certaines erreurs relativement aux soi-disant facultés *morales* de cet animal, M. de Buffon, par suite de sa double qualité de littérateur et de naturaliste, occupe incontestablement le premier rang.

Chacun connaît en effet la sublime et classique tirade consacrée à « la plus noble conquête que l'homme ait jamais faite, etc. » (1), tirade qui, à vrai dire, n'est que la reproduction en style fleuri des préjugés qui ont eu cours dans tous les temps, et où le naturaliste poëte se donne la satisfaction de renverser, d'un trait de plume, tout l'échafaudage métaphysique du naturaliste philosophe (2).

---

(1) *Histoire naturelle*, Cheval (*Equus caballus*).
(2) *Discours sur la nature des animaux.*

Si l'on prenait au pied de la lettre la peinture de haute fantaisie que Buffon fait du cheval, cet animal serait non-seulement un des plus intelligents de la création, mais de beaucoup le plus intelligent de tous, et cette exagération pourrait avoir pour lui de bien fâcheuses conséquences.

Il est vrai qu'il est impossible de prendre l'illustre savant au sérieux, si on a lu auparavant son *Discours sur la nature des animaux*, discours où il est démontré, sinon prouvé, que le cheval est un des êtres les plus disgraciés qu'il y ait sous le rapport des facultés intellectuelles !

« La question de l'intelligence des bêtes est une question de faits, une question d'étude expérimentale, dit avec raison M. Flourens ; ce ne peut être une simple thèse de métaphysique (1). » Les hommes qui passent leur vie entière au milieu des chevaux, qui les observent sans cesse, et qui n'observent qu'eux sont donc bien mieux placés pour juger de leur degré d'intelligence, qu'un philosophe, qu'un métaphysicien, qu'un naturaliste, s'appelât-il Descartes ou Leibnitz, Réaumur ou Buffon. Or, je le demande en conscience à tous nos hippiatres, à tous nos écuyers, à tous nos hommes spéciaux en matière chevaline, quels sont les signes extérieurs de l'intelligence si surprenante que quelques-uns persistent à attribuer au cheval, et que, pour mon compte, je n'ai jamais pu saisir?

Loin de moi la pensée de chercher à déprécier cette fière et noble bête ; mais il me semble que c'est plutôt servir sa cause en faisant voir le cheval sous son véritable jour, dût-on même le dépoétiser un peu, que de lui

---

(1) *De l'instinct et de l'intelligence des animaux.*

attribuer des qualités imaginaires qui, trop souvent, hélas ! lui attirent d'injustes et cruels traitements.

D'ailleurs, ainsi que je viens de le dire, Buffon, en se laissant égarer par sa faconde, au point de créer un être en quelque sorte supérieur à l'homme lui-même, s'est mis en désaccord flagrant avec sa propre théorie qui, pour les animaux, est la négation absolue « *de la pensée et de la réflexion* », c'est-à-dire de l'intelligence.

En appliquant cette théorie au cheval, cet animal n'aurait pour toute faculté intérieure qu'un *instinct* très-développé joint à un certain sens matériel non moins étendu et présidant aux réminiscences des sensations passées, *mais qu'il importerait de ne pas confondre avec la mémoire,* puisque « cette faculté émane de la puissance « de réfléchir, et—c'est toujours l'éminent naturaliste qui « parle, — qu'elle consiste dans une succession d'idées « et suppose nécessairement la puissance de les produire. »

Ainsi, suivant ce système, qui d'ailleurs a été victorieusement réfuté par nos physiologistes contemporains, le cheval ne serait qu'une espèce d'automate, une sorte de machine sans aucune lueur d'intelligence dans l'acceptation la plus vulgaire du mot ! Que penser dès lors du morceau d'éloquence de M. de Buffon ? Or, ce chef-d'œuvre de littérature, quoique dépourvu de tout enseignement pratique, ne continue pas moins, dans nos lycées et dans nos établissements enseignants, à servir pour ainsi dire de point de départ aux études hippiques de nos futurs hommes de cheval ; et, comme les impressions du jeune âge sont les plus durables, les erreurs et les préjugés qui se rattachent à l'entendement du cheval, se perpétuent, en passant de génération en génération.

Mais quittons le champ des fictions pour arriver aux faits.

Que la faculté de renouveler les sensations passées, très-vives chez le cheval, s'appelle *réminiscence* ou qu'on la nomme mémoire, peu importe ; ce qu'il y a de certain, c'est qu'il la possède au suprême degré, conséquence naturelle de la vivacité de ses sensations. C'est là un fait d'observation trop saillant, pour qu'il soit possible de le contester.

Le cheval a donc l'instinct et la mémoire très-développés. Il possède en outre, quoi qu'en ait dit Buffon, quelques-unes des facultés dont l'ensemble constitue l'entendement humain ; mais tout porte à croire que leur réunion ne forme qu'un tout bien imparfait, et que c'est le développement extraordinaire de deux d'entre elles, (l'instinct et la mémoire), qui a fait attribuer à l'entendement du cheval, même par des hommes tels que Condillac et G. Leroy, ainsi que par quelques philosophes modernes, une importance qu'elle ne méritait pas.

Il ne peut entrer dans mon sujet d'examiner les différents systèmes sur l'instinct et l'intelligence des bêtes que la philosophie a produits jusqu'à ce jour ; mais je crois que l'étude de la puissance intellectuelle du cheval fournit de trop utiles enseignements à quiconque s'occupe sérieusement de cet intéressant animal, pour qu'il soit permis de la négliger absolument.

J'emprunterai donc, à chacune de ces théories, ce que je croirai le plus propre à définir clairement les facultés intérieures du cheval, et je chercherai ensuite à établir la véritable proportion dans laquelle les facultés qui constituent *l'entendement* lui ont été données, afin d'en pouvoir tirer des conclusions qui trouveront leur application plus tard.

De l'instinct et de l'intelligence

La physiologie nous apprend que les diverses actions des animaux peuvent être divisées en instinctives ou involontaires et en intelligentes ou volontaires. *L'instinct* ou plutôt *les* instincts qui président aux premières constituent une puissance qui domine l'animal et le fait agir pour ainsi dire malgré lui : c'est un penchant inné, invariable et irrésistible.

Le nouveau-né qui cherche la mamelle, l'oiseau qui fait son nid, le jeune canard qui va à l'eau au sortir d'un œuf couvé par une poule, cette même poule qui couve des œufs qui ne sont pas les siens, tous ces êtres obéissent à *l'instinct*, impulsion non raisonnée et tout à fait indépendante de leur volonté aussi bien que de leur intelligence.

Ainsi l'instinct n'est pas cette *demi-intelligence* que le vulgaire attribue aux animaux, mais une obéissance aveugle à certaines exigences de la nature. Il se traduit toujours de la même manière chez tous les sujets de la même espèce, quel que soit le degré qu'ils occupent sur l'échelle intellectuelle, et *il n'est pas perfectible;* il s'amoindrit au contraire par les effets prolongés de la domestication. « C'est, suivant M. Colin, le mobile ou le « principe de la plupart des actions des animaux » (1).

---

(1) *Physiologie comparée des animaux domestiques.*

L'instinct *de la conservation* pousse le cheval à fuir le danger, de quelque nature qu'il soit ; à ne point toucher aux plantes vénéneuses qui peuvent se trouver dans les herbes dont il fait sa nourriture ; à rechercher la société des autres chevaux, etc. Celui *de la reproduction*, non moins impérieux que le premier, réveille chez l'animal des sentiments d'indépendance et d'indocilité qui le poussent quelquefois à de véritables fureurs. Toutes les actions instinctives du cheval et en général de tous les animaux peuvent être classées dans ces deux catégories et ont leur raison d'être dans les besoins du sujet.

Quant à *l'intelligence*, qui est la faculté de *connaître*, dont les éléments constitutifs se combinent diversement avec l'instinct, son essence est toute différente.

Ce n'est qu'en analysant les actions des animaux que l'on peut juger de ce qui se passe en eux ; l'étude de leurs facultés intellectuelles offre donc beaucoup plus de difficultés que celle de l'entendement humain, car chez l'homme on peut toujours observer directement les opérations de l'esprit.

Il y a une distance immense entre l'entendement de l'homme et celui de la brute la mieux organisée. Combien d'actions des bêtes sont attribuées à leur intelligence, et qui ne sont cependant que le résultat d'opérations purement instinctives tout à fait dépourvues de réflexion et de combinaisons d'idées, *de raison*, de la part des individus !

Pour se rendre un compte exact de ce que, par analogie, l'on est convenu d'appeler *intelligence* chez l'animal, il est indispensable de ne pas oublier les diverses facultés dont l'ensemble constitue la puissance intellectuelle chez l'homme et qui sont : *la perception des sensations*, la *mémoire*, l'*attention*, l'*intuition*, la *réflexion*, le *jugement* et l'*imagination*. Toutes ces facultés ont leur siége dans les différentes régions du système cérébro-spinal.

D'après nos physiologistes les plus autorisés, il existe en outre, dans le cerveau et dans la moelle épinière, des centres d'action nerveuse sans participation complète de la partie de l'encéphale qui préside au raisonnement et à la conscience des actes, lesquels centres prennent certaines attributions par suite de l'*habitude*.

L'étude expérimentale et positive des faits de l'instinct et de l'intelligence, — deux modes d'activité physiologique qu'il est impossible de ramener l'un à l'autre, — a démontré que les animaux ne possèdent pas la *réflexion*, partant pas l'*intuition* qui y conduit et l'*imagination* qui en dérive. C'est ce qui a fait dire avec tant de raison à M. Flourens : « La réflexion est la limite qui sépare l'intelligence de l'homme de celle des animaux. Il y a là une ligne de démarcation profonde. Cette pensée qui se considère elle-même, cette intelligence qui se voit et qui s'étudie, cette connaissance qui se connaît, forment évidemment un ordre de phénomènes déterminés, d'une nature tranchée et auquel nul animal ne saurait atteindre. C'est là, si l'on peut ainsi dire, le monde purement intellectuel, et ce monde n'appartient qu'à l'homme (1). »

Toutefois l'on ne saurait dénier au singe et à certains carnassiers tels que le chien et le chat, quelque chose qui

---

(1) *De l'instinct et de l'intelligence des animaux.*

ressemble à de la réflexion, car ces animaux font preuve de véritables idées. Mais en leur appliquant le système fort rationnel de Cabanis (1), qui veut que les idées viennent de *deux* sources, soit de la *réflexion*, soit des *sensations*, rien ne prouve qu'ils possèdent réellement la faculté de réfléchir.

Or, à partir de l'ordre des carnassiers et en descendant la classe des mammifères, ce semblant de réflexion n'a été constaté sur aucun animal ; le cheval, qui occupe un rang bien inférieur sur l'échelle intellectuelle, en est donc absolument dépourvu.

Ainsi le cheval n'est pas doué de réflexion : à quoi peut donc se réduire son *jugement?* Cette faculté ne s'exerce naturellement chez lui que d'une manière bien simple : elle intervient dans la perception des idées relatives à *l'existence ou à l'absence des objets ou des qualités des objets* qui sont la cause de ses sensations ; mais ces idées restent isolées dans son esprit, — si je puis m'exprimer ainsi, — et il ne possède pas, comme l'homme, le pouvoir de les comparer, de saisir les rapports qu'elles ont entre elles, d'en tirer des conclusions, en un mot, de porter de véritables jugements sur les idées aussi bien que sur les choses. Il peut encore moins lier ces jugements entre eux, pour en déduire de nouvelles conclusions, ce qui constitue le *raisonnement*, lequel nécessite la réflexion. Ainsi le *jugement* d'un cheval, comparé au jugement humain, se réduit à fort peu de chose.

D'un autre côté l'*intuition*, que les philosophes définissent une *aperception* ou vue rapide, l'intuition qui,

---

(1) *Rapport sur le physique et le moral de l'homme.*

chez l'homme, est une tendance naturelle à remonter des effets aux causes et qui n'est qu'un acheminement à la réflexion, et l'*imagination* qui crée, qui invente et qui est le produit de cette même puissance de réfléchir, lui sont absolument refusées.

Mais si quelques-unes des facultés constitutives de l'entendement du cheval sont très-incomplètes sinon tout à fait nulles, d'autres au contraire, comme compensation, sont très-puissantes. C'est ainsi que tout semble prouver que les *sensations*, c'est-à-dire les impressions reçues par les sens des objets ou des agents extérieurs, sont beaucoup plus fortes chez la majeure partie des animaux que chez l'homme. C'est ce que les physiologistes expriment en disant que les animaux ont généralement les sens plus développés que nous.

Les sensations étant plus vives chez l'animal, sa *mémoire*, qui n'est autre chose que la faculté de renouveler, dans une certaine mesure, et de coordonner les sensations passées, et sans laquelle les perceptions ne persistent pas au delà de l'instant où elles ont été produites, la mémoire, dis-je, doit en être nécessairement plus développée. Mais, de même que chez l'homme, ce don décroît avec l'âge, et sa décroissance s'explique tout naturellement par l'affaiblissement des organes préposés à la perception des sensations.

L'attention qui, chez nous, est la faculté de diriger volontairement notre esprit vers les excitations venues du dehors ou vers les opérations de l'entendement lui-même (**1**), est à cette même puissance chez l'animal, ce

---

(1) Milne-Edwards, *Cours de zoologie.*

que notre *jugement* est au jugement de ce dernier : elle se réduit à diriger l'ensemble de ses facultés intellectuelles vers les excitations des agents extérieurs. Mais cette puissance, de même que la *mémoire*, se rattache directement à la perception des sensations ; elle doit donc avoir, *dans sa simplicité*, un certain développement chez le cheval surtout.

Les moyens psychologiques du cheval, en m'appuyant sur la philosophie, la physiologie et l'histoire naturelle, se réduisent donc à *la perception des sensations, à la mémoire, à l'attention et au jugement sans réflexion*.

Ainsi le cheval n'est pas un animal intelligent dans l'acceptation générale du mot, le développement de certaines de ses facultés ne pouvant compenser la faiblesse de certaines autres, et surtout, ne pouvant remplacer celles qui lui manquent entièrement.

Ce qui vient encore à l'appui de mon assertion, c'est la vérité physiologique que la science a convertie en axiome, savoir : que les instincts ont été donnés à l'animal pour lui tenir lieu d'intelligence, et que l'on trouve ces instincts d'autant plus développés qu'on s'éloigne davantage de l'homme, qui, lui, occupe le sommet de l'échelle et qui en est à peu près dépourvu. La nature ayant particulièrement bien doué le cheval sous le rapport de ses instincts, son intelligence doit donc en être d'autant moins étendue.

Enfin, si la théorie de Camper, qui mesure le degré de la puissance intellectuelle de l'animal par l'ouverture de l'angle facial, est vraie, l'entendement du cheval est à peine supérieur à celui d'un sujet quelconque de l'ordre des rongeurs, le dernier degré de l'échelle ! Qu'on juge dès lors ce que peut être l'intelligence tant vantée du cheval.

M. de Saint-Ange, dont le Traité d'hippologie jouit d'une grande et juste faveur dans l'armée, est, lui aussi, de cet avis : « Certes, dit-il, l'intelligence du cheval est très-bornée. On se rappelle à ce sujet qu'un certain physiologiste, ayant été frappé de la petitesse du cerveau du cheval qu'il disséquait, lui adressa cette apostrophe :
« En voyant ton fier regard et ta superbe encolure,
« j'avais hésité un instant à monter sur ton dos ; mais,
« depuis que j'ai regardé l'exiguïté de ton cerveau, j'ai vu
« que tu n'étais qu'une bête et je n'ai pas craint de
« t'enfourcher. »

En effet, l'étude comparative du cerveau du cheval avec celui des autres animaux placés à un degré quelconque de l'échelle intellectuelle, fournit une preuve de plus à l'appui de mon argumentation.

On m'opposera, il est vrai, une foule d'anecdotes plus ou moins surprenantes, pour battre en brèche la théorie peut-être un peu radicale que je viens de développer. Soit, examinons-les.

Nous avons d'abord le cheval qui reconnaît, après plusieurs années, un chemin qu'il a déjà parcouru : mémoire ; celui qui reconnaît et qui cherche à frapper l'homme qui l'a maltraité : instinct de la conservation, attention et mémoire. Même observation pour l'animal qui, après avoir été brutalisé, s'inquiète lorsqu'on entre dans son écurie.

Nous avons aussi le cheval qui reconnaît le maître qui *le gâte :* gourmandise, attention, mémoire ; celui qui se laisse guider par une simple indication de son cavalier : sensibilité, mémoire, habitude ; tact et savoir-faire du cavalier. Même observation pour le cheval qui obéit à la voix.

Nous avons encore le cheval de troupe et le cheval de manège qui obéissent au commandement : imitation, *routine* ou habitude sans jugement.

Vient enfin le cheval savant, le cheval qui dit son âge, l'heure qu'il est à une montre ou qui désigne la personne la plus aimable de la société! Celui-là, je l'avoue, semble, au premier abord, faire exception à la règle ; mais tout son prestige tombe, lorsqu'on découvre au prix de quels prodiges de patience et souvent par quels moyens barbares on arrive à lui faire donner ces étonnantes preuves d'intelligence!

D'ailleurs, en admettant que l'intelligence de l'animal joue réellement le premier rôle dans ces tours de force, ne serait-on pas fondé à en conclure que, de même que chez l'homme, les facultés de l'animal ne varient pas seulement avec les races, mais encore avec les individus de chaque race? Les vulgaires chiens de basse-cour, les chiens courants, les lévriers, ne sont-ils pas, sous le rapport intellectuel, bien inférieurs aux caniches, et tous les caniches sont-ils également intelligents ?

On peut donc admettre que, dans les chevaux, il y en a de moins bornés les uns que les autres, et que, dans le nombre, il s'en trouve de réellement intelligents. Mais cela prouve-t-il que l'espèce entière le soit? Et, si elle ne l'est pas, comment reconnaîtrez-vous à première vue les sujets exceptionnels?

Du reste, à ces preuves assez équivoques d'intelligence, on peut opposer de nombreux exemples d'un semblant de parfaite stupidité. Ainsi l'on peut citer le cheval qui a peur de son ombre, de cette ombre qui ne l'a pas quitté depuis qu'il est né! Celui que le même objet insignifiant effraye indéfiniment, même après qu'il a eu le loisir de l'examiner de près! Celui qui se défend à outrance au montoir et qui se laisse surprendre si l'on se présente de l'autre côté! Celui que l'on fait passer avec la plus grande facilité, en reculant, partout où il refuse de passer autrement.

On peut citer également le cheval dont le fer se trouve pris accidentellement entre deux pavés et qui se casse la jambe en cherchant à se dégager! Celui qui se laisse rôtir dans son écurie en feu! Celui qui s'emporte et qui se tue! Celui qui tire au renard, se renverse et se tue! Celui qui s'embarre ou s'enchevêtre et qui se tue, etc., etc. On n'en finirait pas de rappeler toutes les preuves d'inintelligence que fournit journellement le cheval à tous ceux qui veulent bien se donner la peine de l'observer.

De tout cela je conclus que, pour tirer parti des qualités morales si problématiques ou tout au moins si relatives du cheval, et *dans l'intérêt* même de ce précieux animal, il convient de prendre en plus sérieuse considération qu'on ne le fait généralement, ses facultés les plus saillantes, pour s'adresser à elles de préférence, sans négliger absolument toutes celles qu'il ne possède pour ainsi dire qu'à l'état rudimentaire. Ainsi, au lieu de compter sur son *jugement* qu'on sait être dépourvu de réflexion, et sur son *raisonnement* imaginaire, que l'on cherche donc à utiliser avant tout, avec tact, l'extrême *sensibilité* du cheval et sa prodigieuse *mémoire*, sans perdre de vue ses penchants *instinctifs;* qu'on tâche ensuite d'exploiter sa tendance à l'*imitation* et sa facilité à prendre des *habitudes*, et l'on aura certainement fait preuve d'un savoir-faire beaucoup plus rare que celui qui caractérise la grande majorité des soi-disant connaisseurs en chevaux.

Si j'ai cru devoir consacrer ces lignes à faire ressortir l'importance relative de certaines facultés intérieures du cheval, qui, trop rarement, sont prises au sérieux, c'est que je pense qu'il y a un immense parti à en tirer.

L'homme qui ne considère le cheval que comme une machine absolument dépourvue de tout discernement et celui qui lui accorde, au contraire, jusqu'à la réflexion avec toutes ses conséquences, sont également éloignés de la vérité; l'un et l'autre courent le risque de faire fausse route dans la pratique.

Le cheval considéré au physique est connu de beaucoup de gens; le cheval *moral* l'est de bien peu. De même que le premier n'a pas été étudié sur les toiles immortelles de Durer, de Holbein ou de Vernet, le second ne saurait se déduire du livre de Job, des œuvres de Buffon ou des poésies de Millevoye.

Pour acquérir du cheval, au moral comme au physique, une idée vraie, exempte de préjugés, c'est particulièrement dans le *Livre de la nature* qu'il faut apprendre à lire : celui-là trompe rarement; les autres n'en sont qu'une introduction.

Quant aux ouvrages spéciaux, même les meilleurs, il faut les consulter sans doute, mais comme on appelle à son aide le guide, dans un pays qu'on doit parcourir souvent, et que l'on questionne avec soin, afin de pouvoir s'en passer le plus tôt possible.

Observations complémentaires.

Je n'ignore pas que ma manière d'envisager l'entendement du cheval est loin d'être partagée par quelques écrivains hippiques du plus grand mérite; mais je ne saurais m'incliner devant des opinions qui ne me paraissent reposer que sur des combinaisons d'un ordre purement spéculatif.

En effet, ce qui m'a toujours frappé dans ces doctrines soi-disant rationnelles, c'est que leurs auteurs, qui parlent de l'intelligence du cheval en hommes absolument convaincus, agissent dans la pratique, si l'on en juge par leurs écrits, exactement comme s'ils n'y croyaient pas!

D'après ces écrivains, il semblerait que, dans l'application de leurs théories, il soit laissé une place, sinon exclusive, du moins considérable à l'initiative intelligente du cheval; que les moyens pratiques qu'ils recommandent pour obtenir la soumission de l'animal ne soient plus ceux du commun des martyrs; que le rôle des aides ne soit plus le même, etc., etc.; or il n'en est absolument rien.

Je ne pourrai donc trouver un côté vraiment sérieux à ces savantes élucubrations, que le jour où je verrai MM. les écuyers-psychologues faire bien réellement, dans la pratique, la part considérable que, dans leurs théories, ils attribuent à l'entendement du cheval dans les relations du cavalier avec sa monture.

Tel vous dit, en s'appuyant sur les données les plus conjecturales de la physiologie humaine, tout ce qui se passe dans le cerveau du cheval sous l'incitation des aides du cavalier, et il en conclut naturellement qu'un système de dressage qui ne s'appuie pas sur ces étonnants phénomènes ne saurait donner que de mauvais résultats. On s'empresse de consulter les chapitres consacrés par l'auteur à la mise en application des principes qu'il préconise, et l'on a la surprise de n'y voir figurer que des procédés presque exclusivement mécaniques, ressemblant du plus au moins à tous ceux dont on s'est servi de tous temps et ne différant que par l'enchaînement des exercices recommandés ! Je défie toute contradiction sur ce point et je conserve, en conséquence, mon opinion sur le degré d'importance qu'il convient de donner aux facultés mentales du cheval, sous le rapport des précieuses ressources qu'elles peuvent nous offrir dans la pratique de l'équitation.

Notez que je ne conteste pas l'influence très-positive de la *volonté* du cheval sur nos différentes opérations, volonté avec laquelle il faut savoir compter, ou plutôt qu'il faut savoir annuler dans ses effets; mais cette faculté est-elle bien le produit exclusif de l'intelligence ? Est-on bien fondé à dire : Tel animal a de la volonté, donc il est intelligent ? Et quand cela serait !

Pour moi, l'homme domine l'entendement, quel qu'il soit, du cheval, de toute la hauteur de sa propre intelligence; il en est de même de la volonté, quelle que puisse être son essence. Mais, pour que cette domination soit autre chose qu'une abstraction, il faut de toute nécessité que l'homme fasse intervenir certains agents, lesquels, exploitant adroitement l'instinct de la conservation, qui fait que l'animal redoute la douleur, neutralise en quelque sorte sa volonté, laquelle, par cela même, se trouve subordonnée à la nôtre.

La philosophie nous apprend d'ailleurs que le mot *volonté* implique à la fois, et la *faculté* de vouloir et l'*exercice* même de cette faculté, deux mouvements indépendants l'un de l'autre; elle nous apprend en outre que le premier, c'est-à-dire la faculté de vouloir, *n'est pas toujours libre*, et que le deuxième de ces mouvements est entièrement sous la dépendance de nos organes, *qui peuvent ne pas se prêter à l'exécution de ce que nous voulons.* En serait-il autrement chez le cheval ?

L'animal ne peut donc rien sur sa propre volonté dans ce qu'elle a, en quelque sorte, de fatal, et le cavalier ne peut pas davantage la modifier sur ce point; mais il peut agir sur *l'exercice* de cette faculté, en le guidant, en le limitant, en l'entravant. Et par quel moyen arrive-t-il à ce résultat? c'est uniquement en exploitant l'instinct de la conservation qui pousse le cheval à fuir toute impression douloureuse et qui n'est autre chose, chez lui, que ce premier mouvement de la faculté de vouloir, qui n'est pas libre.

C'est pourquoi j'ai dit, avec un sentiment de profonde conviction, que l'homme domine la volonté du cheval de toute la hauteur de sa propre volonté, laquelle est le produit de son intelligence supérieure, tandis que la volonté du cheval est surtout instinctive, c'est-à-dire inconsciente.

L'intelligence de l'animal n'est d'ailleurs nullement

exclue de cette théorie, où elle jouera même le rôle d'un auxiliaire *utile*, mais jamais *indispensable*.

A côté des systèmes qui exaltent l'intelligence si hypothétique du cheval, il y en a d'autres qui rapportent toutes les actions de cet animal à l'instinct seul.

Parmi ces derniers il s'en trouve un (1) qui paraît fort ingénieux au premier abord ; qui émane d'un auteur convaincu, d'un chercheur consciencieux, mais dont la théorie, selon moi, repose sur trois erreurs manifestes :

1° La nécessité de rechercher *l'union des centres de volonté :* une sorte d'abdication de la volonté du cavalier en faveur des caprices du cheval ;

2° La nécessité de produire *l'union des centres de gravité* du cheval et du cavalier : comme si la nature n'y avait pas pourvu à l'avance !

3° L'obligation *d'assouplir l'instinct* de l'animal : comme s'il était possible d'agir sur le moral sans s'attaquer au physique !

La théorie de *l'union des centres de volonté* trouve sa réfutation dans ce que je viens de dire de la volonté en général : il y aura *union*, lorsque la faculté de vouloir, plus instinctive qu'intelligente chez le cheval, aura été complétement annihilée par cette même faculté éminemment intelligente chez le cavalier.

La nécessité d'unir *les centres de gravité*, proclamée par ce même système comme but d'une équitation rationnelle, se réfute d'elle-même, car elle s'appuie sur une hypothèse absolument gratuite et en opposition avec les

---

(1) CAUSERIES ÉQUESTRES, de M. *E. Debost*, auteur de la CINÉSIE ÉQUESTRE.

lois de la gravitation : l'existence de *deux* centres de gravité distincts dans la masse formée par le cheval et son cavalier! Inutile de nous y arrêter.

Enfin le troisième de ces principes fondamentaux complémentaires du système, *l'assouplissement direct de l'instinct*, comme seul moyen d'arriver à la domination du sujet, repose sur une impossibilité matérielle, ainsi qu'il est facile de le prouver.

En effet, le cavalier, quels que soient les procédés qu'il emploie, ne peut agir sur l'instinct du cheval qu'en s'adressant à la matière constitutive de l'organisme et *vice versâ;* donc, lorsque l'organisme cède dans le sens voulu, c'est que l'instinct lui-même a cédé et réciproquement. D'ailleurs, de quel instinct s'agit-il ici? L'instinct est une force qui se traduit sous des *formes* essentiellement variables; toutefois il en est une qui se rencontre chez tous les animaux indistinctement : c'est l'instinct de la conservation ; c'est sans doute de celui-là que l'auteur du système en question entend parler, et c'est celui-là qu'il s'agirait d'assouplir.

Je ne suppose pas qu'il y ait chez le cheval un penchant particulier à résister aux aides (1); mais, si ce besoin existe chez lui, il trouve un correctif énergique, ainsi que je l'ai déjà dit, dans la crainte de la douleur,

---

(1) Il y a certainement des résistances auxquelles l'instinct du cheval est complétement étranger : ce sont celles qui résultent de l'inhabileté du cavalier; car il est de toute évidence que, toutes les fois que la machine animale ne sera pas disposée convenablement pour l'exécution d'un mouvement sollicité, il y aura obstacle *matériel* à l'obéissance, obstacle que nul assouplissement moral ou physique ne saurait vaincre.

cette autre manifestation de l'instinct de la conservation qui est, elle aussi, le partage de toute l'espèce. On peut donc dire que le remède se trouve à côté du mal et que, si le cavalier possède le jugement et le tact voulus pour appliquer toujours le remède dans la proportion *indiquée*, l'instinct de la résistance se trouvera par cela même constamment annulé.

L'assouplissement de l'instinct est donc la conséquence obligée de l'assouplissement de l'organisme, et, poser en principe qu'il faut assouplir l'instinct pour dominer le cheval, c'est tout simplement prendre l'effet pour la cause et renverser sans nécessité une proposition vieille comme l'équitation elle-même : il faut dominer l'organisme pour annuler la volonté du sujet.

J'essaierai, dans les chapitres qui vont suivre, d'analyser l'organisme animal au point de vue des fonctions de relation, ainsi que je l'ai fait pour les fonctions du cerveau; peut-être serai-je assez heureux pour démontrer que, si le cheval est une machine douée d'une certaine dose d'intelligence, il n'en est pas moins avant tout une *machine* soumise à des lois invariables de pondération et de mouvement, et que c'est surtout sous ce dernier rapport qu'il veut être étudié par quiconque prétend l'asservir à ses fantaisies, tout en lui conservant ses précieuses qualités.

II. CONSIDÉRATIONS TIRÉES DE LA MÉCANIQUE ANIMALE.

> « Bien souvent et à toutes les époques on a comparé les êtres vivants aux machines, mais c'est de nos jours seulement que l'on peut comprendre la portée et la justesse de cette comparaison. » E.-J. MAREY, *La machine animale.*

EXPOSÉ SOMMAIRE DES LOIS PHYSIQUES APPLICABLES A LA MACHINE ANIMALE.

Matière ; — Force ; — Mouvement ; — Vitesse. — Les lois de la mécanique rationnelle sont établies *indépendamment* de la nature des corps. — La force chez le cheval se manifeste sous deux formes différentes : les contractions musculaires et le poids. — Tout système de forces, appliqué à un corps symétrique, peut être remplacé par une résultante. — Centre des forces ou point d'application de la résultante générale. — La force musculaire et le poids ont un centre commun ; centre de gravité et centre des forces sont donc synonymes. — Equilibre statique. — Equilibre dynamique. — Force centrifuge. — Il ne faut pas confondre l'équilibre purement physique, avec l'équilibre hippique.

Certains auteurs hippiques conservent encore cette opinion quelque peu surannée, que les êtres animés ne sauraient être assimilés aux machines créées par le génie de l'homme, par la raison spécieuse que leur organisation fonctionne sous l'action d'un principe mystérieux (la vie), lequel est réfractaire aux moyens d'investigation de la science.

Ce dernier reflet d'une doctrine qui admettait l'existence d'une force particulière à chaque mouvement nécessaire à la vie, de propriétés spéciales aux tissus organiques, qui deviennent la cause de tous les actes vitaux, comme les lois de la physique sont celles des phénomènes des corps bruts, du *vitalisme* en un mot, me paraît, lui aussi, avoir fait son temps ; car les découvertes physico-chimiques, les expérimentations de nos modernes physiologistes-mécaniciens sur les animaux vivants, démontrent toute l'inanité de faits qui s'appuient sur d'aussi étranges théories.

Je ne m'arrêterai donc pas à combattre ce système, il est vrai fort commode pour un homme de cheval, toujours mal à l'aise sur le terrain des discussions scientifiques, et je me contenterai de lui opposer quelques vérités absolument indéniables, renvoyant le lecteur aux traités spéciaux sur ces intéressantes matières, au premier rang desquels il faut placer les remarquables travaux de M. E.-J. *Marey*, professeur au collége de France.

Afin qu'il ne puisse y avoir aucun malentendu sur la valeur qu'il convient d'attribuer à certaines expressions dont je me servirai dans le courant de cette étude sommaire, je commencerai par quelques définitions.

Il y a, dans la nature, deux éléments essentiels qui ne sauraient être ni créés ni détruits : la *matière* et la *force*.

En philosophie, on appelle *matière* tout ce qui est susceptible de frapper nos sens ; mais les sciences physiques ne donnent pas la même acception à ce mot.

En physique, le mot *matière* s'emploie pour exprimer tout ce qui peut changer d'état sous l'influence d'une puissance inconnue appelée *force*.

230 DEUXIÈME PARTIE.

La matière est multiple, la force est une. Les récentes découvertes de la science tendent, en effet, à prouver que, ce que l'on considérait naguère encore comme des forces distinctes : la lumière, la chaleur, l'électricité, le magnétisme, l'attraction, la contraction musculaire, ne sont en réalité que les différentes manifestations d'un seul et même principe : la force. On peut donc appeler force, tout ce qui produit ou modifie le mouvement.

Les diverses sciences s'occupent des relations de la force avec la matière ; en particulier la *mécanique* étudie spécialement celles qui ont trait à leur position ou à leur déplacement dans l'espace, en faisant intervenir la notion du temps.

Un corps, agrégat de matière, est en *mouvement*, quand il occupe successivement différentes positions dans l'espace ; ce mouvement ne peut d'ailleurs avoir lieu que sous l'influence d'une force.

La vitesse du corps en mouvement est le rapport de l'espace parcouru au temps employé pour le parcourir (1).

Les lois de la mécanique rationnelle, établies *indépendamment de la nature des corps*, doivent servir de base à l'étude de l'organisme animal considéré comme machine.

Le mouvement ne peut donc se produire dans la machine animale, comme dans toute autre machine du reste, que sous l'action de la force ; et cette force (je fais abs-

---

(1) Cette définition n'est exacte que pour le mouvement *uniforme* qui caractérise les allures du cheval, c'est-à-dire celui où les espaces parcourus dans le même temps, quel qu'il soit, sont égaux : pour être rigoureux, il faudrait faire intervenir la notion des *infiniment petits*.

traction du moteur) se manifeste sous deux formes différentes : la *contraction musculaire* et *le poids*. C'est de la combinaison de ces deux effets, qui ne peuvent exister l'un sans l'autre, que résulte le mouvement. C'est également d'une combinaison de ces deux mêmes effets que naît l'immobilité dans l'état de station.

Tout système de force appliqué à un corps symétrique peut être remplacé par une *résultante*, et cette résultante existe même dans le cas où il n'y aurait aucun procédé mathématique pour en déterminer les éléments. Il n'y a qu'une seule exception à cette règle, et elle ne se rencontre pas dans la machine animale.

On nomme *centre des forces*, le point d'application de la résultante.

La machine animale fonctionnant sous deux systèmes de forces distincts, chacun de ces deux systèmes aura sa résultante ; mais l'une et l'autre agissant sur l'ensemble de la masse, leur point d'application sera nécessairement *commun*.

En effet, les forces musculaires dont la direction est absolument symétrique, se traduisent par un effort d'ensemble sur toutes les molécules de la masse qu'elles poussent ou entraînent dans une direction donnée, constituant ainsi un système de forces parallèles au même titre que la pesanteur et la force centrifuge. En agissant simultanément sur le même corps, les résultantes des deux systèmes ont nécessairement le même point d'application ; et comme elles se trouvent, par suite, dans le même plan, elles pourront être remplacées par une force unique qui sera la *résultante générale des forces*.

Les deux centres se confondent donc, et sont indissolublement liés ; d'où il résulte qu'en mécanique animale, les expressions : *centre de gravité* et *centre des forces* sont synonymes.

Dans l'état de station immobile que représente la fig. 1.

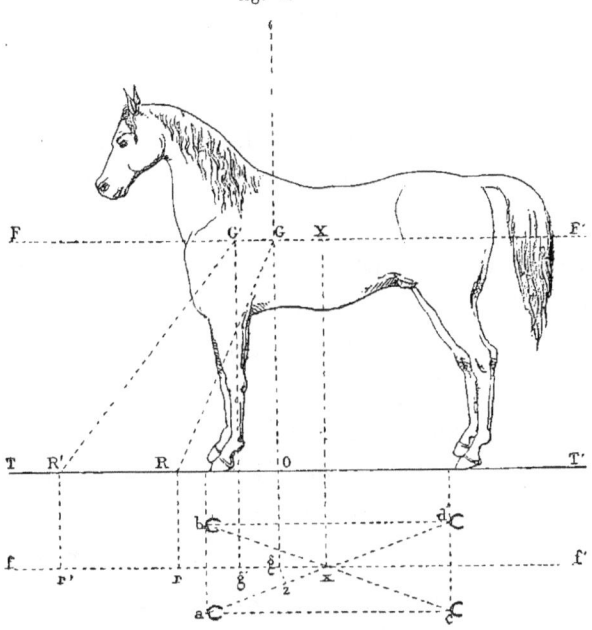

figure 1 (1), les forces musculaires ont pour effet de maintenir le centre de gravité G de l'animal à sa hauteur convenable au-dessus du sol. Leur résultante est donc une force égale et de sens contraire au poids et appliquée en G. Dans cette position il y a *équilibre statique;* les seuls éléments qui interviennent sont le poids et la contraction musculaire ; il ne faut pas le confondre avec l'équilibre de l'animal en mouvement ou équilibre *dyna-*

---

(1) Cette figure très-imparfaite donne le profil d'un cheval projeté sur un plan vertical ; on y a ajouté la représentation de la base de sustentation sur un plan horizontal.

mique, où la vitesse de translation entrée en ligne de compte, ni avec l'équilibre*physiologique*, qui est le rapport entre la force musculaire et le poids, et dont il sera question plus loin.

Ici, comme pour un corps quelconque, la projection verticale du centre de gravité est à l'intérieur de la base de sustentation abcd.

Je suppose maintenant le cheval en mouvement et l'horizontale GF représentant la direction *moyenne* de ce mouvement.

En faisant ainsi suivre au centre de gravité une ligne droite parallèle au sol, je fais, à la vérité, une hypothèse qui n'est pas en concordance avec ce qui se passe réellement ; mais je puis le faire sans inconvénient, les oscillations du centre de gravité de l'animal étant parfaitement isochrones ou périodiques, ce qui me permet d'adopter *une direction moyenne ;* soit FF' cette direction. Dans le cas du cheval de trait, cette direction est aussi celle de la résultante des résistances des véhicules ; mais le but de cette étude ne comporte pas l'examen du cheval de trait ; nous ne tiendrons donc pas compte de ces résistances.

Le poids de l'animal dirigé suivant GO se compose avec la vitesse de marche FF', et la résultante du système est dirigée, par exemple, suivant GR, R étant le point où elle rencontre le sol. A mesure que la vitesse s'accélère, la résultante GR s'incline davantage sur la ligne de terre (soit G'R'); le point R (ou R') s'éloigne du point O.

Tant que la ligne GR, — que l'on peut considérer comme une inflexion ou projection oblique de la ligne de gravitation GO, sous l'influence de la vitesse et par conséquent des forces musculaires qui la produisent, — ne sortira pas d'un espace de terrain pouvant être, sans effort, embrassé par les membres antérieurs, ce ne sera, chez le cheval, qu'une allure lente, qui pourra être interrompue brusquement, sans qu'il survienne de chute (1); d'ailleurs, à l'état même de station, tout déplacement volontaire d'une portion du corps, sans changer la base d'appui, produira le même effet de stabilité, tant que la projection verticale ou oblique du centre de gravité ne sortira pas de cette base.

Mais si cette ligne sort le moins du monde du terrain circonscrit par les pieds de l'animal, et si, pour une cause quelconque, celui-ci ne peut l'y ramener par un effort musculaire en s'aidant d'un de ses membres pour étayer sa masse, la chute est devenue fatale : *rupture de l'équilibre physique*.

Lorsque le cheval veut entamer la marche, il n'attend pas que la résultante générale de ses forces soit sortie de la base, pour lever un de ses membres : il le fait immédiatement ou à peu de chose près. Or, au moment où le membre b, par exemple, quitte le sol, la base se réduit à un triangle adc, d'où déjà la ligne de gravitation (GO projetée en g) est sortie (Voir fig. 1). De là la nécessité pour l'animal de porter rapidement son membre en avant, afin de l'étayer, et d'autant plus rapidement que, en raison de l'intensité de l'effort et de la vitesse acquise, le centre des forces G' (g') se trouvera plus éloigné de son point de départ G (g).

---

(1) Il ne faut pas oublier que la base de sustentation n'est quadrangulaire qu'à l'état de station.

On a longtemps supposé à tort que, dans la station, le centre de gravité du cheval se trouve sur l'intersection de deux plans perpendiculaires passant par les bipèdes diagonaux, ce qui aurait pour conséquence de le projeter au point x. De nombreuses expériences faites par des hommes d'une compétence indiscutable (1) ont fait justice de cette théorie erronée de *Borelli* (2), en démontrant, par des pesées, que, quelque position que l'on donne à la tête et à l'encolure, les membres antérieurs du cheval, à l'état de station, supportent une surcharge naturelle d'environ *un neuvième* du poids total.

La surcharge de l'avant-main augmente nécessairement dans une proportion relativement importante, à mesure que le mouvement progressif se produit et surtout s'accélère (3).

Les mêmes expériences ont prouvé que, dans la station, les *deux tiers* du poids d'un cavalier placé dans une position académique portent sur l'avant-main, ce qui vient encore augmenter l'excédant de poids supporté par les membres antérieurs.

Des démonstrations et des observations qui précèdent, on peut facilement déduire *l'importance du rôle que joue le poids du cavalier dans tous les déplacements de la masse*, ainsi que dans le passage du mouvement à l'immobilité, même en négligeant de faire entrer en ligne de compte la qualité de *levier* qu'exerce le corps de l'homme, sui-

---

(1) MM. le général *Morris*, *Baucher*, *Bellanger* et d'autres encore.
(2) *De motu animalium*.
(3) L'attitude de la tête et de l'encolure influe également sur le degré d'accélération de l'allure.

vant les attitudes qu'il lui convient de prendre. On voit aussi, en remarquant le point g où la ligne de gravitation rencontre le sol, pourquoi le *reculer* ou mouvement rétrograde, — même en faisant abstraction de la direction des rayons du mécanisme tout au profit du mouvement progressif, — est beaucoup plus pénible au cheval que ce dernier mouvement, et particulièrement si l'animal supporte le poids d'un cavalier.

En effet, la fig. 1 fait voir que, lorsque le cheval lève, je suppose, son membre postérieur c, rien ne l'oblige à le porter en arrière pour s'étayer, la ligne de gravitation GO (g) ne cessant pas de passer par la base d'appui réduite au triangle abd. On conçoit qu'il faut que l'animal fasse un effort musculaire d'autant plus considérable, que les côtés bd et ac du rectangle abcd seront plus grands relativement aux côtés ab et dc, c'est-à-dire que le cheval sera plus long (ou moins rassemblé); et l'on voit aussi immédiatement pourquoi tous les chevaux imparfaitement dressés font des difficultés pour reculer *droit*, le point g (projection du centre de gravité) ayant bien moins de chemin à faire pour sortir de la base de sustentation, en suivant le côté gz (chemin le plus court) du rectangle gxz, que l'hypoténuse gx (chemin le plus long).

On voit également comment la rupture de l'équilibre aura pour conséquence la chute du cheval, dans toutes les circonstances où ce dernier, par un effort musculaire secondé et quelquefois provoqué par l'action des aides, ne parvient pas à ramener son centre de gravité dans la région normale d'où il a été brusquement arraché.

Enfin, on comprend aisément combien il est dangereux de descendre une pente rapide, à une allure accélérée, sur un cheval qui n'a pas la souplesse voulue pour engager ses membres postérieurs assez avant sous la masse, ce qui met le cavalier dans l'impossibilité de provoquer un reflux de poids suffisant sur l'arrière-main.

Jusqu'ici, pour la clarté de mes démonstrations, j'ai dû constamment supposer le cheval dans des conditions de pondération et dynamiques absolument *régulières*. On conçoit qu'une répartition anormale des forces de l'animal, occasionnée par un vice de construction, par l'état douloureux de certaines parties de l'organisme, par de mauvaises habitudes contractées sous l'influence d'une direction inintelligente, doit modifier et même altérer quelquefois le jeu naturel de ses ressorts et fournir ainsi des points d'appui à de nombreuses résistances.

Le centre de gravité autour duquel viennent se grouper en quelque sorte les différents éléments de la locomotion, ainsi que je crois l'avoir clairement démontré (p. 234), peut donc se transformer en un foyer d'opposition aux aides.

Si ce point, par suite d'une distribution défectueuse des forces, est trop *en arrière* de sa position normale, il est aisé de voir que le cheval aura des facilités pour *se retenir;* car il n'aura que bien peu d'efforts à faire pour amener son centre de gravité au centre de machine, ce qui, l'élargissement de la base de sustentation aidant, (l'animal se *campant* généralement dans ce cas), produira momentanément une immobilité dont il peut tirer parti pour se livrer à toutes sortes de défenses sur place.

Si, au contraire, le centre de locomotion est trop *en-*

avant et si, avec cela, la base d'appui est trop allongée, c'est l'amélioration insolite de la vitesse, la difficulté pour ralentir et pour arrêter, tout ce qui peut favoriser enfin le défaut de gagner à la main et de s'emporter, qui résultera de cette anomalie.

Mais ce qui facilite surtout les résistances du cheval et particulièrement ses défenses sur place, c'est que non-seulement le centre des forces n'est pas à sa place, mais qu'il n'est généralement plus situé dans le plan médian (plan de symétrie) du cheval, c'est-à-dire qu'il se trouve presque toujours *en dehors de la direction que le cavalier se propose de suivre*. Or on sait que le déplacement d'un corps mû par une force quelconque (simple ou composée) *est d'autant plus retardé dans son mouvement, que son centre de gravité est plus éloigné* (*plus en dehors*) *de la direction à suivre;* de là la résistance que rencontrent les jambes du cavalier pour obtenir le mouvement en avant. Toute la théorie de L'ACCULEMENT (voir p. 31) est renfermée dans ces quelques lignes.

Il y a d'autres déductions pratiques à faire de cet examen sommaire des lois fondamentales de la mécanique animale ; j'ai cru devoir les placer dans les différents articles de la première partie de ce livre et tout particulièrement dans le chapitre intitulé : *De quelques accidents qui peuvent résulter de la rupture de l'équilibre* (p. 155), afin de ne pas élargir outre mesure le cadre de cette petite étude analytique.

Force centrifuge. Je ne dois toutefois pas passer sous silence un *troisième* élément qui, dans la locomotion, vient très-souvent se mêler aux combinaisons de forces d'où résultent les différents mouvements imprimés à la masse du cheval, mais sans modifier les règles que j'ai posées ni les conclusions que j'en ai tirées.

Il n'a été question, jusqu'ici, que du mouvement *rectiligne*, soit progressif, soit rétrograde; dans le mouvement *curviligne*, la *force centrifuge* vient se mettre de la partie.

Avant de parler des effets de cette force, voyons ce qui se passe, lorsqu'un corps en équilibre stable affecte une direction inclinée relativement au plan horizontal qui le supporte.

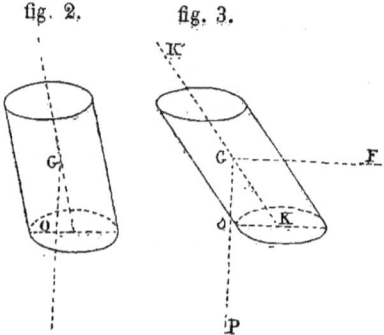

fig. 2.   fig. 3.

Supposons un cylindre oblique placé sur un plan horizontal (fig. 2). Si la verticale GO abaissée de son centre de gravité G, tombe en dedans de la base du cylindre, celui-ci reste en équilibre; mais pour peu qu'elle tombe en dehors, comme dans la fig. 3, le cylindre ne pourra se soutenir, à moins que l'on n'applique au point G une force F (suivant l'horizontale GF, par exemple), susceptible de faire équilibre au poids P, figuré en direction et en intensité par la ligne GO.

L'axe GK, qui n'est autre chose que la résultante des deux forces ainsi opposées, peut être considéré comme un bras de levier dont le point d'appui serait au point K. L'angle OGK se rapprochant de 45° à mesure que l'obliquité du cylindre est plus prononcée,—ce qui augmente proportionnellement l'intensité de la force P,—l'intensité de la résistance F devra suivre la même progression pour que le cylindre puisse se soutenir; et *vice versâ*, si la force F grandit, *l'obliquité de l'axe du cylindre devra augmenter proportionnellement.*

Substituons maintenant la masse d'un cheval à ce cylindre : comme conséquence du principe ci-dessus, on verra que, si une force appliquée au centre de gravité tend à l'attirer, je suppose, de gauche à droite, l'équilibre du cheval pourra se maintenir en inclinant la masse dans un sens opposé, c'est-à-dire de droite à gauche, à mesure que cette force se développera et tant qu'elle ne dépassera pas en intensité le maximum de résistance que pourra opposer le poids du cheval, les membres conservant leur appui sur le sol.

fig. 4.

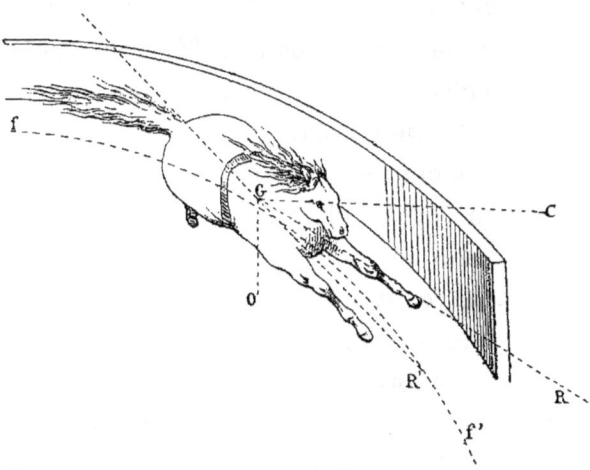

Lorsqu'un cheval se meut suivant une courbe, son centre de gravité est sollicité par une force, normale à la courbe (*la force centrifuge*), dirigée dans le sens opposé à la position du centre de courbure et d'une intensité directement proportionnelle au carré de la vitesse et inversement proportionnelle au rayon de courbure. La résultante générale des forces, d'où se déduit l'équilibre dynamique, a donc pour composantes le poids de l'animal, la direction du mouvement et la force centrifuge ; ou, ce qui revient au même, elle se compose de la résultante des forces dans la marche en alignement droit et de la force centrifuge ; c'est-à-dire enfin, que la ligne de gravitation que nous avons vue inclinée vers l'avant pendant la marche directe, se trouve de plus déviée *vers l'extérieur* de la courbe (suivant GK′, fig. 4), dans la marche curviligne.

Il arrive alors que, pour rétablir la répartition de la charge sur les membres qui posent à terre, c'est-à-dire pour ramener dans son plan de symétrie le point où la résultante générale des forces rencontre la base d'appui, le cheval incline son corps *vers l'intérieur* de la courbe, et *il l'incline d'autant plus que son allure est plus rapide et qu'il doit tourner plus court.*

La même conclusion s'applique au cavalier qui, lui, est naturellement dans l'obligation, sous peine de *séparation*, de se maintenir incessamment dans le même degré d'obliquité, et c'est uniquement pour démontrer cette vérité, que j'ai analysé le mouvement progressif sous l'influence de la force centrifuge.

On voit donc que, si le rôle que joue le poids du cavalier dans les déplacements de l'ensemble de la masse doit être pris sérieusement en considération, lorsqu'il s'agit de mouvements purement rectilignes, il mérite de l'être, *à fortiori*, dans les déplacements suivant des lignes courbes, et l'on est en droit de s'étonner que la plupart de nos théories d'équitation continuent à être muettes à l'endroit d'un agent de conduite aussi essentiel, que nos maîtres du siècle dernier, les *Bourgelat*, les *Mothin de la Balme*, les *Dupaty de Clam*, n'ont eu garde de méconnaître.

Ces théories disent bien toutes que le cavalier peut augmenter la vitesse, en portant le corps en avant, et qu'il contribuera à ralentir l'allure, en portant le corps en arrière ; mais c'est tout, et l'on conviendra avec moi que ce n'est vraiment pas assez. C'est, en somme, tout ce que j'ai voulu prouver.

On m'objectera sans doute que l'organisme animal, organisme complexe s'il en fut, ne se prête guère aux mesures exactes, et que la détermination *mathématique* de rapports numériques entre les différents phénomènes de la vie de relation n'est pas possible : d'accord ; mais je répondrai que, si les connaissances physiologiques n'ont pas encore atteint ce degré de perfection, on ne doit pas en conclure qu'elles ne l'atteindront jamais, et que ce n'est pas, en tous cas, une raison suffisante pour nier l'existence de ces rapports qui, selon moi, sautent aux yeux de l'observateur, et que le simple bon sens semble d'ailleurs affirmer.

Il doit, au surplus, être bien entendu que je ne prétends indiquer, dans ma théorie, que le *sens* suivant lequel, selon moi, le phénomène de la combinaison des forces se produit dans l'organisme ; je n'y attache aucune idée de précision mathématique, et les investigations de la science n'ont pas, que je sache, produit jusqu'à ce jour des faits susceptibles d'infirmer ce que j'ai avancé.

Passons maintenant à un autre ordre d'idées.

Parmi les éléments dont je viens d'ébaucher les principales lois et dont les combinaisons diverses produisent les phénomènes de la locomotion (1), un seul reste à l'état *d'inconnue* : la force musculaire, du moins en tant que *quantité;* car elle dépend évidemment des déplacements insaisissables du centre de gravité, le travail moteur dépensé étant toujours égal au travail résistant et le poids du cheval restant constamment le même.

Il est, en effet, dans l'état actuel de la science, impossible de déterminer numériquement l'intensité de la force déployée par l'animal dans un moment donné. Mais si, par un miracle de conception, l'on arrivait à résoudre ce problème, soit par l'application d'un appareil enregistreur susceptible de donner, avec une exactitude mathématique, les variations de position du centre de gravité pendant l'unité de temps à une vitesse uniforme, soit par tout autre moyen, nul doute que l'équilibre hippique ne pût trouver sa solution dans une formule. Mais à quoi cela nous avancerait-il dans la pratique de l'équitation? absolument à rien, assurément; inutile, je pense, de chercher à le démontrer.

Il faut donc trouver l'équilibre *hippique* autrement et ailleurs que dans ces spéculations purement mathéma-

---

(1) Comme je ne prétends pas écrire un traité de locomotion, je passe sous silence l'analyse des différentes allures du cheval, renvoyant le lecteur désireux de se faire une opinion dans cette question si intéressante et en même temps si controversée, aux livres spéciaux et tout particulièrement aux savants ouvrages de M. le professeur *Marey*, ainsi qu'aux traités de locomotion de MM. *Raabe, Merche, Richard* et *Lecocq*.

tiques, quand ce ne serait que pour nous entendre définitivement sur la valeur de cette expression en équitation, expression dont on a tant usé et abusé, et la physiologie, je crois, va nous en fournir le moyen.

III. CONSIDÉRATIONS PHYSIOLOGIQUES.

> « C'est l'intelligence qui veut le mouvement
> « et le genre de mouvement : mais l'*équilibre*,
> « c'est l'*harmonie* de tous les efforts partiels
> « qui amènent un mouvement régulier et d'en-
> « semble ; cet équilibre dépend d'un organe par-
> « ticulier, du *cervelet,* et cet organe est indé-
> « pendant de l'intelligence. » P. FLOURENS,
> *De l'instinct et de l'intelligence des ani-*
> *maux.*

DE L'ÉQUILIBRE HIPPIQUE.

L'équilibre est la loi universelle du mouvement des êtres animés. — L'équilibre naturel est instinctif. — Le cheval en liberté.— Le poids du cavalier détruit l'harmonie des forces. — Le dressage a pour but de rétablir l'harmonie détruite. — Le jeune cheval ne *sait* pas obéir et il ne *peut* pas obéir. — Tout mouvement du cheval dépend d'une disposition particulière et préliminaire des rayons de son organisme.— Position.— Action.— Ce n'est que par la position et par le degré d'action que l'on peut se faire comprendre du cheval. — L'instinct pousse le cheval monté à rétablir de lui-même son équilibre. — La légèreté du cheval donne la mesure de son équilibre. — L'équilibre mécanique ne donne que la *solidité;* l'équilibre hippique donne de plus la *légèreté*.

Tout ce qui est matière dans la nature et tout ce qui se meut est soumis aux lois physiques (1) que j'ai rappelées

---

(1) J'ai dit, page 228 et suivantes, sur quoi s'appuie cette proposition en opposition avec les théories du vitalisme, qui comptent encore quelques partisans parmi nos hippiatres modernes.

dans le chapitre précédent et que j'invoquerai plus d'une fois pour la justification des principes d'équitation pratique que j'ai cru devoir poser. On peut donc dire que l'équilibre est la loi universelle du mouvement hippique.

Mais, de ce que un cheval peut se mouvoir avec une certaine régularité sans tomber, s'ensuit-il qu'il soit en équilibre conformément à l'acception que l'on donne à ce mot en hippologie? Evidemment non : il y a un autre principe absolument réfractaire aux formules ordinaires de la science, qui entre dans la composition de l'équilibre hippique et qui distingue ce dernier des combinaisons de forces d'où résulte l'équilibre purement mécanique. Ce principe, dont le premier, je crois, j'ai affirmé l'importance et qui, depuis bientôt vingt ans, paraît avoir fait son chemin, puisqu'il a obtenu droit de cité dans tous les ouvrages sérieux qui ont paru sur la matière (1), ce principe, dis-je, se dégage d'une manière saisissante, selon moi, d'un exemple dont je me suis déjà servi (2) et que je reproduirai encore plus loin, parce que je n'en puis trouver un autre rendant aussi complétement ma pensée.

Les écuyers et les hippologues de tous les temps ont

---

(1) Sans attacher à cette priorité plus d'importance qu'elle n'en mérite, je ne crois pas moins devoir l'affirmer en passant, afin qu'il soit bien établi que l'idée que je vais développer et sur laquelle roule toute ma théorie, n'a été empruntée à aucun des nombreux et modernes ouvrages qui parlent de ce principe comme d'une *vérité* reconnue. Parmi ces ouvrages se trouvent les dernières éditions des œuvres de *Baucher*, qui ont paru *après* mon *Manuel d'équitation*.

(2) *Mémoire sur le dressage et la conduite du cheval de guerre*

parfaitement compris qu'il ne suffisait pas de mettre le cheval *entre la main et les jambes*, pour en tirer tout le parti désirable, mais qu'il fallait en outre le rendre aussi *léger* que possible, dans l'intérêt de la conservation de son précieux organisme et aussi pour lui rendre l'obéissance toujours aisée. Cette légèreté parfaite est en outre la source des plus pures jouissances du véritable homme de cheval.

Vers la fin du dernier siècle seulement, quelques hommes, considérables par le savoir (1), ont attribué la cause de cette légèreté à *l'équilibre*, et ils ont posé ce principe absolu, que *le dressage du cheval doit avoir l'équilibre pour but*. Malheureusement ces habiles praticiens se sont bornés à affirmer la vérité de cette proposition, sans entrer dans des développements suffisants pour en faire comprendre toute l'importance, qu'ils avaient si bien comprise eux-mêmes.

Depuis une trentaine d'années et plus, tous les auteurs hippiques ont cherché, avec une louable ardeur, à combler cette lacune; mais leurs démonstrations, parfois obscures et généralement contradictoires, n'ont point permis de tirer de leurs travaux des règles bien précises pour la conduite du cheval. En cherchant à me reconnaître au milieu de ce chaos d'idées, de principes, de procédés divers, j'ai cru m'apercevoir que les divergences d'opinions tenaient surtout au défaut de *base* dans les différents systèmes qui, manquant ainsi du point d'appui nécessaire, ne pouvaient que se débattre dans le vide.

---

(1) *Bourgelat, Hünersdorf* et *Dupaty de Clam.*

Je me suis donc préoccupé de trouver cet indispensable point d'appui, persuadé qu'il servirait à nous mettre d'accord, et je crois l'avoir découvert dans la nature même du cheval.

En effet, observez un jeune cheval en liberté : comme tous ses mouvements sont souples et aisés, comme il est gracieux et *léger!* Quelle peut être la mystérieuse puissance qui préside à une aussi étonnante mobilité? Ne serait-ce pas l'idéal rêvé, que de retrouver, sous le cavalier, jointe à une obéissance parfaite aux aides, cette élégance sans rivale, cette merveilleuse adresse?

Pour nous rendre compte de ce curieux phénomène, il faut d'abord nous rappeler le rôle que les puissances à l'aide desquelles fonctionne la machine animale remplissent forcément dans tous les déplacements du cheval; car, je le répète, il est absolument inadmissible, — et j'insiste sur ce point, — que, dans les êtres vivants, la force et la matière cessent d'être soumises aux lois qui les régissent dans les objets inanimés.

Nous avons vu, au chapitre précédent, que toutes les forces qui concourent au déplacement de la masse ou de son maintien dans l'immobilité, qu'elles soient puissance ou résistance (ne pas oublier que le poids est une force) et de l'harmonie desquelles dépend évidemment l'harmonie des mouvements, *que toutes ces forces ont un centre commun*, qui est leur foyer.

Du rapport exact, mais éminemment variable, entre la force et la matière, et qui préside ainsi à la régularité et à la précision de chaque mouvement, dépend évidemment la *place* non moins variable que le foyer locomoteur occupe dans l'organisme. La nature l'a ainsi voulu, et elle a, de plus, placé les oscillations de ce centre du mouvement sous la dépendance absolue de l'instinct de l'animal.

On peut donc dire que le cheval entretient, sans qu'il en ait conscience et sans qu'il puisse se soustraire à cette obligation, l'accord parfait dans toutes ses forces, toutes les fois qu'une cause étrangère au fonctionnement de son organisme n'y met pas obstacle. En d'autres termes : *l'équilibre naturel de l'animal est instinctif.*

Observons maintenant le jeune cheval, que nous admirions tantôt, soutenant fièrement la tête, portant la queue au niveau du rein ; ce jeune cheval dont tous les mouvements respiraient en quelque sorte l'harmonie ; qui se mouvait avec une facilité et une élégance extrêmes, sans avoir été jamais soumis à un exercice gymnastique quelconque ; observons-le lorsque, pour la première fois, on lui impose le poids d'un cavalier : une révolution complète semble se produire dans tout son être ; toutes ses brillantes facultés s'évanouissent et c'est à peine s'il obéit aux moindres exigences de celui qui le monte ! A quoi ce nouveau phénomène peut-il bien tenir ? Il ne faut pas un effort d'imagination bien grand pour comprendre que c'est le poids du cavalier seul qui le produit, en détruisant l'harmonie naturelle des forces, source unique de toute aisance dans les mouvements.

En effet, il n'y a pas seulement augmentation du poids de la masse, — ce qui eut largement suffi pour rompre l'équilibre naturel, en changeant la position relative du centre de locomotion, — mais cette surcharge insolite a, de plus, occasionné une foule de contractions toujours hors de proportion avec la charge imposée, variable avec le sujet du reste, et qui ont achevé de porter le désarroi dans l'organisme.

Ainsi, dans un cheval dont l'équilibre naturel est rompu, le centre des forces, le foyer locomoteur *a cessé d'être dans une position normale*. Le dressage a naturellement pour but de faire disparaître cette irrégularité, et la première partie de ce livre, qui s'occupe des chevaux difficiles à dresser, n'est qu'une application rigoureuse de ce principe.

Il découle de tout ce qui vient d'être dit, qu'un dressage vraiment *rationnel* doit rétablir l'harmonie dans la machine animale; replacer cette machine, autant que possible, dans les conditions relatives de pondération et de mouvement où elle se trouvait lorsque l'instinct du cheval présidait seul à ses déplacements, avant d'exiger de l'animal des tours de force qui ne peuvent s'obtenir de lui qu'en perfectionnant en quelque sorte sa nature.

PRINCIPES D'ÉQUITATION DÉDUITS DE L'ÉQUILIBRE HIPPIQUE.

De la position.

De la définition que j'ai donnée de l'équilibre *naturel*, on peut déduire que deux raisons empêchent le cheval entièrement neuf de répondre aux exigences de son cavalier, lorsque celui-ci le monte sans l'avoir d'abord soumis à un exercice préparatoire : le cheval *ne sait pas obéir* et il *ne peut pas obéir*.

L'obéissance passive à l'action des aides du cavalier

étant en définitive le but que se propose tout dressage, il faut nécessairement, d'une part, chercher à se faire comprendre du cheval et, d'une autre, mettre l'animal en état de répondre à ce qu'on lui demande.

Le cheval *ne sait pas obéir*, parce que le langage des aides dont le cavalier se servira pour se faire comprendre, lui est encore entièrement inconnu, et il *ne peut pas obéir*, parce que son équilibre naturel, source de toute aisance dans la production de ses mouvements, est détruit.

Tout mouvement du cheval dépend évidemment d'une disposition particulière et préliminaire de la machine, suscitée par l'instinct, à l'animal en liberté; c'est une exigence de la nature qu'il est forcé de satisfaire. Cette disposition du mécanisme, la seule naturellement d'où puisse résulter un mouvement demandé, lui est *imposée* par le cavalier, lorsque le cheval est monté. *Ce ne sera donc que par la direction donnée aux divers rayons de la machine animale, qu'on pourra se faire comprendre.* L'obéissance obtenue dans ces conditions peut d'ailleurs se définir ainsi : le cavalier oppose aux forces du cheval, par le moyen de ses aides, une barrière sur toutes les directions qu'il ne veut pas qu'elles prennent, ne laissant libre que celle qu'il désire qu'elles suivent ; *instinctivement, l'animal leur fera prendre cette direction.*

Ainsi la *position* est donnée au mécanisme par l'intermédiaire des aides; le mouvement demandé en est la conséquence naturelle (1). Les aides, de quelque nature

---

(1) Cette vérité, pressentie par nos anciens maîtres, a été formulée en principe par *F. Baucher*.

qu'elles soient et quoi qu'on en ai dit, sont et seront toujours une menace de douleur (1); mais cette douleur, constamment *proportionnée à la résistance*, sera nulle toutes les fois que le cheval obéira. Il faut donc, avant tout, apprendre à l'animal à céder à l'action isolée et particulière de chaque aide ; rendre cette obéissance prompte et facile par l'exercice, et en profiter ensuite pour imposer au cheval, en combinant l'action des aides, les positions d'où devront résulter les différents mouvements. Le nombre de ces positions étant fort limité, ainsi que je le prouverai plus loin, le cavalier ne tardera pas à obtenir de sa monture une entière soumission (surtout si les moyens employés pour le placer, *ne nuisent en rien à son équilibre naturel*), lorsque ses diverses articulations auront acquis le degré de souplesse nécessaire pour que les translations de forces puissent se faire instantanément.

Ainsi, *l'instinct poussera le cheval monté à rétablir de lui-même son équilibre,* si la souplesse de ses articulations lui permet de donner sans effort la direction voulue à son organisme, de manière à seconder les fluctuations du poids, et surtout si l'effet des aides ne provoque aucune contraction susceptible de s'y opposer. De là il résulte :

1° La nécessité d'apprendre au cheval à céder à la moindre sollicitation des aides, ce qui préviendra toutes les contractions anormales ;

2° Le besoin d'assouplir les articulations par un exercice gymnastique et fortifiant ;

---

(1) Il ne s'agit ici, bien entendu, que de la main et des jambes.

3° L'obligation absolue pour le cavalier (ou tout au moins pour l'instructeur) de connaître les principales lois auxquelles est soumise la machine animale, afin que les agents dont il se servira pour la diriger deviennent réellement des *aides*, et non pas des moyens de contrainte s'opposant au développement des plus brillantes qualités du cheval et provoquant son usure prématurée. Cette dernière condition est certainement la plus indispensable, et c'est celle qu'on rencontre le plus rarement chez la majorité des cavaliers qui ne craignent point d'entreprendre le dressage d'un cheval.

De l'action.

En analysant les éléments de la locomotion, je n'ai parlé que du fonctionnement de la machine *matériellement parlant*, omettant à dessein le *moteur*. Le moment est venu de nous en occuper.

Le principe insaisissable, inconnu dans son essence, qui met en mouvement les divers rouages du mécanisme, *l'action*, est la puissance par excellence dont dispose le cavalier pour tirer parti du cheval. Cet agent est à la machine animale ce que la vapeur est à la locomotive. Le cavalier doit savoir contenir l'action et en régler la dépense; il doit aussi savoir la réveiller lorsqu'elle est devenue insuffisante à produire le résultat désiré.

Si, ainsi qu'on l'a vu précédemment, chaque mouvement du cheval réclame une disposition préliminaire de ses rayons, une *position* particulière, chacun de ces mouvements réclamera, non moins impérieusement, une quantité déterminée d'action, suivant l'allure à laquelle il devra être exécuté ou suivant le degré de vivacité qu'y réclamera le cavalier. Il faut donc, pour être toujours compris et, par suite, toujours obéi du cheval, non-seulement disposer convenablement le mécanisme avant de le faire fonctionner, mais encore *n'employer l'action que dans les proportions exigées pour atteindre le but qu'on se propose.*

Toute la conduite du cheval se résume dans l'observation de ces deux principes qui, par cela même, sont la base et en quelque sorte la clef du dressage rationnel. Quoique je les aie développés avec soin dans mon *Manuel*, leur importance est telle que, au risque de me répéter, je vais encore donner ici quelques exemples pour la faire mieux ressortir.

Pour *disposer* un cheval à partir au galop,—sur le pied droit, je suppose,— il faut nécessairement le placer de manière que ce galop résulte de la position préliminaire imposée à la machine. Cette position est invariable quel que soit le sujet; toutefois elle est plus ou moins accentuée, suivant les moyens de l'animal, et aussi, suivant son degré d'instruction. Mais la *position* seule ne suffit pas pour provoquer le départ au galop; il faut encore une certaine dose *d'action* sans laquelle le cheval ne s'enlèvera pas. Or il faut que le cavalier sente si l'action que l'animal se dispose à employer est suffisante, ou s'il doit la réveiller au moyen de ses aides. Dans le premier cas, il permet au moteur de se développer, de s'échapper en quelque sorte de la chaudière, au degré voulu pour la production de l'allure ou du mouvement, *en rendant* plus ou moins la main; dans l'autre, qui est le plus ordinaire, il stimule le cheval en raison de son plus ou moins d'impressionnabilité, afin de porter son action au degré convenable. Dans l'un et l'autre cas, la main reste chargée de régulariser le développement du moteur.

Autre exemple : Dans la disposition préparatoire pour le départ au trot, le cheval doit être placé *carré des épaules et des hanches;* plus d'un cheval d'action se refusera obstinément à trotter, si son cavalier manque du tact voulu pour lui imposer cette position. Mais, dans l'allure du pas, le cheval est également carré des épaules et des hanches : qu'est-ce qui lui indiquera que c'est l'une ou l'autre de ces deux allures qu'il doit prendre, si ce n'est le degré d'action dont le cavalier lui laissera la disposition ou qu'il lui communiquera par l'intermédiaire des aides?

Les aides du cavalier sont donc en même temps aides d'action et aides de position; c'est-à-dire que, tout en disposant le mécanisme dans le sens du mouvement à obtenir, elles provoquent et entretiennent l'action voulue.

Il n'y a pas un mouvement, pas un changement d'allure, auquel on ne puisse appliquer les observations que je viens de faire; on ne saurait donc nier l'importance des principes qui en découlent et que *c'est par leur rigoureuse application seule qu'on arrive à se faire comprendre du cheval.*

Faisons une application de ces deux principes.

Nous avons vu que chaque allure et chaque mouvement nécessitent impérieusement un *minimum* d'action; si donc les indispensables oppositions pratiquées avec les aides, venant à absorber une partie de cette action (ainsi qu'il est impossible de l'éviter), le cavalier ne se servait pas en même temps de l'effet stimulant de ces mêmes aides pour obtenir une compensation à tout amoindrissement de la puissance motrice, le mouvement ou l'allure demandés ne seraient plus possibles.

Un exemple va nous faire toucher du doigt cette vérité physiologique.

Je compare la machine animale à un réservoir de forces d'où le cheval tire celles qu'il lui faut pour prendre ou pour entretenir telle ou telle allure. Soit a la quantité minima nécessaire à la production de l'allure du pas. Supposons que le cavalier veuille faire prendre le galop à sa monture : celle-ci, pour répondre à la sollicitation des aides, devra puiser dans le réservoir, pour en tirer une quantité b qui, ajoutée à la première, donne $a+b$, somme également minima des forces qui lui sont indispensables pour pouvoir s'enlever au galop. Mais, pour *disposer* le cheval à prendre cette allure, le cavalier est forcé de pratiquer certaines oppositions, et il ne peut le faire sans absorber une partie n des forces a; celles-ci se trouveront donc réduites à une quantité $a-n$ plus petite que a, laquelle, ajoutée à b, sera trop faible pour permettre à l'animal de s'enlever au galop.

Pour obvier à cet inconvénient, le cavalier, tout en donnant la *position* au cheval, le stimulera (action communiquée) afin de le déterminer à tirer du réservoir une nouvelle force $n' = n$, et alors nous aurons $a+b-n+n' = a+b$; c'est-à-dire que le cheval disposera d'une somme de forces suffisante pour pouvoir répondre instantanément à la sollicitation des aides, si quelque cause physique tenant à une mauvaise conformation ou à un état douloureux de certaines parties du mécanisme (mais, dans tous les cas, indépendante du cavalier) ne s'y oppose pas.

Que l'on remplace, dans cet exemple, les lettres a, b, n, n' par des chiffres, et la vérité qui en ressortira n'en deviendra que plus palpable encore.

Faisons une autre application de ces deux principes fondamentaux de toute équitation rationnelle :

Je suppose que le cavalier, au galop, veuille *changer de pied*. Le changement de pied est naturellement le résultat d'un changement de position; il y aura donc, comme toujours, des oppositions à produire avec les aides, oppositions qui occasionneront un ralentissement sensible dans l'allure, si le cavalier n'a pas eu la précaution de commencer par opérer une certaine concentration de forces, qui lui servira, en quelque sorte, de réserve pour prévenir tout affaiblissement du moteur. Mais si le cavalier a eu l'attention de provoquer cette concentration préliminaire (par le rassembler); si, en outre, il a su saisir le moment précis où le mouvement *est possible*, le cheval aura l'impulsion voulue et le changement de pied se fera sans difficulté, sous les réserves toutefois que j'ai faites dans l'exemple précédent.

J'ai dit : si le cavalier a su saisir le moment précis où le mouvement est possible, et c'est là une condition *sine quâ non ;* car le changement de pied ne peut se faire *qu'à l'instant où la masse est projetée en l'air* par la détente du membre antérieur marquant la 3e foulée sur le sol. C'est ce qui explique les difficultés que rencontrent souvent, dans la pratique, beaucoup de cavaliers ignorants, et les efforts grotesques qu'on leur voit faire et qui n'aboutissent ordinairement qu'à des résultats négatifs.

Il y a donc trois points essentiels à observer dans l'exécution de tout mouvement et tout particulièrement dans le changement de pied : 1° le degré d'action, 2° la bonne position, 3° le moment précis où l'effet déterminant doit se produire.

Si je suis revenu, en détail, sur ces principes déjà exposés dans mes autres livres, c'est que j'ai voulu non-seulement en démontrer la justesse en quelque sorte mathématique, mais surtout en faire saisir toute l'importance, car le dressage d'un cheval difficile n'est possible qu'à la condition qu'ils soient religieusement observés. J'ai cherché, d'ailleurs, en les réduisant, pour ainsi dire, à leur plus simple expression, à prouver combien ils sont simples et peu nombreux, et comment les notions scientifiques les plus élémentaires suffisent pour les comprendre.

De la légèreté.

Il ressort de ma manière d'envisager l'équilibre *naturel*, que le cheval est le meilleur juge de son propre équilibre ; qu'il le prendra toujours instinctivement dans la position qui lui sera imposée, toutes les fois que cette position sera en rapport avec ses moyens et avec son degré d'adresse acquise par le dressage. Ceci indique assez que, suivant moi, toute compression, toute contrainte douloureuse imposée au cheval par l'opposition des aides, est non-seulement contraire à la production de l'équilibre, mais encore une cause de fatigue pour les ressorts de la machine, qu'elle contribue à user sans profit.

Mais, me demandera-t-on, le dressage rationnel replacera-t-il le centre des forces exactement à la même place où il se trouvait dans le cheval en liberté ? Certes non : l'animal, il est vrai, n'opposera plus aucune résistance aux aides ; mais il sera toujours obligé de supporter le poids du cavalier. A mesure que le sujet acquerra de l'adresse, il lui faudra faire des efforts moindres pour porter sa charge, ce qui réduira à un minimum la somme des contractions étrangères à la production de l'équilibre et du mouvement. C'est alors qu'on aura obtenu l'équilibre *relatif*. Le cheval de selle ainsi équilibré, pourra exécuter les mouvements qu'il ferait en liberté ; moins spontanément, c'est vrai, moins brillamment, mais *il pourra* les exécuter. Dès ce moment seulement il sera *léger*, légèreté relative au genre de service auquel on le destine.

C'est donc, je le répète, *la légèreté du cheval qui donne la mesure de son équilibre.*

C'est ici que commence l'équitation supérieure, qui a pour but, non-seulement de rendre à l'animal toute sa légèreté primitive, toute son élégance naturelle, mais encore d'obtenir de lui des mouvements qu'il ne saurait exécuter lorsqu'il est abandonné à lui-même. Ici l'écuyer transforme la machine, répartit différemment le poids, réduit la base de sustentation (1), concentre davantage

---

(1) Le travail *en place* qui a pour objet la réduction de la base de sustentation, pour arriver à une plus grande instabilité de l'équilibre, ne peut être pratiqué, sans danger, que par un homme de cheval consommé, sur un animal soumis, obéissant aux aides et déjà suffisamment assoupli. Je réprouve donc absolument toute théorie méconnaissant cette vé-

les forces, fait gagner aux mouvements du cheval, en hauteur, ce qu'il leur retire en étendue, et rend les déplacements prompts et faciles dans tous les sens. Dans cet équilibre tout artificiel, le centre des forces se retrouve dans une situation normale, relativement au nouveau but que le cavalier s'est proposé.

Dans ce travail, l'habileté consiste à savoir établir une compensation à l'effet du poids du cavalier, par le changement de direction imposé aux rayons du cheval, par *l'égale* répartition donnée aux poids sur les quatre membres, par l'instabilité résultant de la réduction de la base, etc. En un mot, l'écuyer produit un équilibre complexe, puisque, tout en rétablissant et en maintenant *l'harmonie* naturelle entre les efforts musculaires et le poids de la masse (équilibre physiologique), il donne, à ce même poids, une réparation *exacte*, d'où il résulte un équilibre en quelque sorte mathématique.

Récapitulation.

En résumé, voici ce que, dans les paragraphes précédents, j'ai cherché à démontrer :

L'équilibre hippique est un équilibre complexe. Il n'est pas seulement le résultat d'une certaine répartition du poids, mais il est surtout la conséquence du rapport intime que la nature a établi entre les puissances à l'aide desquelles fonctionne la machine animale.

---

rité et, *à fortiori*, celle qui préconise une aussi périlleuse pratique, comme moyen élémentaire de dressage à la portée du vulgaire.

L'équilibre naturel dans lequel le cheval se soutient lorsqu'il est entièrement livré à lui-même et qui est la source de l'aisance qu'on remarque dans tous ses mouvements, se trouve rompu, dès que l'animal est monté, par l'effet du poids du cavalier et des contractions que ce poids et la résistance de l'animal à l'action des aides provoquent dans le système musculaire.

Le premier soin du cavalier doit être de favoriser, par tous les moyens possibles, la reconstitution de cet équilibre. Il ne peut qu'aider le cheval dans ce but; l'instinct de l'animal fait le reste.

Pour que le cheval monté se retrouve dans des conditions dynamiques et de pondération analogues à celles où il était précédemment, il faut qu'il puisse changer instinctivement la direction normale de ses rayons articulaires, afin de favoriser les translations du poids dont la répartition doit être modifiée, et il n'y parvient sans effort qu'après avoir acquis une certaine adresse.

Cette adresse lui est communiquée au moyen d'un exercice gymnastique qui assouplit les articulations tout en fortifiant les muscles, et cet exercice se pratique par l'intermédiaire de certains agents (les aides) avec lesquels il faut commencer par familiariser le cheval, en lui apprenant à céder à l'action de chacun d'eux.

Le cheval cédant aux actions isolées des aides, il faut combiner ces effets de telle sorte qu'ils deviennent des moyens de conduite et de domination (1).

---

(1) Il est bien important de ne pas confondre *domination* avec *contrainte douloureuse*; celle-ci provoque à la résistance et, par suite, à une lutte toujours préjudiciable à l'organisme et influant d'une manière fâ-

Chaque mouvement du cheval étant la conséquence immédiate de la disposition préliminaire de la machine (de la position), il est indispensable que le cavalier sache toujours donner au cheval celle qui répond au mouvement qu'il veut lui faire exécuter.

L'exécution de chaque mouvement et de chaque allure réclame une dose particulière de force motrice, d'action ; le cavalier doit donc régler l'action du cheval de manière à n'en employer que la quantité strictement nécessaire, et, si l'action naturelle est insuffisante, il doit se servir de l'effet excitant de ses aides, pour la porter au degré voulu.

Enfin, comme la machine animale, ainsi sollicitée, ne doit mettre en activité que la somme de forces voulues pour l'allure ou le mouvement réclamés, et que les forces absorbées par la position donnée réduisent d'autant le degré d'action indispensable, le cavalier doit avoir l'attention de compenser cette réduction de la force motrice, par un supplément proportionnel d'action communiquée.

Il résulte de ce que je viens de dire que, pour régler le jeu de l'organisme comme je l'entends, le cavalier (ou tout au moins l'instructeur) ne peut se dispenser de connaître les lois positives qui régissent cet organisme. Voilà, je le répète, la base de l'équitation vraiment rationnelle; le reste n'est qu'affaire de tact et de convention.

---

cheuse sur le moral du cheval ; tandis que la domination morale et physique résulte infailliblement de l'accord parfait des aides dans leurs diverses combinaisons.

Ainsi, contrairement aux anciennes théories, la *place* occupée par le centre de gravité m'occupe peu. C'est le *rapport* qui existe entre les différents éléments de la locomotion qui viennent se grouper autour de ce point mathématique, quelle que soit sa place, qui est l'objet de ma constante préoccupation, car c'est de ce rapport seul que dépend l'équilibre hippique.

Cet équilibre devant être le but de toute saine équitation, il a fallu nécessairement le définir, afin de pouvoir en déduire des règles précises pour le dressage et la conduite du cheval; car toute théorie qui ne serait pas en harmonie parfaite avec les lois qui gouvernent les fonctions locomotrices de la machine animale, serait fausse et ne saurait donner que de mauvais résultats. Il ne suffit donc pas de dire avec certains auteurs : Ma méthode est basée sur l'équilibre du cheval; il faut encore et avant tout expliquer clairement ce que l'on doit entendre par le mot « équilibre », et c'est ce que j'ai essayé de faire.

D'ailleurs, s'il est rigoureusement possible, à l'homme possédant un grand tact équestre, de bien pratiquer l'équitation sans se rendre compte du *pourquoi* des procédés qu'il emploie, il ne lui en est pas moins absolument impossible de l'enseigner; car, pour enseigner avec succès, il faut, outre la connaissance parfaite des moyens, avoir une foi profonde dans leur infaillibilité, et cette foi, le savoir et le raisonnement peuvent seuls la donner.

Maintenant, me demandera-t-on peut-être, puisque vous n'avez souci que du rapport qui peut exister entre le poids de la masse et la somme des efforts musculaires mis en jeu pour son déplacement ou son maintien dans l'état de station, comment saurez-vous que ce rapport, que vous avez commencé par détruire, se trouve enfin rétabli ? Comment saurez-vous que l'animal a retrouvé son équilibre perdu ? La réponse est facile : Le rapport entre les deux éléments essentiels de la locomotion m'est constamment donné *par le degré de légèreté du cheval*. Lorsque l'animal reste léger dans tout ce que j'ai le droit d'exiger de lui, eu égard au genre de service auquel je le destine, je le considère comme équilibré, sans m'inquiéter d'autre chose (1). La légèreté parfaite accusera par conséquent un équilibre parfait.

A présent, que faut-il entendre par le mot légèreté ?

Que l'on suppose une pyramide régulière reposant, par sa base, sur un plan horizontal : cette pyramide sera en équilibre stable ; c'est-à-dire qu'elle sera d'autant plus difficile à déplacer, que sa base sera relativement plus étendue dans tous les sens, et *vice versâ*.

Que l'on suppose ensuite cette pyramide placée sur son sommet, son axe suivant une direction verticale : elle sera en équilibre instable, c'est-à-dire que le souffle le plus imperceptible suffira pour la faire tomber sur le côté.

Que l'on substitue maintenant, à cette pyramide, dans la première hypothèse, un cheval en état de station : ce cheval sera également en équilibre stable, et il lui

---

(1) A vrai dire, le cheval de troupe, instrument grossier destiné à des mains grossières, chez lequel on n'a cherché qu'à rétablir l'équilibre naturel dans la limite du possible, ne sera jamais un cheval léger dans la véritable acception du mot : sa légèreté sera relative comme son équilibre.

faudra, pour rompre cet équilibre et pour se mettre en mouvement, un effort musculaire proportionné à l'étendue de sa base de sustentation. Si donc on suppose cette base de plus en plus petite, les efforts nécessaires pour le déplacement de la masse seront également de plus en plus faibles, et il arrivera un moment où la plus minime contraction suffira pour produire le mouvement : c'est la légèreté.

Pour éviter la chute, le cheval se sert alternativement de ses quatre membres, et il passe ainsi de l'équilibre statique, à l'équilibre dynamique, lequel est au mouvement, ce que le premier est à l'immobilité ; c'est-à-dire que la mobilité de la masse sera de même proportionnée à l'étendue du terrain circonscrit par les membres qui viennent successivement se mettre à l'appui. La légèreté du cheval est donc la conséquence de la réduction de la base, aussi bien à l'état de station, qu'à l'état de mouvement. Elle ne peut être obtenue, et surtout entretenue, que par cet accord parfait, cet emploi harmonieux des aides qui, dans la pratique, constitue ce qu'on appelle le sentiment équestre ; ce qui explique pourquoi, sur un millier de cavaliers, il y en a tout au plus un qui se doute de ce qu'est un cheval *léger* dans toute l'acception du mot, et pourquoi les hommes privilégiés, qui comprennent et qui savent produire le véritable équilibre, continuent indéfiniment à pratiquer, avec passion, un art que le plus grand nombre délaisse, lorsque la souplesse et la vigueur du jeune âge ont disparu.

IV. ANALYSE RAISONNÉE DES MOYENS PRATIQUES.

> « Rien ne contribue davantage à la connais-
> « sance d'un art ou d'une science, que l'intel-
> « ligence des termes qui lui sont propres. L'art
> « de monter à cheval en a de particuliers ;
> « c'est pourquoi j'ai cherché à en donner des
> « définitions claires et précises. »
> DE LA GUÉRINIÈRE, *Ecole de cavalerie*.

DES AIDES ET DE LEURS EFFETS SUR L'ORGANISME.

Généralités.

Je vais entrer maintenant plus au cœur de mon sujet et examiner, en détail, les moyens dont dispose l'équitation pour obtenir l'obéissance du cheval. Bien entendu, je me contenterai d'analyser ces moyens, au point de vue mécanique et physiologique, la question pratique se trouvant traitée tout au long dans mon *Manuel*.

La main, les jambes et le poids du corps sont les principales aides (1) ou les agents dont le cavalier, usant de sa supériorité morale, se sert pour faire fonctionner à sa guise l'organisme compliqué qu'on a coutume d'appeler la machine animale.

L'action particulière et directe de chacune des aides

---

(1) Je n'ai pas à m'occuper ici des aides supplémentaires, telles que le caveçon, la chambrière, la cravache, etc., dont j'ai eu occasion de parler dans la première partie de mon livre.

sur cet organisme et leurs diverses combinaisons pour arriver à l'asservissement du cheval, tant au physique qu'au moral, méritent la peine d'être étudiées avec soin.

La main du cavalier agit sur la bouche du cheval par l'intermédiaire du mors, qui produit une douleur locale *toujours proportionnée à la résistance,* c'est-à-dire absolument nulle lorsque la résistance est nulle ; elle sert donc à combattre et à annuler au besoin tous les efforts du cheval qui se traduisent par une pression sur le mors ; elle peut en outre provoquer le mouvement, c'est-à-dire le déplacement de la masse, d'avant en arrière.

La main agit directement sur la bouche et indirectement sur toutes les autres parties du corps.

La question, naguère si controversée, des barres plus ou moins épaisses, plus ou moins tranchantes, plus ou moins dures, est depuis longtemps résolue, et il n'est pas aujourd'hui un homme de cheval sérieux qui ne sache qu'il n'y a pas de bouches dures à proprement parler (1); qu'il y a, à la vérité, des chevaux durs à la main, mais que ce défaut tient uniquement à un manque d'aplomb, à une absence d'équilibre.

On rencontre cependant certains chevaux à lèvres flasques et charnues, qui semblent faire exception à la règle ; mais cette exception n'est qu'apparente, car l'écuyer habile arrive à donner à ces chevaux le même degré de légèreté qu'aux autres : cela demande un peu

---

(1) Il y a plus de deux siècles (1665) qu'un écuyer saxon, *Christoff Jacob Lieben,* a proclamé cette vérité pour la première fois. (Voir *La vérité sur la méthode Baucher,* p. 91.)

plus de temps, cela donne un peu plus de mal; voilà tout.

Le mors est donc une sorte de barrière opposée aux forces du cheval, qui permet à la main du cavalier de dominer et de régulariser les effets de l'impulsion; mais son rôle n'est pas exclusivement passif, la main pouvant en outre, à volonté, modifier la direction de ces mêmes effets.

Les jambes, renforcées par les éperons et appliquées aux flancs du cheval, remplissent le même office à l'égard des forces qui peuvent agir d'avant en arrière; elles ont de plus une action *stimulante*.

Indépendamment de ces opérations collectives des deux rênes et des deux jambes, chacune de ces aides peut produire des actions isolées dont les effets tendent à provoquer ou à entraver des mouvements par côté.

L'habileté du cavalier consiste à combiner ces différents effets entre eux et avec le poids du corps, de manière à emprisonner en quelque sorte l'animal au moyen de ces excitations judicieusement opposées les unes aux autres, en lui laissant une apparente liberté et toute l'initiative possible; on arrive ainsi à se rendre entièrement maître du mécanisme et l'on peut dès lors, à tout instant, imprimer aux forces du cheval la direction que l'on juge à propos de leur donner.

Dans ces combinaisons d'aides, le poids du corps, ainsi que je l'ai démontré au chapitre des *considérations tirées de la mécanique animale*, joue un rôle des plus importants.

Les actions de la main et celles des jambes (par l'intermédiaire du mors et des éperons) étant, en réalité, autant de menaces de douleur auxquelles le cheval obéira suivant le plus ou moins d'accord et d'à-propos, de tact en un mot, que le cavalier saura y apporter, on comprend qu'il existe une relation intime, un rapport obligé, entre la puissance des éperons et celle du mors de la bride.

En effet, d'une part, le cheval doit toujours s'appuyer en toute confiance, quoique avec légèreté, sur la main du cavalier chargée de régulariser, de diriger et de contenir au besoin, soit l'action naturelle du cheval, soit l'impulsion donnée par les jambes, sans qu'il soit jamais possible à l'animal de franchir cette barrière malgré le cavalier; d'une autre, les jambes, tout en jouissant d'une puissance impulsive à laquelle le cheval ne saurait résister, ne doivent jamais imprimer à ce dernier une action que la main serait incapable de dominer.

Pour être régulièrement placé entre la main et les jambes, il ne faut donc pas que l'animal craigne les jambes plus que la main *et vice versâ :* s'il craint trop les jambes, par suite de leur action trop violente ou de l'effet trop douloureux des éperons, il sera disposé à forcer la main; si c'est, au contraire, le mors qui lui occasionne une douleur trop vive, il sera porté à rester *derrière la main* et à se mettre peu à peu *derrière les jambes* (acculement (1). Quel que soit le tact du cavalier, celui-ci se heurtera à ces inconvénients, s'il néglige d'accorder entre elles la puissance mécanique de son mors et celle de ses éperons, sur tous les chevaux dont les forces sont réguliè-

---

(1) Voir p. 31.

rement réparties et, *à fortiori*, sur les chevaux équilibrés par le dressage. On peut dès lors tirer parti de cette particularité, pour la conduite des chevaux imparfaitement dressés ou de ceux qui ne le sont pas du tout, si leurs propensions les portent à redouter plus les jambes que la main, *et vice versâ*. Ainsi, tel cheval, s'appuyant trop sur la main, pourra être momentanément corrigé de ce défaut, au moyen d'un mors plus dur ; tel autre, derrière les jambes, pourra être mieux conduit avec des éperons plus pointus, etc. Mais ce ne sont là, on le comprend, que des palliatifs, que des moyens éminemment empiriques, pour tirer provisoirement parti d'un cheval désagréable ou même dangereux; encore cela nécessite-t-il un certain savoir-faire. Il va sans dire que ces moyens ne sauraient être utilement employés lorsqu'il s'agit de *dressage* de jeunes chevaux, instruction pour laquelle un mors doux et des éperons peu acérés sont absolument de rigueur.

MÉCANISME DES AIDES.

Des rênes.

« Les rênes servent à préparer le cheval aux mouvements qu'il doit exécuter, à le diriger, à l'arrêter et à le faire reculer. Leur action doit être progressive et d'accord avec celle des jambes » (1).

Le mors de filet et celui de la bride produisent, nul ne

---

(1) Ordonnance de cavalerie.

l'ignore, des effets distincts et éminemment variables sur la bouche du cheval.

La principale action du filet s'exerce sur la commissure des lèvres, et la pression qu'il est susceptible de produire sur les barres est relativement insignifiante et peu douloureuse.

Le mors de la bride, par contre, s'appliquant directement sur les barres du cheval, — c'est-à-dire sur une partie très-sensible, — et construit de façon à pouvoir effectuer une compression extrêmement forte, peut devenir, à la volonté du cavalier, un instrument de douleur d'une puissance excessive.

Ce serait toutefois une erreur de croire qu'une traction progressive et *continue* sur les rênes de la bride occasionnerait nécessairement une douleur d'une intensité également progressive dans la région comprimée, car c'est le contraire qui aurait lieu, quelle que fût la puissance du mors, et voici pourquoi :

Disons d'abord qu'une traction continue, en interceptant toute circulation, ne tarderait pas à rendre les barres complétement insensibles, les nerfs, pour remplir leur office, ayant besoin de se trouver en communication constante avec le sang. Inutile, je pense, d'insister sur un phénomène physiologique que chacun a pu observer.

D'un autre côté, on sait également que le mors de la bride agit comme un levier du 2º genre prenant son point d'appui à la barbe (par l'intermédiaire de la gourmette), dont l'application de la puissance se trouve à l'extrémité des branches du mors, et dont la résistance est fournie par les barres.

C'est évidemment la direction *perpendiculaire* aux

branches du mors qui favorisera le plus la puissance *et vice versâ*. Or, si le cavalier, en tirant sur les rênes, n'a pas soin d'élever en même temps la main, l'angle, déjà *obtus*, que forment les branches du mors avec ces rênes, au lieu de se rapprocher de l'angle droit, s'ouvrira davantage encore, et la pression sur les barres diminuera dans la même proportion.

Deux raisons, l'une physiologique et l'autre mécanique, commandent donc au cavalier de ne jamais laisser prendre au cheval un point d'appui sur la main, à moins que ce ne soit, *dans un cas exceptionnel*, pour augmenter la vitesse de son allure.

Il résulte encore, de ce que je viens de dire, que les actions de la main de la bride acquerront d'autant plus d'énergie qu'elles se produiront *de bas en haut*, au lieu de s'effectuer d'avant en arrière, et qu'elles seront moins continues, ce qui permettra au cavalier de ne déployer jamais qu'un minimum de force pour la production de ses effets de bride. Avis aux cavaliers emportés, qui espèrent arrêter leurs chevaux en se pendant aux rênes : c'est un moyen infaillible pour aller un peu plus vite !...

Les rênes agissent ou isolément ou collectivement.

En équitation militaire, les rênes de filet ne jouent un rôle réellement important que dans le dressage : elles servent plus particulièrement à préparer la bouche du cheval aux actions de la main de la bride, à entretenir la mobilité de la mâchoire et la souplesse de l'encolure, à faciliter les changements de direction, et à relever la tête du cheval disposé à s'enterrer ou à s'encapuchonner.

Une fois le dressage terminé, le cheval doit pouvoir,

dans toutes les circonstances, être conduit avec la bride seule. L'éducation des chevaux de troupe surtout serait incomplète, si elle ne satisfaisait pas à cette condition. Toutes les combinaisons des aides doivent donc pouvoir se faire sans avoir recours aux rênes du filet. Les rênes de la bride agissant seules dans ces combinaisons, il importe de définir les effets qu'elles sont susceptibles de produire sur les différentes parties de l'organisme; ces effets sont d'ailleurs, à peu de chose près, les mêmes que ceux du filet, abstraction faite de l'impression qu'ils produisent sur la bouche du cheval. Ils sont caractérisés, non-seulement par la *direction* suivant laquelle fonctionne la rêne, mais encore par la *manière particulière d'agir* de la main du cavalier, en raison de l'effet à produire, quelle que soit la direction de la rêne.

Comme direction, une rêne peut produire quatre effets bien distincts. Je l'appellerai rêne DIRECTE, lorsque, sans sortir d'un plan vertical, la main agit sur la barre, sur l'épaule et sur la hanche du même côté; rêne DIAGONALE, lorsque son action se produit obliquement, sur une barre et sur l'épaule *ou* sur la hanche du côté opposé; rêne D'OUVERTURE ou d'écartement, lorsqu'elle a pour objet d'amener ou de maintenir la tête et l'encolure vers la droite ou vers la gauche, dans la direction de la main qui agit; enfin, rêne de PULSION ou d'appui, toutes les fois qu'elle procède par pression latérale sur l'encolure.

Lorsque le cavalier élève la main, sans la sortir du plan vertical, en la rapprochant du corps ou sans la rapprocher, il fait usage de ce que je viens d'appeler la rêne directe; mais il est aisé de voir qu'il y a là deux effets bien distincts, si l'on s'est bien rendu compte de la manière d'agir du mors sur la bouche du cheval : dans le premier cas, il y a *traction ;* dans le deuxième, *soutien* plus ou moins accentué de la main, c'est-à-dire pression exclusivement locale sur les barres. Or, ce ne sont pas là les seuls effets que la main du cavalier puisse produire sur la rêne : elle peut encore agir par *opposition*, pour résister à un effort du cheval, et, dans ce cas, elle se fixe, elle s'immobilise en quelque sorte, en attendant que l'animal cède. Mais cet effet, que l'on peut appeler passif, se traduisant par une pression continue sur la bouche, ne peut pas, sans inconvénient, se prolonger longtemps; si donc l'effort ou la contraction persiste au delà d'un certain temps, la main, sans quitter sa place, cesse son rôle passif, et produit des *vibrations* ou petites saccades presque imperceptibles, afin de conserver à l'action du mors toute son intensité.

Voilà donc quatre effets de main différents (et ce ne sont pas les seuls) pouvant s'appliquer à la même direction d'une rêne, car ce qui est vrai pour une direction, ne l'est pas moins pour les autres. Exceptionnellement, pour les effets de la rêne de *pulsion*, la main du cavalier agit d'une manière à peu près uniforme.

On voit donc que les expressions : *effets de rênes* et *effets de main*, ne sont pas absolument synonymes, et que c'est à tort que certains auteurs s'en servent indifféremment pour traduire la même idée.

On voit également que l'expression de rêne de *traction*, dont quelques-uns se servent pour désigner la rêne d'ouverture, n'a pas sa raison d'être, puisqu'une traction peut toujours être produite sur la rêne, quelque direction qu'on lui donne.

J'ai tenu à faire ressortir ces différentes nuances dans le fonctionnement de l'aide de la main, parce que, dans l'enseignement de l'équitation et principalement du dressage, toute parole inutile étant de trop, il est indispensable de mettre une grande clarté dans les explications que l'on peut être appelé à donner, et de se servir toujours du mot propre, afin qu'il ne puisse jamais y avoir ni doute ni confusion dans l'esprit de celui qui nous écoute ou qui nous lit.

Je reviens maintenant aux effets de rênes.

Le cheval obéit sans hésitation et en quelque sorte instinctivement, à la rêne directe, aussi bien qu'à la rêne diagonale ; il obéit de même à la rêne d'ouverture ou d'écartement, si c'est une rêne de filet, parce que ces effets ne froissent en rien le fonctionnement naturel de l'organisme. Il n'en est pas absolument ainsi, si c'est une rêne de la bride que le cavalier écarte, les actions de celle-ci étant, dans ce cas, toujours moins immédiates sur la bouche du cheval et produisant, par cela même, des effets moins précis. La même observation s'applique à la rêne de pulsion, à l'action de laquelle l'obéissance est toute de convention. L'éducation seule apprend à l'animal à céder aux effets de ces deux dernières rênes, qui peuvent être auxiliaires l'une de l'autre, et aussi se remplacer mutuellement, toutes les deux ayant pour but, en agissant latéralement, de diriger et de maintenir la tête et l'encolure : l'une tirant et l'autre poussant. C'est pourquoi, lorsque les rênes de la bride sont réunies dans la même main, cette main peut seule suffire à la conduite du cheval, quoique l'effet d'écartement, dans ce cas, ne puisse pas être produit.

La rapide analyse que je viens de faire des effets de rênes et des effets de mains porte avec elle la définition de toutes les expressions techniques dont fourmillent les traités d'équitation et qui se rapportent aux actions de la main du cavalier, telles que *soutenir, rendre, opposer, rendre et reprendre,* etc. ; je ne m'y arrêterai donc pas ; d'autant plus que le lecteur est certainement au courant de la valeur particulière de chacune d'elles.

Une dernière observation :

On s'est longtemps figuré que, lorsque le cavalier porte la main de la bride à droite, c'est la barre *droite* qui se trouve le plus impressionnée, et l'on a ainsi expliqué le tourner obtenu par la rêne de dehors. Des expériences répétées, établissant avec la dernière évidence ce qui se passe dans la bouche du cheval, lorsque le mors de la bride agit, ont démontré que cette supposition était absolument erronée, et que c'est tout le contraire qui a eu lieu.

Le canon droit du mors ne comprime la barre droite que lorsque le cavalier porte la main *très-en avant,* de manière que la rêne gauche, qui alors soulève le canon gauche, forme un angle aigu avec la direction de la branche du mors. Cette position de la main n'étant rien moins que naturelle, on est bien fondé à dire que l'obéissance du cheval à la rêne de pulsion (qui comprime la barre du côté opposé au tourner) est purement conventionnelle et exclusivement le résultat d'une *habitude* inculquée à l'animal. Quant à la manière de procéder, pour obtenir ce résultat, il n'est pas un cavalier qui ne la connaisse; ce n'est d'ailleurs pas ici la place de nous en occuper (1).

Des jambes.

Les jambes servent à actionner le cheval, et, suivant le cas, à mobiliser ou à contenir son arrière-main.

Les jambes, pour remplir, à l'égard de l'arrière-main, le rôle que joue la main relativement à l'avant-main, ont besoin d'être renforcées par les éperons, qui sont aux jambes ce que le mors est à la main du cavalier.

L'éperon, en raison de la douleur qu'il est susceptible de produire, constitue ce qu'on peut appeler l'*ultima ratio* en fait de domination sur le cheval.

L'aide de la jambe, ainsi que je l'ai dit, est avant tout stimulante : elle provoque le mouvement; ses effets varient non-seulement suivant le degré de force qu'emploie le cavalier, mais encore avec la *place* où celui-ci applique la jambe. Il est évident que cette dernière doit agir avec la même progression que la main, c'est-à-dire qu'elle doit commencer par un minimum de pression, pour arriver insensiblement, et suivant qu'il en est besoin, à son effet le plus énergique.

Si l'action de la jambe seule ne suffit pas, le cavalier emploie l'éperon; ici, toutefois, il n'y a plus *pression*, mais toucher délicat, par petits coups, dont l'intensité augmente graduellement jusqu'à parfaite obéissance.

La place où la jambe s'applique le plus ordinairement se trouve en arrière des sangles; l'effet de la jambe est

---

(1) Voir le *Manuel d'équitation*.

alors exclusivement impulsif. S'il s'agit de la faire agir plus particulièrement sur l'arrière-main, on la glisse plus ou moins en arrière.

De même que pour les rênes, les effets des jambes sont ou isolés ou collectifs. Dans ce dernier cas, les jambes produisent leur pression, soit symétriquement, — c'est-à-dire à la même distance des sangles, — soit à des distances inégales, avec le même degré ou avec des degrés également différents d'intensité.

En somme on remarquera, dans la conduite du cheval, une grande analogie entre le fonctionnement des jambes du cavalier et celui de sa main, abstraction faite des régions distinctes que ces agents sont destinés à impressionner. Il y a toutefois une distinction à établir entre ces diverses impressions sur le moral du cheval.

En effet, par suite, d'un côté, de l'application *immédiate* et continue du mors sur une partie très-sensible et, d'un autre, de cette prédisposition de l'animal à chercher, dans le déplacement *de sa masse*, le soulagement à toute contrainte, le cheval qui résiste se châtie en quelque sorte lui-même, et son instinct lui apprend vite à faire cesser ce châtiment constamment proportionné à sa résistance ; tandis que c'est le cavalier qui lui fait sentir l'éperon, lorsque la pression exclusive de ses jambes est devenue insuffisante, lequel éperon, toujours relativement éloigné de la partie sur laquelle il doit agir, ne constitue pas une menace aussi immédiate. C'est ce qui explique pourquoi, dans certains cas, le travail de manége dispose le cheval à se mettre derrière la main, et pourquoi les allures ralenties et cadencées sont quelquefois le contraire de ce qui convient à certaines natures.

De l'aide du corps.

Le corps du cavalier, nous disent les auteurs modernes, doit conserver, dans tous les mouvements et à toutes les allures, ses rapports d'équilibre et d'aplomb avec le cheval, pour que les bras et les jambes restent libres d'agir suivant le rôle qui leur est assigné en équitation.

Ceci est parfaitement rationnel, mais tout à fait insuffisant.

Le poids est une *force*, qu'on ne l'oublie pas, un agent très-actif de la locomotion, et le cavalier peut, à sa volonté, produire des fluctuations de poids susceptibles d'influer puissamment sur l'équilibre de l'ensemble. L'assiette ne sera vraiment *bien entendue* que lorsque ces fluctuations entreront dans toutes les combinaisons, comme les auxiliaires indispensables des deux autres aides, aussi puissantes qu'elles sur l'organisme animal.

C'est ainsi qu'un cavalier intelligent et adroit, en agissant sur le centre commun de gravité, pourra non-seulement provoquer le mouvement, l'allongement ou le ralentissement de l'allure, seconder le cheval dans ses changements de direction, mais encore faciliter ou entraver les plus légers déplacements de la masse, et cela sans effort aucun, sans que sa position en souffre, sans que l'œil le plus exercé puisse le percevoir.

Voici du reste ce que pensaient, sur ce point, quelques hommes dont la haute compétence en cette matière presque exclusivement du domaine de la pratique, n'a jamais été mise en doute par personne.

« La perfection de toutes les aides, nous dit le savant
« fondateur des Écoles vétérinaires (1), consiste, ainsi
« que je l'ai prouvé jusqu'ici, dans leur harmonie et
« dans leur accord; car, sans cette harmonie et sans cet
« accord, elles ne produisent aucun effet, puisque le
« cheval ne peut dès lors observer l'égalité, la précision
« et la mesure inséparables d'un air nettement sou-
« tenu.

« Ce principe posé, il s'agit de démontrer que les aides
« du corps contribuent et peuvent même *seules* conduire
« géométriquement à l'union des aides de la main et des
« jambes; dès lors on sera forcé de conclure qu'elles
« sont préférables à toutes les autres. »

. . . .

. . . .

« Les aides du corps sont donc celles qui font manier
« le cheval avec le plus de plaisir et qui le font consé-
« quemment s'exécuter avec le plus de grâce; or, si elles
« sont telles qu'elles seules forment la justesse des airs;
« si elles unissent et accordent parfaitement la main et
« les jambes; si elles sont si imperceptibles qu'on n'a-
« perçoit aucun mouvement du cavalier et qu'il semble
« que le cheval travaille seul et de lui-même; si elles
« embrassent en même temps les principes les plus
« certains de l'art; si le corps du cavalier qui est en
« état de les employer, est nécessairement ferme sans

---

(1) BOURGELAT, *Le nouveau Newcastle*. Lyon, M DCC LXXI.

« raideur et liant sans mollesse, il faut donc absolument
« convenir que cette méthode est la plus courte, la
« plus intelligible et la plus sûre pour des hommes de
« cheval. »

Voici maintenant, à ce même sujet, l'opinion de *Mothin de la Balme* (1); elle est non moins explicite :

« Cet auteur (*de la Guérinière*) ne parle point des effets
« de l'aide du corps, *la plus nécessaire*, la plus employée,
« celle enfin dont toutes les autres dépendent; et cepen-
« dant quel est l'homme de cheval qui ne conviendra pas
« que c'est avec l'aide du corps qu'il tient droit, chasse,
« arrête, calme, occupe et contient à chaque instant le
« cheval qu'il exerce sous lui ? »

Enfin, *Dupaty de Clam* écrit à peu près à la même époque :

« Le corps humain peut être représenté comme une
« *machine dont l'effet est d'opérer tel mouvement ou, si*
« *l'on aime mieux, de pousser le cheval vers un point*
« *donné* » (2).

Les merveilleux effets tactiles qui peuvent résulter d'une assiette *bien entendue* ont donc été admirablement compris et formulés en principe à une époque où l'équitation française était dans toute sa splendeur; et, si M. *de la Guérinière* n'en parle pas dans son *École de cavalerie*, si complète sous beaucoup d'autres rapports, du moins il ne les conteste pas non plus, et c'est là un point important à noter. On est donc en droit de s'étonner,

---

(1) *Essais sur l'équitation*. Amsterdam, M DCC LXXI.
(2) *La science et l'art de l'équitation*. Paris, M DCC LXXVI.

qu'une vérité aussi généralement reconnue et appréciée par les maîtres de l'art, il y a plus d'un siècle, et qui découle aussi évidemment de toutes les règles de la mécanique et de la physiologie, se trouve à peine indiquée dans les ouvrages d'équitation militaire.

Je sais bien que M. *de Bohan*, qui a dû sa notoriété comme écuyer à la position élevée occupée par lui dans l'armée, repousse ce principe ; ce qui fait comprendre pourquoi les règlements qui se sont inspirés de ses écrits (1) n'en font pas mention. Mais l'ordonnance de 1876, qui a pourtant rompu avec plus d'une vieille routine et qui a emprunté plus d'un principe à la nouvelle école, continue à être muette sur ce point important, que ses auteurs ne me paraissent pas avoir suffisamment approfondi. Cela explique au lecteur l'insistance que je mets à faire ressortir ce principe méconnu, avec l'espoir que tôt ou tard on lui accordera la place qui lui est due dans tout traité sérieux.

Combinaisons des aides.

Après avoir analysé les effets particuliers de chacune des aides sur l'organisme animal, il me reste à parler des différentes combinaisons d'où naît l'obéissance du cheval, lorsque le cavalier sait les produire avec tact et discernement.

---

(1) *Principes pour monter et dresser les chevaux de guerre*. Genève 1781.

A en juger par la plupart des traités d'équitation, et en particulier par ceux qui procèdent de l'ancienne école, ces combinaisons varieraient à l'infini ; car on remarque, dans ces ouvrages, une véritable profusion de mouvements, de figures, d'exercices accompagnés de démonstrations et de développements théoriques qui ne laissent supposer aucune analogie entre eux, sous le rapport de l'action collective des aides, au moyen de laquelle on les obtient ou dont ils sont la conséquence.

Je tâcherai de prouver plus loin qu'il n'en est heureusement pas ainsi ; que cette machine réputée si compliquée fonctionne d'une manière très-simple, et que les combinaisons des divers agents chargés de présider à ce fonctionnement sous le cavalier sont, question de tact à part, elles aussi, d'une extrême simplicité.

Ainsi que nous l'avons vu, l'action isolée ou collective des rênes se combine avec l'effet également isolé ou collectif des jambes, le tout secondé par l'assiette du cavalier, pour donner au cheval les différentes *positions* (1), d'où doivent résulter les mouvements qu'on lui demande.

Je crois l'avoir démontré : chaque mouvement du cheval exige une disposition préliminaire de l'organisme et une dose *d'action* déterminée, sans lesquelles il est impossible à l'animal d'obéir ; bien plus : ce n'est que par cette direction préparatoire donnée aux rayons articulaires, aux divers rouages de la machine, et en réglant le déploiement du moteur, que le cavalier peut arriver à se faire comprendre.

---

(1) Voir p. 250.

Que l'on suppose un homme aussi intelligent que l'on voudra, mais à la fois sourd et aveugle : comment lui indiquer qu'on désire qu'il marche plutôt dans une direction que dans une autre, si ce n'est en lui tournant les épaules dans cette direction et en l'y poussant ensuite ?

Le cheval, qu'il soit intelligent ou non, est exactement dans cette situation relativement au cavalier qu'il porte : il ne le voit ni ne l'entend. Ce n'est que, par la manière dont ce dernier le placera et par le degré d'action qu'il lui communiquera ou qu'il lui permettra de déployer, qu'il pourra deviner sa volonté.

J'ai dit que la position imposée à la machine commande le mouvement, et je vais le prouver.

Prenons une voiture à quatre roues, un chariot, par exemple, placé sur une surface horizontale : si l'on dirige et si l'on maintient le timon dans le plan de symétrie, ce qui mettra les roues à la même hauteur, deux à deux (position), et que l'on imprime ensuite le mouvement (action) au véhicule, celui-ci ne pourra se porter que droit devant lui.

Si l'impulsion lui est imprimée d'avant en arrière, il reculera non moins droit.

Si, au lieu de cela, on tourne le timon à droite, ce qui obligera l'avant-train à suivre la même direction, l'impulsion donnée au chariot lui fera suivre la direction commandée par la nouvelle disposition donnée au mécanisme.

Qu'on tente de lui faire prendre une direction quelconque, sans donner d'abord aux parties mobiles qui le composent une disposition telle que le déplacement que l'on prétend produire en découle forcément : on n'y saura parvenir !

Eh bien, ce qui se passe pour cette machine inerte et peu compliquée, se passe également, dans une certaine mesure, pour la machine animée. A la vérité, cette dernière est moins circonscrite dans ses déplacements partiels, parce que les charnières articulaires qui unissent ses différentes parties sont plus élastiques et ses rayons moins limités dans leurs mouvements ; mais sa construction générale n'en est pas moins telle, que ces mêmes déplacements partiels ne peuvent se produire que suivant des lois invariables et toujours dans des limites relativement restreintes.

Qu'on essaie de faire appuyer un cheval à droite, par exemple, sans lui donner cette disposition oblique qui, seule, permet au bipède latéral gauche de chevaucher par-dessus son congénère de droite : il s'arrêtera.

Qu'on essaie de le faire partir au galop, en lui maintenant les épaules exactement à la même hauteur : il s'y refusera.

Qu'on essaie de faire reculer un cheval campé du derrière, sans avoir sollicité auparavant l'enlever d'un membre postérieur : il ne bougera pas.

On pourrait multiplier ces exemples à l'infini, car il n'est pas un mouvement qui ne soit rendu très-difficile, sinon absolument impossible, lorsque l'organisme de l'animal n'a pas été disposé en conséquence.

Ainsi, quelle que puisse être l'intelligence du cheval, ou quelle que puisse être la perfection de son instinct si on lui refuse l'intelligence, il faut que le cavalier qui veut se faire comprendre et obéir observe rigoureusement les deux principes que je viens de développer, lesquels renferment tout le secret de l'art équestre, et qui peuvent se formuler ainsi :

1° Savoir toujours donner au cheval, dans tout ce qu'on exige de lui, une disposition telle, que ce qu'on lui demande en soit une conséquence inévitable.

2° Faire en sorte que le cheval ait toujours assez d'action pour pouvoir répondre instantanément à ce qu'on exige de lui, et empêcher qu'il n'en ait trop.

Puisque la conduite du cheval dépend de la juste appréciation de ces deux principes et de leur application rigoureuse, les aides ou agents de la conduite auront donc pour double objet, d'une part, de régler l'action, et de l'autre, de donner la position. Il y a donc des aides d'action et des aides de position ; mais comme elles agissent simultanément, et qu'il importe que, dans leurs effets, il n'y ait de confusion ni pour l'homme ni pour le cheval, je crois, pour la simplification de l'enseignement équestre, pouvoir réduire à deux le nombre de leurs combinaisons, savoir :

1° Un effet collectif et égal des deux jambes, avec soutien des deux rênes *et vice versâ*, dans le mouvement en avant, au pas et au trot, sur la ligne droite, dans l'arrêt, en marchant à ces allures et dans le reculer.

2° Pour toutes les autres exigences du cavalier, *il n'y a qu'une seule combinaison, qui se produit toujours de la même manière :* les deux jambes sont chargées de communiquer l'action; elles stimulent le cheval, l'une près des sangles, l'autre plus en arrière ; cette dernière, secondée par l'opposition de la rêne du même côté, préside à la position. Enfin, la deuxième rêne, suivant le cas, dirige l'avant-main ou contribue à contenir les épaules.

La première de ces deux combinaisons est trop simple pour que j'aie à m'y arrêter. Dans la deuxième, on voit que l'une des deux jambes est toujours chargée, d'une part, de contribuer, par son effet stimulant, à produire et à entretenir l'action et, d'une autre, en se glissant plus en arrière, de seconder la rêne du même côté (remplacée au besoin par la rêne diagonale) pour *placer* le cheval. Elle ne cesse donc jamais d'être une aide d'action; mais elle devient en même temps aide de position, par le seul fait qu'elle agit plus en arrière que l'autre jambe, dont le rôle invariable se borne à stimuler incessamment le cheval lorsque l'action vient à faiblir, tout en régularisant l'effet produit par sa congénère.

Dans le travail à main droite, le rôle double appartient à la jambe gauche; c'est l'inverse dans le travail à main gauche.

Pour ce qui est de la direction à donner au poids du corps, ce trait d'union indispensable entre la main et les jambes, comme elle influe sensiblement sur la marche du centre commun de gravité, le cavalier a toujours soin d'accompagner le cheval dans tous ses déplacements, de manière à ne jamais cesser d'être lié avec lui. Il peut en outre disposer le poids du corps de manière à engager la masse à suivre telle ou telle direction, pour activer ou pour ralentir son déplacement suivant le cas. C'est ce qui constitue le sentiment de l'assiette.

Comme quoi il n'y a en réalité que deux combinaisons d'aides.

Il s'agit naturellement de démontrer l'exactitude de ce que je viens d'avancer. Je laisserai de côté la première combinaison des aides, puisqu'il ne saurait y avoir aucune divergence d'opinions à son égard, et je dis que, à l'exception du mouvement en avant sur la ligne droite au pas et au trot, de l'arrêt à ces allures et du reculer, tout ce qui peut se faire en équitation s'obtient au moyen de la même action combinée de la main, des jambes et de l'assiette.

Je suppose le cavalier placé sur la piste du manége, à main droite *et tenant les rênes de la bride séparées dans les deux mains*, ainsi que l'ordonnance de cavalerie le prescrit pour le bridon, et je lui fais exécuter une *pirouette renversée* ou rotation des hanches autour des épaules, l'un des exercices pratiqués en équitation militaire.

Dans la rotation sur les épaules, l'arrière-main doit décrire un demi-cercle autour des membres antérieurs qui tournent sur place.

Pour chasser les hanches de gauche à droite, le cavalier ferme nécessairement la jambe gauche plus ou moins en arrière; mais l'effet *stimulant* ainsi produit sur l'organisme, se manifeste surtout par une tension des forces dans le sens progressif, et si la main du cavalier ne résistait pas, le cheval, tout en se traversant un peu, *se porterait en avant.*

Il est facile de s'assurer de ce fait : on n'a qu'à placer le cheval au milieu du manége, lui jeter les rênes sur le cou et fermer isolément l'une ou l'autre jambe : on le verra immédiatement et sans hésitation se porter en avant, ce qui s'explique par l'effet, avant tout *excitant*, du contact de la jambe.

Ainsi, dans la rotation sur les épaules, pour empêcher le cheval de se porter en avant, il faut que la main du cavalier intervienne. Je suppose que c'est par une opposition de la rêne directe (1), du côté de la jambe qui agit (position). Deux moyens restent au cheval pour se soustraire à cette sujétion : il peut se porter en arrière vers la droite ou s'échapper en appuyant de ce côté.

Pour s'opposer au premier de ces deux mouvements possibles (le reculer), le cavalier, qui ne s'est encore servi que d'une partie de ses aides, n'a qu'à faire usage de sa jambe droite, afin de stimuler le cheval *près des sangles*; de cette manière il l'obligera à rester appuyé sur la main, et il augmentera et entretiendra ainsi *l'action*, sans gêner l'effet de pulsion de gauche à droite produit par la jambe gauche; il empêchera en même temps le cheval de s'échapper par l'épaule droite, en pratiquant une opposition de la rêne droite, ce qui forcera les membres antérieurs de tourner sur place.

Ainsi les épaules sont maintenues, les hanches sont poussées vers la droite et le mouvement (action) est entretenu. L'ensemble de ces trois effets a produit la rotation.

Pendant cet exercice, le cavalier a eu soin de porter

---

(1) Voir p. 273.

son poids sur la fesse droite, afin d'aider au déplacement, en accompagnant le mouvement du cheval.

Si le rôle assigné à chacune des aides, dans ce mouvement type, est bien compris, on possède la clef de tous les autres, *car tous en dérivent.*

En effet, si, au tiers de la rotation, la main droite du cavalier, cessant d'aider à contenir les épaules, *les attirait au contraire vers la droite* (par l'ouverture de la rêne droite) on obtiendrait, sans aucune hésitation chez le cheval, et sans avoir d'autre modification à faire dans la combinaison des aides, le mouvement de *tête au mur.*

Je suppose maintenant que le cavalier, ayant ainsi obtenu le mouvement de tête au mur, le continue jusqu'à l'extrémité de la piste. Pour tourner le coin sans cesser d'appuyer, il n'a qu'à attirer les épaules du cheval sur le quart du cercle, en persistant dans l'opposition de la rêne et de la jambe gauches, de manière à maintenir la position et à ralentir en même temps la marche des membres postérieurs (qui ont une courbe d'un moindre rayon à parcourir) la jambe droite continuant son effet stimulant, afin d'entretenir l'action.

Mais, en tournant ainsi le coin, le cavalier n'a fait autre chose que de décrire un *quart de volte, les hanches en dedans!*

La volte entière se fait naturellement par les mêmes moyens; et, en réduisant peu à peu le cercle décrit par les membres postérieurs du cheval, on finit par faire faire à ce dernier une *rotation sur les hanches*, toujours avec la même combinaison des aides, les différences ne résidant que dans des pressions ou dans des oppositions plus ou moins accentuées!

On n'a pas oublié que le cavalier a commencé par un tiers de rotation sur les épaules, qui l'a conduit au mouvement de tête au mur; puis, à la volte, les hanches en dedans; enfin, à la rotation sur les hanches, le tout avec la même combinaison d'aides, savoir : rêne gauche et jambe gauche : *position*; jambe droite : *action*; rêne droite : *opposition* ou *direction*.

Que l'on suppose maintenant, au lieu d'avoir appuyé la tête au mur, que le cavalier ait exécuté le mouvement inverse (croupe au mur), et l'on arrivera à un résultat encore plus concluant.

Le mouvement de croupe au mur, à main droite, n'est autre chose, en effet, que la tête au mur, à main gauche. Il y a un moyen quasi-mécanique pour s'en assurer. On n'a qu'à supposer les deux grands murs du manége à trois mètres seulement l'un de l'autre : dans le mouvement d'appuyer à droite, les membres antérieurs du cheval suivront la piste à main droite, tandis que les membres postérieurs suivront la piste opposée à main gauche. Si l'on supprime, par la pensée, le mur qui est derrière le cavalier, le cheval appuie la tête au mur; si, au contraire, c'est l'autre mur que l'on supprime, le cheval appuie la croupe au mur. Donc les moyens pratiques, pour obtenir l'un ou l'autre de ces mouvements, sont identiques.

Ceci démontré, faisons une autre hypothèse. Supposons que le cavalier, placé encore une fois sur la piste, à main droite, exécute une *rotation sur les hanches;* mais que, arrivé aux deux tiers du mouvement, au lieu de le continuer pour rejoindre la piste et se trouver ainsi face en arrière, il ouvre la rêne droite, tout en continuant à faire agir la main gauche et les jambes comme dans la rotation : il produira instantanément le mouvement de croupe au mur! lequel, continué au passage du coin, donnera un quart de volte, les épaules en dedans; et si, comme précédemment, on diminue peu à peu le cercle, — mais cette fois celui des membres antérieurs, — on finit par cette même *rotation sur les épaules*, notre point de départ!

Ainsi, pour ces exercices, qui dérivent du reste tous les uns des autres, le cavalier s'est invariablement servi de la même combinaison de ses aides; ce qui lui a permis de passer de l'un à l'autre, sans altérer sa position et en conservant cette immobilité relative qui caractérise le véritable homme de cheval.

Toutes les figures de manége, tous les exercices que l'on peut exécuter aux trois allures, étant exclusivement composés de lignes droites et de lignes courbes, à parcourir sur une ou sur deux pistes (1), on peut affirmer que tout s'obtient, en équitation, au moyen des deux combinaisons dont il vient d'être question.

Il n'était pas indifférent d'appeler l'attention du lecteur sur cette particularité qui réduit le mécanisme des aides à sa plus simple expression, et qui fournit en outre, au *professeur*, le moyen de donner promptement aux élèves cette sûreté, cette fixité dans les aides si nécessaire lorsqu'il s'agit de dresser des chevaux sans leur imposer des fatigues inutiles.

---

(1) Le travail sur *deux pistes* est celui où les membres postérieurs du cheval suivent une direction parallèle à celle des membres antérieurs (hanches, demi-hanches).

Faisons une application de la vérité que nous ont apprise ces différents mouvements.

Supposons qu'un cavalier, qui appuie à droite la tête au mur, veuille placer son cheval sur la piste, à main gauche, sans l'arrêter et sans que les membres antérieurs de l'animal quittent cette piste : il n'a qu'à *fixer* sa main droite auprès de sa main gauche, en continuant les effets des autres aides, et le mouvement se fera *tout seul*. La rêne d'*ouverture* est devenue rêne *directe*, et l'effet de *traction* produit par la main droite s'est changé en une *opposition* (p. 274); mais la combinaison est restée la même.

Que le cavalier commence un changement de direction simple, dans la longeur du manége. Si, arrivé à l'extrémité de la ligne, il lui prend fantaisie de revenir sur ses pas en appuyant à droite, et cela sans que les membres postérieurs de son cheval quittent la ligne du milieu, il n'a qu'à exécuter une rotation sur les hanches, à droite, et, arrivé aux deux tiers du mouvement, porter la main droite dans la direction où il veut aller : comme dans le cas précédent, le mouvement se fera tout seul, si la main gauche et les deux jambes continuent à agir exactement comme ils l'ont fait pour produire la rotation. Ici l'*effet de main* sur la rêne d'ouverture est resté le même ; la direction de l'effet de traction a seul changé, ce qui n'a en rien modifié la combinaison des aides.

Il serait facile de multiplier ces exemples.

Jusqu'à présent, j'ai supposé les rênes de la bride *séparées* dans les deux mains et tenues comme le bridon. Lorsque ces rênes se trouvent réunies dans la même main, celle-ci n'agit plus exactement comme si elle n'en tenait qu'une; car tantôt elle est forcée de remplacer la rêne *directe* par la rêne *diagonale*, tantôt la rêne *d'ouverture* par la rêne de *pulsion;* mais le nombre des combinaisons types ne s'en trouve pas augmenté pour cela.

Pour le pas, le trot et le reculer, il n'y a absolument rien de changé. En effet, que les rênes soient séparées dans les deux mains ou qu'elles soient réunies dans une seule, leur action combinée avec celle des deux jambes se produira toujours de la même manière.

La deuxième combinaison des aides, moins simple que lorsque les rênes sont séparées, n'en est pas moins, elle aussi, la même dans toutes les exigences du cavalier, surtout en ce qui concerne les jambes et le poids du corps. Quant à la main qui tient en même temps les deux rênes, ne pouvant les faire agir simultanément, elle les fait fonctionner alternativement, leurs effets se succédant sans à-coup, suivant que le besoin s'en fait sentir.

Cette manière de se servir des rênes se produira dans tous les mouvements; d'où il résulte que ce qui était vrai quand le cavalier tenait les rênes séparées, l'est encore lorsqu'il les tient réunies.

Le *départ au galop* (avec le cheval non rassemblé) résulte d'une combinaison à peu près analogue à celle qui produit la demi-hanche la tête au mur. Quoiqu'il y ait ici une différence essentielle à observer dans *l'intensité* relative à donner à l'effet de chaque aide, le départ au galop ne doit pas faire exception à la règle que j'ai posée; toutefois examinons-le et, pour la facilité de la démonstration, supposons toujours les rênes de la bride tenues séparées dans les deux mains.

Dans la demi-hanche la tête au mur (à main droite) le cavalier se propose de faire tracer aux membres postérieurs du cheval une piste en dedans du manége, parallèle à celle que suivent les membres antérieurs, l'animal restant à peu près dans les mêmes conditions d'équilibre. Le centre commun de gravité, au lieu de continuer à cheminer d'arrière en avant, est dirigé de gauche à droite, et les membres gauches du cheval sont forcés de chevaucher par-dessus les membres droits. Le cavalier porte le poids de son corps *sur la fesse droite*, pour provoquer le changement de direction du centre commun de gravité, rester parfaitement lié au mouvement du cheval et faciliter le chevauchement du bipède latéral gauche qui se trouve ainsi allégé. Il donne la *position* à l'organisme, au moyen de la rêne et de la jambe gauches; mais l'opposition qu'il fait sur la rêne gauche a simplement pour but de combattre la tendance du cheval à se porter en avant (au contact de la jambe gauche qui range les hanches) et non de *retenir* l'épaule gauche, le membre gauche devant conserver la facilité de passer en avant du droit. Le cavalier a en outre l'attention de conserver le même degré *d'action*, entretenu par les deux jambes, sans concentrer davantage les forces de l'animal.

Dans le départ au galop (à droite), le cavalier donne également l'action avec les deux jambes, la position avec la rêne et la jambe gauches, et il contient ou dirige les épaules avec la rêne droite; mais, pour alléger le côté droit, il porte le poids du corps *sur la fesse gauche*; pour permettre au bipède latéral droit de dépasser son congénère, il retient ce dernier par une opposition sur l'épaule gauche; enfin, pour favoriser l'enlever de l'avant-main, il soutient davantage les poignets et il stimule le cheval, afin de produire une plus grande concentration de forces et pour engager l'arrière-main. En outre, le centre de gravité devant continuer à cheminer dans la direction primitive, la jambe gauche, qui n'a qu'à chasser légèrement la croupe en dedans, se combine plutôt avec la rêne droite qui est son régulateur (effet diagonal), qu'avec la jambe droite. Il y a donc là, malgré l'analogie qui existe entre la manière de combiner les aides dans les deux cas, une différence très-sensible dans l'*effet* que ces combinaisons doivent produire sur la machine animale. Comme c'est surtout une question de tact équestre, je pense qu'il faut ranger le départ au galop dans les mouvements produits par la deuxième combinaison des aides, afin de laisser à l'enseignement de l'équitation sa plus grande simplicité; sauf à prévenir l'élève, au moment voulu, de l'intensité particulière et relative qu'il doit donner à l'effet de chacune de ces aides, pour disposer son cheval à partir sur l'un ou sur l'autre pied. On arrive très-facilement à faire saisir cette différence au cavalier déjà familiarisé avec l'action des agents de la conduite, lorsqu'il est arrivé à la leçon du galop, et l'on évite ainsi d'embarrasser inutilement sa mémoire par une troisième combinaison qui a une très-grande ressemblance avec la deuxième.

Il y a d'ailleurs aussi quelques petites nuances à observer dans la manière de se servir des aides, suivant le mouvement que l'on veut produire par la deuxième combinaison, nuances que l'*écuyer* comprend et observe, mais qu'il est difficile de faire saisir au cavalier ordinaire montant un cheval imparfaitement dressé; il serait donc inutile, dans une théorie militaire, qui doit être avant tout simple et claire, de faire mention de ces subtilités. C'est ainsi que l'on pourrait objecter par exemple que, dans la rotation sur les épaules, le membre antérieur du dedans (c'est-à-dire du côté où va la croupe) chevauche par-dessus celui du dehors, tandis que le contraire a lieu dans la rotation sur les hanches et dans la demi-hanche la tête au mur; qu'il y a là par conséquent une différence à observer dans l'opposition à pratiquer sur l'épaule du dehors; mais cette objection qui serait très-fondée s'il s'agissait d'un travail de haute école où, pour la rotation sur les épaules, le cheval *pivote* sur le membre extérieur, tombe d'elle-même quand il n'est question que d'un simple demi-tour sur les épaules; ici, en effet, le cavalier se contente de faire tourner l'arrière-main du cheval autour des membres antérieurs, sans que l'un ou l'autre pied soit plus particulièrement tenu à rester en place. D'ailleurs ce qui pourrait arriver de pire, ce serait, dans les mouvements sur les hanches, une opposition trop forte sur l'épaule du dehors, et cet inconvénient disparaît lorsque le cavalier tient ses deux rênes réunies dans la main gauche, l'opposition ne pouvant plus se produire alors qu'au moyen de la rêne *diagonale;* mais, je le répète, ce sont là des subtilités qui ne sauraient trouver place dans une théorie d'équitation élémentaire.

La deuxième combinaison des aides trouve également sa place dans le *changement de pied* au galop, qui s'obtient par un simple changement de position, secondé par une inclination du corps du cavalier dans le sens de la nouvelle direction, et par une légère augmentation d'action, pour éviter le ralentissement d'allure, au moment d'effectuer le changement de position.

Il s'agit ici, bien entendu, du changement de pied en changeant de direction, le seul qui soit à la portée des cavaliers ordinaires.

Ainsi les combinaisons des aides qui, à première vue, paraissent si multiples, eu égard à la multiplicité des mouvements qu'elles sont susceptibles de provoquer chez le cheval, se réduisent en définitive à deux ou trois au plus, et dès lors l'enseignement de l'équitation élémentaire peut et doit en être considérablement simplifié. Une fois l'assiette du cavalier assurée par les excellents moyens aujourd'hui en usage dans l'armée, l'emploi des aides et leurs combinaisons peuvent être inculqués aux recrues en très-peu de temps. J'appelle sur ce point toute l'attention des hommes spéciaux qui pourront être chargés un jour d'apporter à nos règlements les modifications dont l'expérience ne manquera pas, avec le temps, de démontrer l'utilité.

V. DE QUELQUES SUJETS CONTROVERSÉS.

> « Des systèmes vagues et arbitraires n'éclairent
> « point un art : il faut des connaissances fondées
> « sur la nature ; et l'équitation ne sera point un
> « art fixé, si quelque écuyer, jaloux de ses pro-
> « grès, ne l'établit sur des fondements solides. »
> DUPATY DE CLAM, *La science et l'art de l'équita-
> tion démontrés par la nature.*

DISCUSSION.

*1° Que faut-il penser de la mobilisation de la mâchoire
du cheval ?*

Dans le courant de cet ouvrage et tout particulièrement dans la première partie, j'ai souvent insisté sur la nécessité d'obtenir, chez le cheval, la mobilité de la mâchoire, cette mobilité où l'animal *lâche* son mors en le mâchant, et qui est l'indice le plus certain de la distribution harmonieuse de ses forces.

Depuis un certain nombre d'années, il est d'usage,— je dirais presque de bon goût, — parmi les écrivains hippiques, après avoir jeté un anathème de convention sur les flexions d'encolure, de se rattraper en quelque sorte sur les assouplissements de la mâchoire, pour se procurer la « mobilité moelleuse » si appréciée par quiconque monte à cheval ou a la prétention d'y monter. Il en résulte que beaucoup de gens qui n'ont pas l'habitude de passer des *effets* aux *causes*, sont convaincus qu'il suffit de faire jouer la mâchoire inférieure du cheval, pour obtenir cette mobilité si désirée, illusion qui, le plus souvent, tombe après quelques jours d'efforts infructueux.

Je ne dis pas que la mâchoire ne soit pas parfois le siége de contractions toutes locales, que l'on ne puisse faire disparaître en faisant jouer l'articulation maxillo-temporale ; mais, comme il est incontestable que le défaut d'aplomb, d'équilibre de l'organisme se répercute fatalement sur la mâchoire, il s'ensuit que, quatre-vingt-dix-neuf fois sur cent, l'assouplissement local de cette partie reste et doit rester sans effet. De là ces fréquentes déconvenues du cavalier qui, après avoir obtenu, à pied, une mobilité de la mâchoire qui semblait parfaite, ne la retrouve plus, une fois en selle, et surtout, une fois en marche aux différentes allures.

Le cheval non monté, à l'état de station régulière, se trouve dans son équilibre naturel; sa mâchoire est donc libre de toute influence pouvant résulter d'un défaut d'aplomb ; aussi la « mobilité moelleuse » s'obtient-elle, dans ces conditions, avec une extrême facilité, en faisant jouer l'articulation, ainsi qu'il est généralement recommandé de le faire.

Une fois le cheval monté et tant qu'il n'a pas retrouvé son équilibre naturel sous le cavalier, c'est tout différent : la contraction des maxillaires se produit de nouveau et nul assouplissement local ne saurait la détruire.

C'est l'équilibre dans toutes les attitudes de l'animal, aussi bien en place qu'en mouvement, qui donne une mobilité de mâchoire constante; or, comme c'est la souplesse générale seule qui permet au cheval de retrouver instinctivement son équilibre naturel, c'est aussi par l'assouplissement général que l'on peut obvier à la contraction de la mâchoire. C'est donc perdre son temps que de chercher à mobiliser cette partie, en agissant directement sur elle, et c'est pourquoi, dans mon travail préparatoire, je n'accorde plus à ces pratiques qu'une importance très-secondaire.

Et lorsque, dans le courant du dressage, je recommande d'entretenir constamment la mâchoire mobile, c'est par la production incessante *d'effets d'ensemble* qui entretiennent et rétablissent au besoin l'harmonie dans les forces du cheval, que j'entends que l'on procède, et non pas par des actions locales et isolées, qui ne signifient et ne produisent absolument rien.

Il ne faut pas oublier non plus que mon livre ne s'occupe, dans sa partie pratique, que du dressage de chevaux difficiles. Les vices et les défauts ne pouvant se corriger que par le rétablissement de l'équilibre, il faut à la plupart de ces chevaux un dressage assez complet; de là la nécessité de les mobiliser et de les assouplir plus qu'on n'a coutume de le faire pour le cheval destiné au service ordinaire de la selle; de là aussi l'obligation, pour le cavalier, de posséder un talent supérieur au savoir et au savoir-faire du commun des martyrs.

2° *Est-il rationnel d'assouplir l'encolure de tous les chevaux de selle?* (1)

Oui, il est rationnel d'assouplir l'encolure de tous les chevaux de selle, si la mobilité donnée à cette partie n'est que la conséquence de la souplesse générale de

---

(1) Voir l'*Introduction*, p. 19.

l'organisme, c'est-à-dire si elle a été obtenue *indirectement;* non, mille fois non, s'il s'agit de la produire directement, au moyen de flexions locales.

Il n'est pas, de l'encolure du cheval, comme de sa mâchoire; car il n'est que trop facile de rompre la rigidité du gouvernail par des mobilisations directes; et comme il est impossible (à moins de sujets exceptionnels, qui réclament un traitement spécial, et avec lesquels on ne risque pas de forcer la dose) de savoir par avance proportionner cette souplesse à la mobilité générale que pourra acquérir l'organisme au cours du dressage, on s'expose à faire de très-mauvaise besogne, en détruisant l'accord si nécessaire entre les forces de l'avant et de l'arrière-main.

L'encolure peut être comparée au timon d'une voiture; il faut donc que lorsqu'on dirige l'encolure dans un sens ou dans un autre, les épaules du cheval la suivent dans cette direction, comme les roues de l'avant-train suivent la flèche.

Avec un cheval bien mis, qui est naturellement mobile dans toutes ses parties; qui se meut constamment en équilibre; qui, en un mot, est toujours léger, la moindre indication de la main suffit : les jambes du cavalier font le reste. Il n'en est pas ainsi du cheval de troupe, par exemple, qui n'est en quelque sorte que débourré et qui reste relativement lourd et contracté, quoi que l'on puisse faire. Sa masse entraînée dans une direction ne s'en détournera pas, si l'encolure est seule mobile : l'animal cédera, de cette dernière partie, à la sollicitation de la main généralement très-dure du cavalier, et n'en continuera pas moins à progresser dans la direction primitive. La souplesse de l'encolure doit être, en général, le résultat d'une bonne direction donnée à l'ensemble du dressage, et non pas la conséquence de pratiques locales, de flexions plus ou moins longtemps répétées en place.

Si donc les flexions de *la mâchoire* (souvent inutiles, mais qui, même poussées à l'excès, ne sauraient être nuisibles), peuvent être toujours appliquées impunément, les flexions de l'*encolure* seront, au contraire, très-dangereuses, lorsqu'elles seront pratiquées par un cavalier qui ne sera pas sûr de pouvoir donner à l'arrière-main une souplesse proportionnelle, et c'est le cas ordinaire du cavalier militaire. On a donc agi très-sagement en proscrivant ces flexions du dressage du cheval de troupe, toutes les fois qu'il ne s'agit pas d'un animal vicieux pour lequel un simple débourrage est insuffisant ; car, pût-on même obtenir une grande mobilité générale, il faudrait se garder de la produire, tout instrument devant être approprié avant tout à l'individu qui doit s'en servir.

3° *Comment faut-il comprendre le ramener ?*

Il a été fréquemment question du *ramener* dans cette méthode ; il est donc important de savoir ce qu'il faut entendre par ce mot.

Le ramener ne saurait être une chose conventionnelle. Outre la grâce, la bonne mine que le véritable ramener donne au cheval et, par suite, au cavalier lui-même, il a une influence trop grande sur la puissance équestre de ce dernier et surtout *sur la conservation du cheval*, pour qu'un écuyer sérieux ne lui accorde pas toute son attention.

La question du ramener a été longtemps controversée. Aujourd'hui encore tous les écuyers ne sont pas d'accord sur la meilleure position de tête et d'encolure à donner au cheval de selle ; toutefois on peut dire que presque tous penchent pour la *verticalité de la tête et le soutien de l'encolure*. Pour que cette définition du bon ramener soit exacte, il faut ajouter : *au moment où le mors agit ;* car il est clair que, si la tête affectait auparavant cette direction verticale, elle la quitterait immédiatement par l'action du mors, pour venir *en dedans* de cette ligne, attitude qui caractérise l'encapuchonnement, c'est-à-dire la direction de tête la plus préjudiciable à la bonne conduite du cheval.

Tant que la main du cavalier n'agit pas, le bout du nez du cheval doit être un peu en avant de la verticale ; c'est la position de tête naturelle, lorsque le cheval est au repos ou lorsqu'il n'est pas sollicité par les aides.

Déjà l'ancienne équitation française avait préconisé la verticalité de la tête dans le ramener. *Ch. Thiroux*, dans son *Traité d'équitation*, dit que « le cheval dans la « main est celui qui non-seulement place sa tête au « haut de son encolure arquée, de manière que le nez « soit perpendiculaire au chemin qu'il fraye, mais en- « core qui conserve tant qu'il travaille cette position, « la seule favorable à l'exécution du cheval et la seule « qui soit le gage de son obéissance. » Cette opinion du citoyen *Thiroux* était partagée par tous les écuyers de l'époque, et il y a tout lieu de croire que les maîtres de l'école de Versailles, qui n'ont pas cru devoir nous laisser leurs doctrines par écrit, avaient, à l'endroit du ramener, la même manière de voir.

L'école allemande avait, elle aussi, apprécié les avantages de la verticalité de la tête et du soutien de l'encolure ; car *Hunersdorf* (le précurseur de *Baucher*), qui a écrit à la fin du dernier siècle et dont les principes sont encore journellement recommandés par les écuyers d'outre-Rhin, insiste tout particulièrement sur la nécessité de donner au cheval cette belle position. « Il est
« aisé, dit-il, à propos du ramener, de se figurer un
« idéal sous ce rapport; car quel cavalier ne s'est point
« parfois représenté une encolure gracieuse, bien sortie
« du garrot et bien arquée, donnant attache à une tête
« *ramenée sur la verticale?* Ce tableau séduisant se trouve
« généralement répandu et presque imprimé dans l'es-
« prit de tous les cavaliers; son charme est si puissant,
« qu'il suffit souvent qu'un cheval en approche plus ou
« moins, pour que de médiocres connaisseurs s'en amou-
« rachent et s'aveuglent sur tous les défauts de l'ani-
« mal. »

Et plus loin :

« Tout cavalier de quelque expérience est convaincu
« du précieux avantage d'avoir assuré la tête du cheval
« de selle. Tous les mouvements partant de la tête, on
« ne saurait préciser l'allure et la direction, ni rester
« maître de l'animal, tant qu'elle ne se trouve pas dans
« une bonne position » (1).

---

(1) *Méthode la plus facile et la plus naturelle pour dresser le cheval d'officier et d'amateur,* par H. *Hunersdorf,* écuyer de S. A. R. le prince de Hesse, traduit de l'allemand par *A. de Brockowski.*

Le tort des anciennes théories est d'avoir presque toujours négligé de donner le *pourquoi* des principes posés ; c'est ce qui fait que beaucoup d'excellentes choses ont été abandonnées et reprises, pour être abandonnées de nouveau. Si l'on avait su donner de bonnes raisons pour démontrer que la verticalité de la tête est la seule position qui permette aux effets de la main de se produire et d'agir sur la machine animale *sans aucune décomposition de forces ;* que cette position est, jusqu'à un certain point, une preuve d'aplomb chez le cheval, lorsqu'il la prend sans efforts ni contractions, au lieu d'en faire une question de mode, de goût de la part du cavalier, toute controverse sur ce point serait devenue impossible.

Le cheval bien fait se ramène facilement ; cette attitude lui est aisée ; c'est la preuve de l'harmonie qui existe dans toutes ses forces, harmonie qui a sa cause dans la régularité de la construction de l'animal. Du reste, le cheval bien proportionné et vigoureux s'équilibre, pour ainsi dire, tout seul sous le cavalier ; de là la grande facilité avec laquelle il se ramène.

Le ramener est donc une conséquence de l'équilibre. Or, le dressage a pour but d'équilibrer le cheval, quelle que soit sa conformation. Un cheval dressé doit donc être nécessairement ramené ; c'est-à-dire que son encolure sera plus ou moins soutenue (suivant sa conformation), sa tête sera verticale et sa mâchoire inférieure mobile, toutes les fois que les rênes agiront sur le mors.

Ainsi, je le répète, le ramener est la conséquence de la répartition régulière et de l'harmonie des forces du cheval. A ce point de vue seul il mérite déjà toute l'attention du cavalier ; mais ce n'est pas tout : la verticalité de la tête conduit à l'équilibre ; car il est prouvé, que de toutes les attitudes de la tête, *c'est celle qui favorise le plus les actions de la main du cavalier.* J'ai donné la démonstration en quelque sorte mathématique de cette proposition dans mon *Mémoire sur le dressage et la conduite du cheval de guerre* (1) ; je ne la reproduirai pas ici.

Comme il est on ne peut plus facile d'obtenir le ramener, même avant de monter à cheval, en appliquant les exercices gymnastiques que j'ai développés, il est indispensable de rechercher cette position de tête et d'encolure dès le début du dressage.

Le poids du cavalier détruisant, il est vrai, l'équilibre naturel du cheval, le soutien de l'encolure et la mobilité de la mâchoire obtenus à pied, ne se maintiennent généralement pas sous le cavalier ; mais on les retrouvera à mesure que l'animal s'équilibrera. D'ailleurs, par la verticalité de la tête, on se sera mis dans les conditions les plus favorables pour agir constamment sur l'ensemble de toutes les forces du cheval, directement et sans décomposition, en donnant aux effets de la main de la bride la plus grande puissance possible, ce qui permet d'en graduer tous les effets.

Ainsi, le cheval dans la main a l'encolure soutenue, la tête ramenée sur la verticale et la mâchoire mobile.

---

(1) P. 122.

4° *Est-il possible d'assouplir l'organisme dans son ensemble, sans recourir aux exercices pratiqués avec la cravache?*

Il est évidemment possible d'arriver à une mobilité suffisante de l'ensemble de la machine animale, sans soumettre celle-ci à la gymnastique préliminaire que je préconise : c'est beaucoup plus long, beaucoup plus incertain et quelquefois beaucoup plus difficile ; voilà tout.

Les rotations sur l'avant et sur l'arrière-main, le travail sur les hanches et le reculer, lorsqu'ils sont pratiqués avec tact et intelligence, donnent certainement un résultat suffisant. Les assouplissements avec la cravache ne dispensent d'ailleurs pas d'user de ces exercices éminemment utiles ; ils en facilitent seulement et en simplifient singulièrement l'exécution. Il faut d'ailleurs envisager ces exercices au double point de vue du dressage du cheval et de l'enseignement de l'équitation.

Dans mon *Mémoire sur le dressage et la conduite du cheval de guerre*, qui n'est qu'une critique de l'ordonnance de 1829, et dont le manuscrit a été soumis au Comité de cavalerie bien avant l'apparition du *Travail individuel*, j'ai insisté sur la nécessité d'introduire les rotations sur les épaules et sur les hanches dans les exercices élémentaires à l'usage du cavalier militaire, en m'appuyant sur l'opinion des maîtres de l'ancienne et de la nouvelle école. Cette heureuse innovation s'est faite depuis. Peut-être mes observations n'ont-elles pas été étrangères à l'événement.

Beaucoup de gens, peu versés dans les choses de l'équitation, ne voient, dans les rotations et dans le travail sur les hanches, que de simples parades de manége destinées à faire ressortir l'adresse du cavalier, et pensent que ces exercices (soi-disant du domaine purement académique), sont non-seulement inutiles au cavalier militaire, mais contraires à la conservation du cheval. Il n'y a absolument rien de fondé dans ces objections.

Le travail sur les hanches et les rotations, exécutés dans une sage mesure et avec les moyens que j'ai développés dans ce livre, sont éminemment utiles, car, outre leurs propriétés gymnastiques sur l'organisme du cheval, ils sont seuls susceptibles de donner *promptement*, aux cavaliers, l'accord des aides qui leur manque ; de plus, loin de fatiguer les chevaux, ils les préservent d'une foule d'à-coup résultant de la maladresse de l'homme et contribuant à abréger la durée de leurs services.

En effet, on reproche avec raison aux mouvements successifs et individuels de l'*école du cavalier*, de se prêter trop facilement à la routine ; de dispenser le cavalier de toute harmonie dans l'emploi de ses aides, les chevaux obéissant le plus souvent par imitation ; enfin, de mettre l'instructeur dans l'impossibilité de savoir si le cavalier conduit son cheval ou s'il est, au contraire, conduit par lui, la régularité dans l'ensemble des mouvements étant loin de prouver l'adresse des exécutants.

Les demi-tours sur les épaules et sur les hanches et le travail de deux pistes ont, eux, l'avantage immense de nécessiter l'action collective des aides du cavalier, et ne favorisent pas, comme les précédents, *l'usage de la main à l'exclusion des jambes et de l'assiette;* car il n'y aura de régularité dans l'exécution des mouvements d'ensemble, que lorsque l'emploi des aides sera bien entendu, les chevaux ne pouvant, ici, agir par routine ; de plus, toute faute commise par un cavalier saute forcément aux yeux de l'instructeur, qui ne manque jamais de saisir l'occasion de faire comprendre *pourquoi* le cheval n'a pas obéi, rappelant, à cet effet, les principes qui ont été donnés dans le travail de pied ferme.

Enfin, tous ces mouvements *exigeant la même combinaison d'aides* (1), à quelque allure qu'on les exécute, les cavaliers prennent promptement l'habitude de se servir régulièrement de leurs mains, de leurs jambes et de leur assiette. C'est de plus une excellente préparation pour les *départs au galop,* dont la précision a une grande importance au point de vue de la conservation du cheval ; car le galop *désuni,* qui succède si souvent à un départ faux, au premier changement de direction, produit un désordre intérieur qui use promptement la machine animale, désordre auquel il est permis d'attribuer, en grande partie, la ruine prématurée de la plupart de nos chevaux de troupe.

Ainsi, sous le rapport de l'enseignement, ce travail est un moyen puissant de forcer le cavalier à se servir de ses jambes et de son assiette, aussi bien que de sa main, et, sous celui de la conservation du cheval, ces exercices sont précieux, lorsqu'on sait les employer avec discrétion.

Ces utiles pratiques, il faut le dire, n'en renferment pas moins un danger pour le cavalier inexpérimenté ; mais il suffit d'indiquer ce danger, pour qu'il soit facile

---

(1) Voir page 282.

à éviter. Dans ces exercices le cheval se trouve plus particulièrement resserré dans les aides : contenu entre deux menaces de douleur (le mors et les éperons), dont l'une est immédiate et l'autre beaucoup plus éloignée, il est naturellement disposé à redouter plus la première que la seconde, et il peut chercher à s'y soustraire, en se mettant insensiblement derrière la main ; si le cavalier n'y porte remède, il peut même arriver que l'animal se mette derrière les jambes, et, dès lors il a cessé d'être dominé. Pour parer sûrement à cet inconvénient, il suffit de *chasser constamment le cheval sur la main,* pendant l'exécution de ce travail, et surtout lorsqu'on sent faiblir son appui ; d'entremêler ces exercices de marches directes aux allures vives ; enfin, d'appliquer parfois le pincer des éperons.

Le travail gymnastique pratiqué au moyen de la cravache, que j'ai développé dans la première partie (1), fait disparaître cet inconvénient du dressage du jeune cheval, en dispensant le cavalier, dans la généralité des cas, d'insister sur les pirouettes et sur le travail de deux pistes.

5° *Que faut-il penser du principe : Mains sans jambes, — jambes sans mains ?*

Le principe *mains sans jambes, jambes sans mains,* posé par Baucher dans sa *deuxième manière,* que j'ai réfutée

---

(1) Voir la *Progression.*

dans ma critique publiée en 1869 (1), est complétement faux, surtout en équitation militaire.

L'ordonnance de cavalerie nous dit, avec raison, tout en se servant d'une expression impropre (rassembler), que, pour préparer le cheval au mouvement qu'il doit exécuter, il faut soutenir les poignets et rapprocher un peu les jambes.

Supposons le cheval de pied ferme : pour le porter simplement en avant au pas, la préparation indiquée ci-dessus est suffisante et l'on peut, *à la rigueur*, admettre que sur un cheval à l'état de station libre, ces deux actions puissent se faire successivement, sans provoquer aucun déplacement.

Mais si le mouvement projeté doit se faire au trot ou au galop, je demanderai aux enthousiastes de l'innovation en question si chaleureusement recommandée par leur auteur et par ses adeptes aux instructeurs de la cavalerie, lesquels enthousiastes pensent que les mains et les jambes ne doivent *jamais* agir en même temps ; je leur demanderai comment ils s'y prendront pour appliquer ce soi-disant principe rationnel ? Ce seul exemple, je crois, suffit pour en démontrer toute la fausseté.

6° *De quelle jambe faut-il se servir pour faire tourner le cheval ?*

J'entends parler ici, cela va sans dire, du tourner en

---

(1) *La vérité sur la méthode Baucher (ancienne et nouvelle).*

marchant et tout particulièrement de l'à-droite, de l'à-gauche et du demi-tour, que l'on a coutume de faire sur un arc de cercle déterminé d'avance.

Tous les auteurs sont naturellement d'accord sur le rôle de la main dans ces mouvements; c'est sur celui des jambes qu'ils ne s'entendent pas. Les uns pensent que c'est la jambe droite qui fait tourner le cheval à droite; les autres prétendent que c'est la jambe gauche. Il en est même qui recommandent de se servir de la jambe droite, lorsque les rênes sont tenues séparées dans les deux mains, et, de la jambe gauche, si elles sont réunies dans une seule; excepté si l'allure est assez rapide pour que *la force centrifuge* se développe, auquel cas il faut toujours se servir de la jambe gauche. Ce dernier système, soit dit en passant, me paraît bien compliqué; d'autant plus que la force centrifuge, pour se développer, n'attend pas que l'allure soit rapide.

Je crois, moi, que c'est la main seule qui fait tourner le cheval, et que les jambes, après avoir communiqué le degré d'action voulu, servent uniquement à maintenir l'animal sur l'arc de cercle qu'on veut lui faire parcourir.

En effet, les jambes, par leur action stimulante, excitante servent à provoquer le développement du moteur sans lequel tout déplacement de la masse est impossible. Que pour tourner à droite on ferme la jambe droite ou qu'on se serve de la jambe gauche, peu importe : l'excitation au mouvement aura lieu; mais la forme sous laquelle le mouvement se produira, son plus ou moins de régularité, dépendra évidemment de la *position* donnée au mécanisme; car on ne veut pas seulement que le cheval tourne à droite : on veut aussi qu'il ne sorte pas de son équilibre et que les hanches passent exactement par les mêmes points que les épaules.

Or, ouvrir la rêne droite et fermer la jambe droite seule, c'est produire une espèce de renversement en provoquant le déplacement des hanches vers la gauche, ce qui détruit l'équilibre naturel du cheval et rend impossible toute précision dans l'exécution du mouvement. On a beau recommander de soutenir le cheval avec la jambe gauche : il est trop tard, l'action déterminante est produite et le renversement en a été la conséquence.

Cette manière de faire tourner le cheval à toutes les allures est, pour l'organisme, une cause de ruine qui, sans qu'on s'en doute, continue à coûter fort cher à l'Etat.

Ouvrir la rêne droite et fermer la jambe gauche est beaucoup plus rationnel ; car cette jambe gauche, tout en actionnant le cheval plus ou moins en arrière, contiendra en même temps les hanches sur la courbe parcourue par les épaules. Seulement, pour un cheval imparfaitement dressé qui, par conséquent, n'a pas encore acquis une grande légèreté, je crois que l'action isolée de la jambe du dehors est insuffisante et qu'il faut que la jambe du dedans agisse en même temps, mais de manière à ne pas contrarier l'effet de sa congénère : pendant que la jambe gauche se fermera en arrière, la jambe droite stimulera donc le cheval près des sangles.

Je me résume et je dis : pour tourner à droite, il faut porter la main à droite et fermer les deux jambes, la gauche plus en arrière que la droite, et d'autant plus en arrière, que l'on tourne plus court et que l'on va plus vite.

J'ai justifié, au chapitre traitant de *la force centrifuge*, la dernière partie de cette proposition ; j'y ai démontré en outre que, plus le cavalier est obligé de porter la jambe du dehors en arrière, plus il doit incliner le corps en dedans.

7° *De quel côté le cavalier doit-il porter le poids de son corps, dans le mouvement d'appuyer ?*

Il y a quelques années, il m'a été donné d'assister à une discussion entre deux écuyers de profession, enseignant leur art dans le même établissement. Il s'agissait de savoir si, en appuyant à droite, il faut que le cavalier porte le poids de son corps sur la fesse gauche, ou s'il doit, au contraire, le faire affluer sur la partie droite.

Ces Messieurs n'ayant pu s'entendre, — et, il faut bien le dire, les arguments produits des deux côtés étaient peu faits pour décider de la question, — on a bien voulu me demander mon opinion sur ce point, que j'ai ainsi formulée :

L'accord parfait des aides exige de la solidité en selle, et cette solidité ne peut exister sans que le cavalier accompagne le cheval dans tous ses déplacements, c'est-à-dire, sans qu'il reste lié à tous ses mouvements.

D'un autre côté, le cavalier, en faisant affluer le poids de son corps dans une direction ou dans une autre, influe naturellement sur la marche du centre de gravité commun, marche qu'il accélère ainsi ou qu'il entrave plus ou moins, suivant le cas.

Le mouvement d'appuyer n'étant pas naturel au

cheval, qui ne l'exécute jamais lorsqu'il est livré à lui-même, il faut *seconder* l'animal dans cet exercice. Or, c'est évidemment en portant le poids du corps du côté où l'on appuie, que l'on atteint ce résultat : 1° parce qu'on active la marche du centre de gravité commun dans la direction voulue ; 2° parce que, en chargeant davantage le bipède latéral de ce côté, on allége d'autant plus l'autre bipède, ce qui facilite le chevauchement des deux membres de ce dernier, lesquels ont de plus grands arcs de cercle à parcourir.

Quant à la question de solidité, elle trouve également sa solution dans cette manière de procéder. En effet, comment l'assiette du cavalier peut-elle être surtout compromise dans le mouvement d'appuyer? C'est évidemment par un brusque écart du cheval provoquant la désunion des deux centres de gravité. Or un écart n'est *possible* que dans le sens même du mouvement d'appuyer, par suite de la direction oblique du cheval, laquelle fait que les membres du côté de l'appuyer sont toujours *en arrière* de leurs congénères. Pour pouvoir se jeter du côté opposé, il faudrait auparavant que l'animal se redressât et prît une inclinaison en sens inverse, ce qui n'est pas admissible. Le mouvement brusque du cheval sera donc d'autant moins susceptible de provoquer la séparation des deux centres, que le poids du cavalier sera plus porté vers le côté de l'appuyer.

Il en serait tout autrement si le cavalier, en faisant tenir des hanches à son cheval, portait le poids du corps du côté opposé à l'appuyer : un écart un peu violent produirait une séparation de corps inévitable.

Pour tous ces motifs je pense que, dans le mouveent d'appuyer à droite ou à gauche, *le cavalier doit toujours faire affluer le poids de son corps du côté vers lequel le cheval appuie.*

8° *De quelle jambe faut-il se servir pour faire partir le cheval au galop ?*

Pour le départ au galop, comme pour faire tourner le cheval, les écuyers sont loin d'être d'accord. Les uns pensent que, pour faire partir le cheval sur le pied droit, c'est de la jambe droite qu'il faut se servir; d'autres, que c'est au contraire la jambe gauche qui doit intervenir; d'autres, enfin, prétendent qu'il faut faire usage des deux jambes. Je partage l'avis de ces derniers, sans donner tout à fait tort aux autres.

L'allure du galop consiste en une succession de sauts, pour l'exécution desquels l'animal est obligé de s'enlever du devant et, pour cela, de faire refluer une partie de son poids sur l'arrière-main. Or, l'arrière-main d'un cheval *maintenu droit* ne peut recevoir cet excédant de charge momentané, qu'à la condition de s'engager sous la masse.

Pour faire partir le cheval au galop, sans qu'il se traverse, il faut donc le *rassembler*, ce qui prépare en même temps l'impulsion par la concentration du moteur développé, et ce rassembler ne peut naturellement se produire qu'à l'aide *des deux* jambes, sur une opposition de la main.

Voici donc le moteur mis en tension et l'équilibre

mécanique (1) rendu plus instable, par la réduction de la superficie du terrain circonscrit par les pieds du cheval.

La machine animale ainsi préparée, — les épaules et les hanches du cheval restant sur la même ligne et à la même hauteur deux à deux, — si la main se baisse, le mouvement se produira, soit au pas, soit au trot, suivant le degré de tension du moteur.

Mais si la main, avant de céder, s'est *soutenue* en se portant un peu en arrière, elle a disposé l'avant-main à s'élever; elle a donné plus de liberté à l'épaule droite; enfin, elle a chargé la hanche gauche, ce qui a relativement allégé l'autre hanche.

Si, avec cela, la jambe droite du cavalier a fait primer son effet sur l'effet de la jambe gauche, le membre postérieur droit du cheval s'est engagé plus avant que son congénère, et tout le bipède latéral droit s'est trouvé ainsi disposé à dépasser le bipède latéral gauche. Si, enfin, pour achever d'encourager l'initiative de cette partie droite, le cavalier a porté le poids de son corps sur la fesse gauche, l'ensemble de toutes ces actions simultanées (avec une pression suffisante du moteur) n'a pu engendrer que le galop sur le pied droit.

C'est évidemment l'intervention de la jambe droite, avec l'opposition de la main dans la direction de la

---

(1) Il ne faut pas perdre de vue que la locomotion est le résultat de ruptures et de reconstitutions successives de l'équilibre *physique*, auxquelles préside, en s'y associant, l'équilibre *physiologique*, c'est-à-dire l'harmonie parfaite entre les forces agissantes du cheval.

hanche gauche, qui a donné la *position* d'où est résulté le départ sur le pied droit ; mais est-il juste de dire que la jambe gauche soit restée étrangère à la production de l'allure ?

Comme il n'est pas possible d'obtenir le galop sans provoquer d'abord la concentration des forces du cheval (1), et qu'on ne peut obtenir cette concentration qu'avec l'aide des deux jambes, dont l'effet se continue jusqu'à ce que la position imposée au mécanisme décide du départ, on peut dire que les deux jambes du cavalier contribuent, quoique à un degré différent, à la production de l'allure du galop ; ce qui n'empêche pas que la position génératrice du galop sur le pied droit ne soit donnée *avec la jambe droite.*

Est-il nécessaire d'ajouter que, pour faire usage de ces effets d'une justesse mathématique, il faut que l'animal ait été amené à céder instantanément à tous les degrés de pression des aides ?

Cette manière de faire partir le cheval au galop n'est donc complétement applicable qu'à l'animal mis et bien mis, et ce n'est pas là le procédé qu'il faut employer en dressage ou avec le vulgaire cheval de selle.

Ici, comme toujours, il convient de tenir compte des propensions de l'animal. Celui-ci, lorsqu'il est livré à lui-même, ne part jamais parfaitement *droit* au galop ; il commence toujours par se traverser quelque peu : au lieu de glisser ses membres postérieurs aussi avant sous

---

(1) Excepté par accélération du trot.

le centre de gravité, il se contente de se placer un peu obliquement, ce qui permet au bipède latéral du côté de l'oblique de dépasser l'autre, et rapproche, par le fait, le membre postérieur de ce bipède de la ligne de gravitation, condition indispensable pour que le reflux du poids de l'avant-main puisse se produire.

Cette direction oblique est donc indispensable au cheval qui n'a pas encore acquis le degré de souplesse voulue pour pouvoir engager suffisamment son arrière-main. De là la nécessité de traverser le cheval dans les commencements du dressage et, pour cela, de faire primer l'action de *la jambe gauche*, dans le galop à droite, et *vice versâ*.

Ainsi, avec le cheval finement dressé, c'est la jambe droite qui provoque le galop sur le pied droit, tandis que c'est la jambe gauche qui donnera ce résultat, avec tous les chevaux qui ne sont pas complétement soumis au rassembler ; mais, dans l'un et l'autre cas, le déploiement du moteur (l'impulsion) est toujours provoqué par l'action collective des deux jambes du cavalier.

9° *A quel moment l'action déterminante doit-elle se produire dans le départ au galop ?*

La réponse à cette question est ou bien simple ou très-complexe, suivant la manière de l'envisager.

Si nous nous plaçons au point de vue de la vulgaire pratique, — et je crois que c'est le seul qui importe vraiment, — on peut dire que *c'est le cheval « qui saisira le moment opportun »* ; c'est-à-dire que l'exécution se produira à l'instant même où l'effet des aides aura donné la position génératrice de l'allure.

Je sais bien que, avec un cheval parfaitement mis, un écuyer consommé pourra accorder l'effet de ses aides avec le fonctionnement du mécanisme, de façon à imprimer l'action déterminante à l'instant précis où le phénomène devient possible. Indépendamment de cette sorte de prescience tactile que quelques-uns acquièrent par la pratique et qui permet de saisir le moment le plus propice pour faire agir les aides, il y a la *théorie* raisonnée de la locomotion qui peut servir de guide à un praticien habile. Malheureusement les auteurs sont très-divisés sur ce sujet, et je me charge d'autant moins de les mettre d'accord, que je ne vois pas du tout quel intérêt il peut y avoir à introduire cet élément de précision dans un art qui a tout à gagner à la simplicité des moyens employés ; en outre, la possession de cette théorie sans le sentiment équestre dont je viens de parler et qui, lui, peut se passer de théorie, ne sert absolument à rien, et les questions de tact ne se traduisent point par des formules.

Ainsi, je le répète, le départ au galop étant la conséquence de la *position* imposée accompagnée d'une tension suffisante du moteur, c'est l'animal qui prendra l'allure, à l'instant même où la disposition des rouages de son mécanisme locomoteur le lui permettra ; naturellement le cheval équilibré et rassemblé se trouvera dans les meilleures conditions pour que l'exécution puisse être instantanée et, dans ce cas, je pense que l'action déterminante, soit au pas, soit au trot, doit coïncider avec le lever du membre antérieur droit (ou plutôt, doit le précéder un peu) si c'est sur le pied droit que l'on veut partir, et *vice versâ*. Je n'en dirai pas davantage.

10° *A quel moment et comment faut-il faire agir les aides pour obtenir le changement de pied au galop ?*

Les observations que je viens de faire touchant le départ au galop s'appliquent, dans une certaine mesure, au changement de pied. Ici toutefois il est possible de préciser davantage.

D'abord le changement de pied ne doit être demandé qu'à un cheval suffisamment léger au galop, s'enlevant juste et facilement sur l'un et sur l'autre pied ; ce sera alors le résultat d'un changement de position imprimé à l'organisme.

J'ai indiqué, dans mon *Manuel d'équitation* (1), la marche à suivre pour amener le cheval à changer de pied en changeant de direction ; je ne m'en occuperai donc pas ici.

Le changement de pied avec un cheval bien mis, c'est-à-dire susceptible de se rassembler et de s'équilibrer (deux expressions qui ne sont pas synonymes) dans tous ses déplacements, peut être obtenu avec une grande précision, sans changer de direction et à point nommé, parce que les foulées, à l'allure du galop, sont assez distinctes pour qu'il soit facile de saisir celle qui indique

---

(1) Page 150.

le moment où l'effet des aides peut être immédiatement suivi de l'exécution du mouvement. C'est donc surtout une question d'attention.

Le galop ordinaire s'exécute en quatre temps bien marqués : trois foulées successives sur le sol suivies d'un temps en blanc pendant lequel la masse est suspendue en l'air. Or, l'intervertissement de l'ordre des foulées qui constitue le changement de pied ne peut se décider par la modification apportée au fonctionnement du mécanisme, *que pendant l'exécution de ce quatrième temps;* et comme il faut une impulsion à la masse pour pouvoir se prêter à cette modification, impulsion qui nécessite un point d'appui préliminaire, il est évident que l'action déterminante doit coïncider avec le poser du membre qui arrive le dernier à terre (3ᵉ foulée) et qui, lui, est chargé de projeter la masse en l'air.

J'ai dit que le changement de pied est surtout une question d'attention. En effet, rien n'est plus facile que de suivre les foulées du cheval, dont les deux dernières sont marquées par le mouvement des épaules, et de régler l'action collective des aides de manière qu'elle se produise juste au moment où la 3ᵉ foulée va s'effectuer ; c'est dans ce moment que (pour passer du pied droit sur le gauche) le cavalier : 1° porte la main légèrement en arrière à droite, ce qui retient l'épaule droite ; 2° ferme la jambe gauche, ce qui fait engager le membre postérieur gauche et empêche l'animal de se traverser ; 3° incline légèrement le corps en avant et à gauche, ce qui achève de déranger l'aplomb du cheval et oblige l'animal à s'étayer vers la gauche : c'est cette dernière action qui provoque le changement de pied. Bien entendu l'effet stimulant de la jambe gauche du cavalier a compensé la déperdition d'*action* résultant de l'opposition momentanée de la main ; et, bien entendu aussi, la jambe droite a soutenu le cheval et a régularisé l'effet de la jambe gauche, en s'y associant elle-même.

Toutes ces opérations doivent naturellement s'effectuer sans modification apparente dans l'attitude du cavalier.

Lorsqu'on se rend bien compte de la manière dont s'exécute l'allure du galop, on conçoit que le changement de pied ne puisse se produire que dans les conditions que je viens d'indiquer, et qu'il y ait un moment précis où le cavalier doit agir, sous peine *de ne pouvoir être obéi*. Nous avons vu que ce moment est indiqué par la détente du membre antérieur du cheval, qui arrive le dernier à terre, et que cette détente est l'auxiliaire obligé de l'action des aides du cavalier ; on comprend dès lors que, si ces aides agissent trop tôt ou trop tard, elles ne puissent produire l'effet demandé. C'est ce manque d'à-propos de la part du cavalier inexpérimenté qui provoque tous ces mouvements de corps si disgracieux, dans le but de forcer l'animal à changer de pied, et qui n'aboutissent, en fin de compte, qu'à un *renversement,* lorsqu'ils ne provoquent pas les défenses du cheval.

Il faut bien se persuader que le changement de pied du *tact au tact* réclame à la fois du savoir-faire chez le cavalier et une grande souplesse chez le cheval, et que, pour cela, il ne saurait trouver place dans un règlement militaire, pas plus que les théories savantes et les raisonnements abstraits.

Le changement de pied à la portée des moyens équestres de l'immense majorité des cavaliers civils ou militaires, montés sur des chevaux dont le dressage est toujours imparfait, doit être pour ainsi dire instinctif de la part du cheval et seulement favorisé par l'action des aides, dans un changement de direction, *alors que le cheval changerait de lui-même s'il était en liberté*, et ce changement de pied est, ainsi que je l'ai déjà dit, le résultat d'un simple changement de position.

Quelques écuyers considèrent encore le changement de pied en l'air comme *un nouveau départ au galop*, sans doute parce que l'emploi des aides dans les deux cas a quelque analogie. Cette théorie erronée, naguère officiellement enseignée, a été victorieusement réfutée par le capitaine *Raabe*, qui possède le double mérite de praticien hors ligne et de théoricien très-entendu.

J'ajouterai que le départ au galop est caractérisé par le *lever* successif des membres du cheval, tandis que le changement de pied est indiqué par le *poser* de ces mêmes membres dans l'ordre inverse de leur poser précédent ; le départ au galop et le changement de pied n'ont donc absolument rien de commun.

11° *De l'attitude de l'homme à cheval.*

C'est à tort que beaucoup de cavaliers se figurent que la position de l'homme à cheval, la position de la main et la position du pied dans l'étrier recommandées par tous les traités d'équitation et si bien définies par le règlement de la cavalerie, sont incompatibles avec les exigences du dressage.

Je veux bien que les résistances du cheval forcent quelquefois le cavalier à s'écarter plus ou moins de la position académique ; mais ce sont là des incidents passagers et il est de toute nécessité de revenir à une attitude régulière, dès que ces résistances ont cessé.

Une attitude défectueuse annonce d'ailleurs presque toujours un emploi de force qui ne saurait être que contraire à la souplesse si indispensable à cheval.

La tête basse, le dos voûté, les coudes écartés, les jambes raccrochées, sous prétexte de dominer le cheval, outre leur aspect disgracieux, sont autant d'indices de contractions opposées au véritable sentiment équestre.

L'attitude des cavaliers veut donc être constamment surveillée par les maîtres d'équitation et par les instructeurs militaires, non-seulement pour prévenir des habitudes vicieuses susceptibles de faire perdre la belle prestance à cheval, mais surtout pour faire cesser immédiatement tout emploi de force inutile ; car on ne saurait trop le répéter : l'abus de la force provoque des résistances, fatigue le cheval aussi bien que le cavalier et retarde les progrès du dressage.

12° *Du tact en équitation.*

Le tact ou sentiment équestre dont il est si souvent question dans tous les traités d'équitation, est, de toutes les qualités indispensables à l'homme de cheval, celle qui joue le principal rôle dans le dressage des chevaux difficiles.

Depuis Xénophon jusqu'aux écrivains hippologues les

plus modernes, tous les auteurs qui se sont occupés de l'éducation du cheval de selle ont été forcés de subordonner la réussite de leurs plus savantes combinaisons en matière d'équitation, *à la manière de s'en servir*, autrement dit, au plus ou moins de tact pratique du cavalier. Quelques-uns, et notamment dans ces derniers temps, ont essayé d'analyser physiologiquement le tact et d'en réduire la définition en quelque sorte à une équation. Pour ce faire, ils ont eu recours aux démonstrations les plus abstraites fournies par la science. Je trouve que c'est pousser un peu loin la conscience du professeur, d'autant plus que les tendances du jour, il faut bien en convenir, ne sont rien moins que portées vers l'étude. Je n'imiterai donc pas ces écrivains sur ce point et je n'essaierai pas de définir ce qui ne me paraît pas susceptible d'être défini ni d'enseigner ce qui, suivant moi, ne s'enseigne pas.

Il en est du tact, comme de l'oreille : on en a ou on n'en a pas ; et si la nature vous a traité en marâtre sous ce rapport, il est douteux que, par la lecture des plus ingénieuses théories mêmes, vous arriviez à obvier à ce défaut capital ; ce qui n'empêche que le tact et l'oreille ne soient des facultés éminemment perfectibles ; mais la pratique seule peut les développer. Il vous faut donc pratiquer et pratiquer beaucoup, si vous voulez acquérir le sentiment équestre, cette qualité précieuse sans laquelle il n'est point de succès possible en équitation et qui consiste dans l'opportunité et dans la juste mesure de l'action de chaque aide ; et j'entends par *mesure*, non-seulement l'intensité de l'effet à produire, mais encore la durée de cet effet.

Qui dit tact, dit discernement, patience à toute épreuve, douceur dans les procédés, *savoir-faire* en un mot ; on peut donc affirmer que, en équitation pratique, ce mot résume tout.

Si l'équitation est une science, et on ne saurait le nier, elle est en même temps et avant tout un art, art difficile, plus difficile qu'on ne semble le croire généralement ; et c'est pourquoi, loin de progresser d'une manière aussi sensible que d'aucuns se plaisent à le proclamer, elle reste au contraire stationnaire, par suite, d'une part, de cette tendance fâcheuse de nos théoriciens du jour à déserter le manége et en général la pratique de l'équitation, pour les études plus commodes et moins périlleuses au coin du feu, et, d'une autre, du dédain non moins fâcheux que professent la plupart des jeunes cavaliers pour ces mêmes études.

La théorie et la pratique doivent être menées de front, l'une éclairant l'autre ; il n'y aura progrès réel qu'à cette condition. Ceci bien entendu à l'adresse des aspirants hommes de cheval. Quant aux maîtres, il ne m'appartient naturellement pas de les conseiller ; mais je crois pouvoir poser en principe, au risque de déplaire à quelques-uns, que tous les novateurs qui ne prouveront pas par des faits, par des résultats indiscutables, la supériorité de leurs théories sur celles qu'ils attaquent et cherchent à battre en brèche, prêcheront indéfiniment dans le désert, malgré tout leur zèle, malgré toute leur ardeur et quelque mérite que puissent avoir leurs écrits au point de vue de la *science*.

FIN.

RAPPORTS

ET

DOCUMENTS DIVERS

RAPPORTS

ET

DOCUMENTS DIVERS

Les rapports et les documents que l'on trouvera plus loin n'ont plus aujourd'hui qu'un intérêt rétrospectif; mais ils démontrent, de la manière la plus évidente, que les matériaux qui composent mes livres et tout particulièrement celui que j'offre aujourd'hui aux amateurs sérieux d'équitation, ont eu la sanction de l'expérience et les suffrages sans réserve des hommes les plus compétents de l'armée. C'est à ce titre seulement que je reproduis aujourd'hui ces témoignages de la valeur de mes principes au point de vue pratique. Mais, avant de les exposer, qu'il me soit permis de faire une rectification.

En 1858, m'inspirant des travaux de nos écuyers les plus en renom, j'écrivis un livre *dont je confiai le manuscrit à M. Baucher*. L'éminent professeur se disposait précisément à publier la 11ᵉ édition de ses œuvres. Il me retourna mon travail quelques jours après, en l'accompagnant d'une lettre qui figure en tête de mon *Manuel d'équitation* (1).

---

(1) Voici cette lettre, qui donne la date précise de la communication faite à M. Baucher :

« Mon cher Capitaine,

« J'accepte avec plaisir la dédicace de votre ouvrage. La partie analy-

M. Baucher ne pouvait approuver que la partie analytique de mon livre, s'étant constamment prononcé de la façon la plus formelle contre mon *travail préparatoire au moyen de la cravache*, qui constituait une théorie toute nouvelle, indépendamment de la forme originale que je lui avais donnée.

J'eus donc lieu d'être extraordinairement surpris et quelque peu dépité de trouver ces exercices de gymnastique hippique dans la nouvelle édition de la méthode Baucher, sans que son auteur les eût jamais enseignés auparavant, sans qu'il en eût même jamais parlé dans ses livres, et surtout sans que je fusse nommé par lui. Mais, par un sentiment de haute déférence pour le maître, je ne lui en fis aucune observation. Je m'étais d'ailleurs dévoué à la propagation des errements inaugurés par l'illustre écuyer, et cette approbation tacite,

---

tique que vous avez bien voulu me communiquer est tout à fait d'accord avec les principes de ma méthode. Quoique je n'aie pu lire votre livre en entier, je ne doute pas que tout ne soit conforme aux idées équestres que vous avez puisées à mon école et dont l'application vous a si bien réussi.

« Je vous félicite de travailler à la propagation de la saine équitation, mais je ne vous garantis pas que les préjugés et la routine ne vous susciteront pas parfois de véritables embarras. Marchez néanmoins hardiment dans votre voie, qui est la bonne, et tôt ou tard vous triompherez des grands obstacles et des petites passions.

« Votre tout dévoué,
« BAUCHER.

« Paris, le 6 mars 1859. »

La partie analytique de mon *Manuel* contient un chapitre spécialement consacré à la *gymnastique hippique*. (Note de l'auteur.)

quoique un peu tardive, donnée ainsi à l'application particulière que je faisais *depuis plusieurs années* des principes du système Baucher, devait singulièrement faciliter ma tâche.

Malheureusement les deux publications se suivirent de très-près, et, quoique mon *Manuel* parut le premier (1), comme on ne prête qu'aux riches, on attribua naturellement l'innovation à M. Baucher.

En 1861, sur les instances réitérées de MM. les généraux de cavalerie de la garde, le maréchal Randon, ministre de la guerre, venait de se décider à nommer une commission spéciale pour étudier mon *système de dressage des jeunes chevaux de troupe*, lorsqu'une personnalité particulièrement intéressée à la non-réussite de mon entreprise vint se jeter à la traverse, et l'affaire en resta là.

La méthode Baucher était alors à l'index dans l'armée, et l'on avait exploité ce parti pris pour me faire échouer.

L'année suivante, on présenta au maréchal Randon le même système de gymnastique hippique (attribué par erreur à M. Baucher) légèrement modifié ; mais, cette fois, sans prononcer le nom de M. Baucher. Le ministre, pressé de compléter son œuvre de régénération de la cavalerie, convaincu d'ailleurs par de nombreux rapports on ne peut plus concluants sur des expériences faites à Lyon et à Paris, adopta la nouvelle méthode, sans tenir compte de mes revendications.

---

(1) Le *Manuel d'équitation* a été déposé le 12 mai 1859, et enregistré sous le n° 3577 ; l'enregistrement de la 11ᵉ édition des *Œuvres complètes de F. Baucher* porte le n° 4498.

Il va sans dire que la théorie sans nom d'auteur avait été préalablement soumise à l'examen du conseil d'instruction de Saumur et à l'approbation du comité de cavalerie.

Mais l'armée ne profita pas de cette innovation.

Au lieu de réunir les capitaines instructeurs de tous les régiments, pour les initier aux nouveaux principes, on eut la malheureuse idée de n'appeler que des sous-lieutenants qui, naturellement, n'avaient aucune autorité pour propager la méthode avec quelques chances de succès.

Il y eut même un grand nombre de régiments qui ne reçurent aucun instructeur susceptible d'enseigner cette théorie, et l'on pensa suppléer à une pareille pénurie par la distribution d'une brochure microscopique de quelques pages seulement, simple canevas qui ne contenait que le résumé très-succinct des *procédés* de dressage et qui était à peu près muet à l'endroit des *principes*.

Certes, les mots scientifiques, les théories abstraites doivent être écartés des règlements militaires ; mais cela peut-il dispenser les professeurs de comprendre le *pourquoi* de ce qu'ils enseignent ? Ensuite ne faut-il pas avant tout que le maître soit en état de joindre l'exemple au principe, en pratiquant sous les yeux de ses élèves, que dis-je, en guidant ceux-ci à tout instant dans les moindres détails d'application ?

Toutes ces vérités ont été méconnues ; aussi peut-on affirmer que, hormis dans deux ou trois régiments, la nouvelle méthode ne fut jamais sérieusement appliquée dans l'armée.

La guerre survint, l'ordonnance fut modifiée de fond

en comble, et l'on revint aux anciens errements, faute d'avoir suffisamment compris la portée des nouveaux.

Ce sera à recommencer.

Tel est, en peu de mots, l'historique du *dressage au moyen de la cravache*, auquel *on reviendra*, j'en ai la conviction profonde, et c'est pourquoi je me suis décidé, quoique un peu tard, à publier les documents ci-après, afin d'établir définitivement mes droits à la priorité d'une *idée* qui fera certainement son chemin, malgré les obstacles que « les petites passions » pourront continuer à lui susciter.

Extrait d'une lettre de S. Exc. le maréchal Vaillant, ministre de la guerre, attestant que mon système de dressage est tout au moins antérieur à l'époque où il a plu à M. Baucher de faire mention de la gymnastique hippique dans ses livres et de l'enseigner lui-même :

MINISTÈRE
DE LA GUERRE.

CABINET
DU MINISTRE.

Paris, le 9 janvier 1859.

Mon cher Capitaine,

J'ai reçu le travail que vous m'avez adressé avec votre lettre du 5 janvier. Je l'ai examiné avec intérêt, et je regrette que mon peu de connaissances spéciales de l'arme si difficile et si compliquée de la cavalerie ne me permette pas de porter un jugement motivé sur votre œuvre qui m'a paru consciencieuse et avoir été inspirée par de longues études. (Suit une longue dissertation sur l'inconvénient d'introduire des modifications partielles dans les règlements militaires.)

. . . .
. . . .

Je me laisse aller avec vous à une discussion que j'aurais peut-être mieux fait de ne pas aborder. Je reviens à votre ouvrage. Je vous ai permis de le livrer à l'impression ; faites-le donc imprimer. Mais ne pensez-vous pas que son utilité serait bien plus grande si, au préalable, vous le soumettiez à l'appréciation du comité de cavalerie ou des officiers supérieurs de l'école de Saumur ? *Je serais tout disposé à vous donner les moyens d'aller dans cette école expérimenter votre système au grand jour.*

Veuillez croire à tout mon attachement.

Le maréchal ministre de la guerre,

Signé : VAILLANT.

A Monsieur A. Gerhardt, capitaine instructeur des lanciers de la garde.

Des raisons toutes personnelles m'ayant engagé à ne pas profiter immédiatement des excellentes dispositions du ministre, ce ne fut qu'en 1861, sous le ministère Randon, que je me décidai à demander la réunion d'une commission.

Voici les rapports adressés à ce sujet au ministre et que j'ai extraits textuellement des registres de l'état-major de la garde impériale, gracieusement mis à ma disposition, avec l'agrément du commandant en chef, par M. le général Lebrun (1), chef d'état-major général :

GARDE IMPÉRIALE.

DIVISION
DE CAVALERIE.

2⁰ *brigade.*

RÉGIMENT
DE LANCIERS.

Paris, le 11 août 1861.

Mon Général,

Depuis que j'ai l'honneur de commander le régiment de lanciers de la garde, j'ai vu mettre en pratique par M. le capitaine Gerhardt, ancien capitaine instructeur du régiment, actuellement capitaine commandant, une méthode de dressage des jeunes chevaux, *tellement bien raisonnée et dont les effets sont si positifs,* que je crois de mon devoir et dans l'intérêt général de la cavalerie, ainsi que dans celui du capitaine Gerhardt lui-même, d'attirer sur elle, non-seulement votre attention, mais aussi toute votre bienveillance et même votre appui pour en obtenir la propagation.

M. le capitaine Gerhardt a expérimenté ce mode de dressage depuis plus de CINQ ANS au régiment. Pour moi, qui, comme capitaine instructeur et pendant dix ans, me suis occupé du dressage des chevaux de troupe, *les avantages de cette méthode sont immenses et incontestables.*

M. le capitaine Gerhardt, ainsi que vous le savez, mon Général,

---

(1) M. le général Lebrun commande aujourd'hui en chef le 3⁰ corps d'armée, à Rouen.

a présenté, *pour la deuxième fois depuis quatre ans,* devant un très-grand nombre de personnes compétentes appartenant aux sommités de la hiérarchie militaire et de la science hippique, des expériences qui ont prouvé de la manière la plus évidente, la facilité de l'application de son système de dressage (système à la portée de l'intelligence de tous les cavaliers de l'armée), ainsi que les résultats promptement obtenus et incontestablement prévus.

Je me dispenserai, mon Général, de vous faire l'exposé de la méthode dans la lettre que j'ai l'honneur de vous écrire : ce serait beaucoup trop long ; vous la connaissez d'ailleurs déjà. Je me bornerai à vous rappeler que le système de M. le capitaine Gerhardt, ainsi que vous avez pu en juger par vous-même, *consiste en une* GYMNASTIQUE *et en un emploi raisonné des forces qui mettent le cheval dans un équilibre tel que, sans effort, il peut exécuter, sous le cavalier, les mouvements ainsi qu'il les exécuterait en liberté.*

Persuadé, mon Général, que cette méthode éminemment conservatrice du cheval doit apporter à l'arme de la cavalerie et à l'équitation en général, des avantages de la plus grande importance, je viens vous prier d'accorder tout votre appui à la demande de M. le capitaine Gerhardt.

M. le capitaine Gerhardt, par la lettre ci-jointe, demande l'autorisation de publier à son tour ses idées en équitation et en instruction, autorisation qui a déjà été accordée antérieurement à plusieurs officiers qui ont cru pouvoir traiter ce même sujet. Cet exposé permettra, j'en suis convaincu, de juger définitivement une grave et intéressante partie de l'instruction.

M. le capitaine Gerhardt demande en outre à faire des expériences à Paris, devant une commission choisie d'hommes spéciaux, mais personnellement désintéressés dans la question.

Je le répète, mon Général, je suis si convaincu *de la supériorité* de la méthode de dressage expérimentée au régiment, ainsi que des avantages qu'elle est appelée à apporter, que je serais très-heureux si mon initiative pouvait amener une solution dans cette importante question. C'est dans ce but que je viens solliciter tout votre intérêt et tout votre appui aux demandes que j'ai l'honneur de vous transmettre.

Je suis avec respect, etc., etc.

Le colonel des lanciers de la garde,

Signé : Baron DE JUNIAC (1).

A Monsieur le général commandant la 2ᵉ brigade de la division de cavalerie de la garde impériale.

GARDE IMPÉRIALE.

DIVISION
DE CAVALERIE.

2ᵉ *brigade.*

N° 95.

Paris, le 12 août 1864.

Mon Général,

J'ai l'honneur de vous adresser une demande de M. le capitaine Gerhardt, des lanciers de la garde, fortement appuyée par son colonel, à l'effet d'obtenir de S. Exc. le ministre de la guerre, l'autorisation de faire imprimer, à ses frais, l'exposé d'une nouvelle méthode de dressage des chevaux de troupe et certaines considérations sur la cavalerie dont il est l'auteur. Il demande en outre que S. Exc. le ministre de la guerre veuille bien ordonner des expériences afin d'établir, devant des personnes compétentes, la supériorité de cette méthode. Je ne puis qu'approuver tout ce que dit le colonel des lanciers de la garde, sur le travail que j'ai lu avec attention. Ce que j'ai vu aussi des expériences faites par ce capitaine et que vous avez pu juger vous-même, me donne la conviction *qu'il est difficile de trouver un moyen plus*

---

(1) M. le général baron de Juniac est l'un des capitaines instructeurs envoyés naguère à Saumur, pour y étudier la méthode Baucher, sous la direction de M. Baucher lui-même ; il était donc plus à même que personne de formuler une opinion motivée dans cette délicate matière.

simple, plus prompt et plus à la portée de l'intelligence de tous, pour arriver à un excellent résultat, quand il s'agit de dresser des chevaux. Je crois que l'ouvrage du capitaine Gerhardt, fruit d'une méditation et d'un travail continus depuis plusieurs années, *est appelé à rendre de grands services à la cavalerie,* et j'ai l'honneur de vous prier de vouloir bien faire parvenir cette demande à S. Exc. le ministre de la guerre, en l'appuyant de votre opinion qui ne peut que donner un grand poids au travail consciencieux de cet officier, qui consacre tous ses instants à l'étude de l'instruction de la cavalerie.

Agréez, etc., etc.

Le général commandant la 2ᵉ brigade de cavalerie de la garde impériale,

Signé : Comte DE CHAMPÉRON.

A Monsieur le général commandant la division de cavalerie de la garde impériale.

GARDE IMPÉRIALE.

DIVISION
DE CAVALERIE.

Paris, le 13 août 1861.

N° 70.   Monsieur le Maréchal,

Le capitaine Gerhardt, des lanciers de la garde, demande que sa méthode d'instruction des jeunes chevaux *expérimentée* DEPUIS CINQ ANS dans ce régiment et, suivant mon avis, *avec un plein succès,* soit soumise à l'appréciation d'une commission nommée par S. Exc. le ministre de la guerre.

Pareille demande a été favorablement accueillie pour différentes méthodes présentées par des écuyers même civils : IL Y A DIX ANS QUE LE CAPITAINE GERHARDT MET LA SIENNE EN PRATIQUE, il est juste de croire qu'il est fondé à espérer la même faveur.

J'ai l'honneur de prier Votre Excellence de vouloir bien mettre la demande de M. Gerhardt sous les yeux du ministre de la guerre en l'appuyant de son propre témoignage, puisqu'Elle en connaît les résultats.

L'inspection des lanciers, celle du 1ᵉʳ cuirassiers et celle des hussards et des chasseurs de Grenelle est terminée; on pourrait donc sans inconvénient prendre trente chevaux dans ces divers corps et les placer, le 20 de ce mois, sous la direction du capitaine Gerhardt et sous les yeux de la commission.

Je ferai remarquer à Votre Excellence que la méthode du capitaine Gerhardt est progressive et lente, bien qu'à la rigueur elle puisse s'appliquer avec succès en peu de leçons; on peut donc être assuré qu'elle ne prend pas sur les forces du cheval. Non-seulement elle n'exige point une grande intelligence de la part des cavaliers, mais elle est à la portée des intelligences les plus ordinaires du commun des instructeurs. *C'est un avantage qu'elle a sur toutes celles que j'ai vu expérimenter* (1).

En même temps, je prie Votre Excellence de vouloir bien demander au ministre que M. Gerhardt soit immédiatement autorisé à faire imprimer à ses frais la théorie qu'il présente, afin que ses travaux ne deviennent pas la proie des contrefacteurs.

Veuillez agréer, etc., etc.

Le général commandant la division de cavalerie de la garde,

Signé : Morris.

A Monsieur le maréchal commandant en chef la garde impériale.

---

(1) La haute compétence, en matière hippique du regretté général *Morris*, sa connaissance approfondie de la méthode Baucher et l'intérêt qu'il prenait à mes travaux, en assistant presque journellement aux nombreuses expériences que je faisais à l'École militaire, donnent une grande portée à cette déclaration, ainsi qu'à la protestation dont le général *prit l'initiative* en 1863, et que je reproduis plus loin.

GARDE IMPÉRIALE.

ÉTAT-MAJOR
GÉNÉRAL.

Paris, ce 14 août 1864.

N° 993.   Monsieur le Maréchal,

J'ai l'honneur de transmettre ci-joint à Votre Excellence une demande formée par M. Gerhardt, capitaine commandant aux lanciers de la garde, dans le but d'obtenir l'autorisation de publier, à ses frais, un projet de méthode de dressage des jeunes chevaux.

M. le capitaine Gerhardt demande en outre que sa méthode soit soumise à l'appréciation d'une commission nommée par Votre Excellence.

Cette double demande est vivement appuyée par le chef de corps, par le général de brigade et par le général de division, dont les avis sont également ci-joints.

Je crois devoir ajouter que la méthode en question est expérimentée DEPUIS CINQ ANS dans le régiment de lanciers de la garde, et que ses résultats sont très-satisfaisants.

En conséquence, j'ai l'honneur de prier Votre Excellence de vouloir bien accueillir favorablement les demandes formées par le capitaine Gerhardt.

Veuillez agréer, etc., etc.

Le maréchal commandant en chef la garde impériale,
                    Signé : REGNAULT D'ANGÉLY.

Pour copie conforme :

Le général chef d'état-major général de la garde impériale,
                    Signé : LEBRUN.

A *Monsieur le maréchal ministre de la guerre.*

Ces documents établissent d'une manière absolument indéniable que mon système de gymnastique hippique *était connu et pratiqué depuis plusieurs années*, lorsque M. Baucher a parlé pour la première fois de gymnastique dans ses livres, et tous ses anciens élèves savent que cet écuyer n'a enseigné ces procédés qu'à partir de 1859.

J'ai dit, dans mon préambule, comment et pourquoi ces rapports si concluants et si pressants n'ont pas abouti.

J'ai dit aussi que, dix-huit mois plus tard, un système basé sur des principes et des procédés identiques a été présenté au maréchal Randon, qui s'est empressé de l'adopter, après approbation du conseil d'instruction de Saumur et du comité de cavalerie.

Voici quelques extraits de procès-verbaux et de rapports relatifs à ce système soi-disant nouveau. On verra plus loin que, au fond comme dans la forme, les deux méthodes n'en faisaient qu'une.

Extrait du 2º procès-verbal de la commission de la division de cavalerie de l'armée de Lyon.

. . . .

La commission ne peut donc que répéter aujourd'hui, avec une conviction plus profonde encore, si c'est possible, ce qu'elle disait en terminant son premier rapport : « C'est dans l'absence
« de tout terme scientifique, c'est dans la progression invariable,
« implacable en quelque sorte, qui fait de cette méthode une
« règle générale n'admettant ni exception ni cas particulier, qu'il
« faut chercher l'explication *d'un résultat aussi rare, et il faut bien*

« *le dire, laissant aussi loin tout ce que l'on pouvait espérer ou croire,*
« *avant l'expérience.* »

Lyon, août 1862.

Les membres de la commission :

MM. le général de division comte *Partouneaux*, président ;
Le général commandant la 2ᵉ brigade : *Favas*.
Le général de brigade commandant l'artillerie : *G. Canu.*
Le colonel du 11ᵉ dragons : *T. du Vigier.*
Le lieutenant-colonel du 3ᵉ lanciers, secrétaire de la commission : *Ch. Martin.*

---

*Extrait du procès-verbal de clôture du conseil d'instruction
de l'Ecole de Saumur.*

. . . .
. . . .

Le conseil ajoute que cette progression, qui est parfaitement échelonnée et sanctionnée par des témoignages irrécusables, mérite une approbation *unanime*, et qu'en présence de ce travail, il désire ne donner aucune suite à celui qu'il avait récemment ébauché et qui d'ailleurs, étant étayé sur une autre base, n'est plus compatible avec les idées nouvelles qui viennent d'être acceptées.

L'examen de la méthode étant terminé, M. le général de division, président, ordonne de résumer les débats et, dans le but de laisser à chacun des membres la facilité de classer son opinion, il divise en deux points principaux la solution de la question :

1º Quelle est l'opinion sur la méthode envisagée seulement au point de vue théorique ?

2º Quelle est l'opinion sur la méthode envisagée dans ses conséquences pratiques ?

Sur le premier point, le conseil d'instruction est *unanime* à reconnaître que la méthode est simple, accessible à toutes les intelligences, en harmonie avec les règlements en vigueur, en un mot qu'elle remplit toutes les conditions d'un système de dressage applicable à la cavalerie.

Sur le deuxième point, le conseil d'instruction invoque les résultats brillants attestés par des officiers généraux et assume la responsabilité d'une acceptation basée sur des témoignages d'une haute compétence. Il reconnaît *que cette méthode est éminemment propre à développer le goût du cheval,* à élever le niveau d'une instruction trop généralement négligée et sans laquelle toutes les tentatives de progrès restent stériles ; en un mot, *il émet le vœu que cette méthode soit enseignée et propagée dans les régiments.*

. . . .

. . . .

En résumé, la méthode de dressage présentée à l'examen du conseil d'instruction porte l'empreinte d'une pratique habile, intelligente, expérimentée et surtout exempte de nouveautés et de théories abstraites.

. . . .

. . . .

Fait et clos à Saumur, le 18 octobre 1862.

Le capitaine instructeur secrétaire,	*Le chef d'escadrons professeur d'art militaire,*	*Le chef d'escadrons instructeur,*
Grandin.	Humbert.	Guiot.

Le major,	*Le chef d'escadrons écuyer en chef,*	*Le lieutenant-colonel,*
Prévost.	Guérin.	Rouxel.

Le colonel,	*Le général de brigade,*
Cordier.	Crespin.

Le général de division, inspecteur général, président,
Dupuch de Feletz.

S'il est démontré que le système de dressage objet des rapports ci-dessus n'est que la reproduction de la théorie proposée par moi en 1861 et repoussée par le ministre, sous prétexte de *méthode Baucher,* je crois être en droit de revendiquer ma bonne part des éloges qui lui sont ainsi prodigués.

Ne pouvant ni ne voulant être juge dans ma propre cause, je vais, sur ce point encore, invoquer le témoignage de MM. les généraux sous les yeux desquels j'ai eu l'honneur de développer mes principes et de pratiquer mon système, et qui ont été à même de comparer les deux théories :

Le général de brigade, chef d'état-major général de la garde impériale, au capitaine Gerhardt, du régiment des lanciers :

GARDE IMPÉRIALE.   Paris, le 5 janvier 1863.

ÉTAT-MAJOR
GÉNÉRAL.   Mon cher monsieur Gerhardt,

Il y a dix-huit mois que je vous rencontrai pour la première fois dans le manége de l'Ecole militaire où je m'étais rendu dans l'intention d'y faire, tant bien que mal et pour mon propre usage, l'éducation d'un jeune cheval que je venais de recevoir non dressé du dépôt de remonte de Tarbes. Je voulais tout simplement monter pendant quelque temps ce cheval avec prudence, me faire à lui en l'habituant à ma main et à mes jambes. C'était là, en effet, tout ce que m'avaient appris les leçons d'équitation que j'avais reçues jadis à l'école d'état-major et que j'avais précédemment pratiquées avec plus ou moins de succès sur d'autres chevaux reçus dans de semblables conditions ou dans mon stage régimentaire.

Cette rencontre fortuite me donna la chance heureuse de vous connaître et de faire aussi connaissance avec votre *Manuel d'équitation* publié en 1859, et avec vos principes de dressage que vous vouliez bien gracieusement mettre en pratique sous mes yeux. Je fus tellement impressionné de la logique de ces principes et des résultats qu'en donnait l'application pratiquée nonseulement par vous, mais par des cavaliers ayant une intelligence très-limitée, comme celle de la plupart de nos hommes de troupe ; je trouvai les moyens si simples et si faciles, que je me passionnai pour votre méthode de dressage. Pendant plus de quatre mois, je pris plaisir à suivre chaque jour, presque sans en excepter un seul, l'application de cette méthode, tantôt sur un cheval, tantôt sur un autre, sans qu'une seule fois le succès complet ne répondît à votre attente, alors même que vous aviez affaire avec des chevaux vieux ou réputés difficiles ou vicieux. C'est alors que, mettant en quelque sorte de côté pour un instant la spécialité de mes fonctions, je me laissai aller à prôner vos principes, cherchant à les faire connaître partout où je trouvais une occasion de les exposer et surtout auprès de mes camarades de la cavalerie et de l'artillerie, plus compétents que moi pour les juger. J'en entretins plus particulièrement le général commandant l'école d'Etat-major. Il me paraissait, en effet, que si, par hasard, on pouvait un jour songer à vous confier l'instruction hippique des jeunes officiers de cette école, il y avait pour moi certitude que vous trouveriez un moyen de faire connaître et apprécier vos principes pour ce qu'ils valent et que, de là peut-être, ces principes se répandraient dans l'armée. Je fis plus, j'essayai d'obtenir que l'on voulût bien livrer votre méthode de dressage à l'épreuve de l'expérience sous les yeux d'hommes compétents. Mes efforts échouèrent et il en devait être ainsi : qu'était-ce que mon patronage, que mes convictions basées sur mon jugement à moi et sur des expériences faites sous mes yeux, vis-à-vis de gens rompus aux études du cheval et qui pouvaient et devaient me dire, sans que je pusse rien répondre : Mais vous, pour en parler, vous y connaissez-vous ?

Froissé de votre insuccès, comme si l'insuccès m'eût été personnel, je vous ai dit maintes et maintes fois : « Mon cher monsieur Gerhardt, persistez, ne vous découragez pas ; je suis convaincu que vos principes sont vrais et qu'en raison de leur application simple et facile, à la portée de toutes les intelligences, ils finiront par s'infiltrer dans l'armée. L'indifférence ou le mauvais vouloir n'y feront rien ; travaillez toujours, vous finirez par triompher. »

Eh bien, c'est là où j'en voulais venir en commençant cette lettre déjà trop longue. Il me semble que l'heure de la justice est venue pour vous ; je suis heureux de vous le dire. J'étais bien désireux de connaître les principes *d'une nouvelle méthode de dressage préconisée par M. le général de division Partouneaux*. Les résultats de cette méthode étaient prônés comme merveilleux, et c'est avec raison qu'on les proclamait tels. — Je viens de lire l'opuscule intitulé : *Méthode de dressage ; je l'ai lu attentivement*, puis je l'ai rapproché de vos deux livres : l'un, votre *Manuel d'équitation*, publié en 1859, l'autre surtout, votre *Mémoire sur le dressage et la conduite du cheval de guerre*, publié l'an dernier, et *je déclare en toute conscience* QUE JE N'AI POINT TROUVÉ DANS CET OPUSCULE UNE IDÉE, UN PRINCIPE, UN MOYEN QUI NE SE TROUVE DANS VOS DEUX OUVRAGES, *et que je ne connusse avant de l'avoir lu*.—Vous devez donc être satisfait, car si cette méthode est admise comme admirablement applicable à l'armée, *ce sont vos propres principes* qui voient enfin le jour dans la voie que vous leur prépariez depuis six ans et après des travaux sérieux qui ont pris dix ou douze de vos plus belles années. Ce résultat est celui que vous vouliez atteindre en définitive, et vous l'obtenez glorieusement, peu importent les moyens qui vous le donnent, pourvu qu'il soit bien constaté.

La progression de la nouvelle méthode c'est la vôtre : les modifications, s'il y en a, sont puériles et insignifiantes.

Cette théorie appelle *cession*, ce que vous appelez *flexion ;* elle appelle *harmonie* chez le cheval, ce que vous appelez *équilibre naturel* du cheval ; *gaule*, ce que vous nommez *cravache*, etc., etc. *Mais les moyens, les instruments sont les mêmes, identiquement les mêmes.* Inutile d'insister sur ce point.

(1) . . . .
. . . .

Votre bien affectionné,
Général Lebrun.

---

(1) J'ai supprimé les réflexions d'un caractère tout intime par lesquelles l'honorable général termine cette lettre si explicite, et qui témoignent surtout d'une haute bienveillance pour moi, bienveillance dont je garderai toujours un souvenir profondément reconnaissant.

GARDE IMPÉRIALE.   Paris, ce 9 janvier 1863.

DIVISION
DE CAVALERIE.

— Monsieur le Maréchal,

J'ai l'honneur de mettre sous les yeux de Votre Excellence, avec prière de vouloir bien la transmettre au ministre de la guerre, une lettre du capitaine Gerhardt, des lanciers de la garde, adressée dans le but de réclamer les droits qu'il croit avoir à la priorité de l'adoption d'un nouveau mode de dressage proposé pour les chevaux de la cavalerie.

Appelé, ainsi que les généraux inspecteurs, par S. Exc. le ministre de la guerre, à juger du mérite de la nouvelle méthode, j'ai remarqué tout d'abord, qu'elle était *à fort peu de chose près semblable à celle que le capitaine Gerhardt a démontrée, en* 1858, au manége de l'Ecole militaire, en présence de Votre Excellence, de plusieurs généraux et de beaucoup d'officiers de l'armée.

Je dois dire *que cette théorie est mise en pratique aux lanciers de la garde depuis plus de six ans*, avec un succès complet; que ce succès a été confirmé par Leurs Majestés, dans un carrousel donné l'année dernière à Fontainebleau, par les lanciers de la garde, et j'ai eu l'honneur d'en rendre compte dans mes rapports d'inspection.

On a pu faire dresser à Lyon une soixantaine de chevaux avec la même méthode et le même succès, mais on n'a eu aucun mérite à cela, et je crois de mon devoir d'éclairer sur ce point la religion du ministre et des officiers généraux qui font partie de la commission d'examen.

Le capitaine Gerhardt propose de mettre sous les yeux du ministre les pièces nécessaires à la preuve de ses droits à la priorité de la nouvelle méthode.

Je viens prier Votre Excellence de vouloir bien appuyer cette réclamation. Elle a été elle-même témoin des résultats obtenus par le capitaine Gerhardt à Paris, et je ne peux pas douter que le ministre ne soit édifié de la justice de la cause que nous remettons entre ses mains.

Veuillez agréer, etc., etc.

*Le général commandant la division de cavalerie
de la garde impériale,*

Signé : Morris.

Pour copie conforme :

Le général chef d'état-major de la garde impériale,

Signé : Lebrun.

GARDE IMPÉRIALE.

ÉTAT-MAJOR GÉNÉRAL.

N° 30.

2ᵉ *direction.*

Bureau de la cavalerie.

Paris, le 10 janvier 1863.

Monsieur le Maréchal,

J'ai l'honneur d'adresser ci-joint à Votre Excellence copie d'une dépêche par laquelle M. le général Morris, commandant la division de cavalerie de la garde, me transmet une demande formée par M. Gerhardt, capitaine adjudant-major au régiment de lanciers de la garde, dans le but de réclamer les droits qu'il croit avoir à la priorité de l'adoption d'un nouveau mode de dressage des chevaux de troupe.

Les observations de M. le général Morris et les arguments émis par le capitaine Gerhardt m'ont paru mériter la plus sérieuse considération, et je crois faire acte de justice en soumettant les deux documents ci-inclus à la haute appréciation de Votre Excellence.

Veuillez agréer, etc., etc.

Le maréchal commandant en chef la garde impériale,

Signé : Regnault d'Angély.

Pour copie conforme :

Le général chef d'état-major général,

Signé : Lebrun.

Ainsi les rapports émanant de l'état-major général de la garde démontrent de la manière la plus claire, la plus évidente, que mon système de dressage au moyen de la cravache a été appliqué avec l'assentiment et l'appui même de l'autorité compétente, depuis l'organisation des lanciers, en 1856, c'est-à-dire TROIS ANS AVANT que M. Baucher songeât à lui donner l'hospitalité dans ses livres.

Les extraits que j'ai donnés des procès-verbaux des commissions chargées d'étudier la *méthode de dressage du cheval de troupe*, adoptée par le maréchal Randon et revendiquée par moi, établissent la supériorité de cette méthode, lorsqu'elle est appliquée dans des conditions normales.

Enfin, les protestations de MM. les généraux de la garde, personnellement désintéressés dans la question et exceptionnellement bien placés pour émettre une opinion motivée, prouvent que les deux œuvres sont *identiques*.

Tout commentaire serait donc superflu et il reste bien démontré (mes livres sont d'ailleurs là pour venir à l'appui de cette assertion) que c'est mon système, à moi, qui a été adopté en 1863, avec l'approbation unanime des hommes les plus compétents dans la matière.

Or, comme ce sont absolument les mêmes procédés et les mêmes principes qui constituent la présente *méthode de dressage des chevaux difficiles*, je suis fondé à affirmer que ces errements ont fait leurs preuves, et que s'ils ne sont pas universellement appliqués aujourd'hui dans la cavalerie, ainsi que le souhaitaient si vivement les hommes considérables que j'ai cités, la cause en est uniquement au déplorable mode de propagation que l'on avait suivi, ainsi qu'à la dispersion complète des rares interprètes de ces errements, après les terribles épreuves que la France et par suite l'armée ont traversées.

Donc je persiste à croire que tôt ou tard ces principes si vrais, si éminemment conservateurs du cheval, si pratiques, si supérieurs en un mot, pénétreront définitivement dans nos règlements militaires, au plus grand profit du Trésor et à l'avantage inappréciable de l'arme de la cavalerie.

TABLE DES MATIÈRES

	Pages.
AVANT-PROPOS	v
INTRODUCTION	1
Canevas de la méthode	1
De la gymnastique hippique appliquée au dressage du cheval de selle.	10
DRESSAGE DES CHEVAUX DIFFICILES	21
Observations préliminaires	21
Considérations sur les résistances du cheval.	25
Résistances physiques ou involontaires.	25
Résistances morales ou volontaires.	26
Classification des résistances suivant leur degré de gravité.	27
Hésitation. — Résistance. — Défense.	27
De la répartition des forces au point de vue de la résistance aux aides.	29
Acculement. — Surcharge des épaules.	29
De l'acculement ou retrait des forces.	31
Cheval derrière la main.	32
Cheval derrière les jambes.	33
De la surcharge des épaules.	36
De l'acculement alternant avec la surcharge des épaules.	38
Conclusion	40

Iʳᵉ PARTIE.

DRESSAGE PRATIQUE.

Application des principes développés dans les chapitres précédents.

De la cravache et du caveçon comme aides et comme agents de correction	43

Chapitre Ier.

	Pages.
Chevaux difficiles sans être vicieux.	51
Chevaux à affaisser du devant.	52
Chevaux à relever du devant.	54
Encolures à assouplir latéralement.	56
Chevaux à mobiliser de l'arrière-main.	58
Croupes à baisser.	59
Cheval difficile au montoir.	60
Cheval qui rue à la botte.	67
Cheval qui bat à la main.	70
Cheval qui ne marche pas au pas.	72
Cheval qui refuse de trotter.	73
Cheval qui refuse de s'enlever au galop.	74
Cheval qui refuse de galoper, soit sur un pied, soit sur l'autre.	75
Cheval qui se désunit au galop.	76
Cheval qui se désunit sur le changement de pied.	77

Chapitre II.

Chevaux qui se défendent par suite d'acculement. — Chevaux rétifs.	80
Cheval qui s'accule.	80
Cheval entier à une main.	90
Cheval qui se dérobe.	93
Cheval qui se cabre.	94

Chapitre III.

Chevaux qui résistent par suite de surcharge des épaules.	109
Cheval qui s'emporte.	110
Cheval qui gagne à la main.	118

Chapitre IV.

Pages.

Chevaux alternant les points d'appui de leurs résistances. 121

Cheval qui s'immobilise. 122
Cheval qui rue. 124
Cheval qui bondit. 126
Saut de mouton.—Saut de carpe.—Saut de pie. 127

Chapitre V.

Résistances diverses. 129

Chevaux qui refusent de sauter. 129
Saut en largeur. 131
Saut en hauteur. 137
Chevaux peureux. 141
Cheval qui a peur de l'eau. 143
Cheval qui ne supporte pas le sabre. 144
Cheval qui a peur du bruit des armes à feu. 151
Cheval qui a peur du roulement du tambour. 153

Chapitre VI.

De quelques accidents qui peuvent résulter de la rupture de l'équilibre physique. 155

Cheval qui butte d'un pied de devant. 159
Cheval qui butte des deux pieds de devant. 159
Cheval qui butte du derrière. 159
Cheval qui glisse du devant. 160
Cheval qui glisse d'un pied de derrière. 160
Cheval qui glisse des deux pieds de derrière. 160
Cheval qui glisse d'un bipède diagonal. 161
Cheval qui glisse d'un bipède latéral. 161
Cheval qui glisse des quatre pieds à la fois. 161

356   TABLE DES MATIÈRES.

Chapitre additionnel.

Pages.

Gymnastique hippique. 165

Progression 167

Première partie (*travail à pied*).

Cheval exercé à la main.

Première série (Exercices préparatoires). 167
1° Faire marcher le cheval sur la cravache. 169
2° Rotation de la croupe autour des épaules. 172
3° Appuyer à droite et à gauche. 175
4° Faire reculer le cheval. 176

Cheval exercé à la main.

Deuxième série (Gymnastique hippique). 180
1° Mise en main en faisant marcher le cheval sur la cravache. . . 181
2° Rotation et mouvement d'appuyer en cadence. 183
3° Avancer et reculer sans temps d'arrêt intermédiaire. 186
4° Mouvement cadencé en place.—Rassembler. 188

Deuxième partie (*travail en selle*).

1° Débourrage. — 2° Dressage normal. 191
Progression du dressage normal (sommaire). 198
Travail en place, le cavalier étant en selle. 198
Travail en marchant au pas. 198
Travail en marchant au trot. 199
Travail en marchant au galop. 199
Travail complémentaire. 200

IIᵉ PARTIE.

PHILOSOPHIE HIPPIQUE.

Justification des principes et des moyens de dressage exposés dans la première partie.

AVERTISSEMENT.

I. APERÇU DE PSYCHOLOGIE COMPARÉE.

	Pages.
Du cheval sous le rapport de ses facultés intellectuelles.	205
Généralités.	205
De l'instinct et de l'intelligence.	216
Observations complémentaires.	222

II. CONSIDÉRATIONS TIRÉES DE LA MÉCANIQUE ANIMALE.

Exposé sommaire des lois physiques applicables à la machine animale.	228
Généralités. Equilibre physique.	228

III. CONSIDÉRATIONS PHYSIOLOGIQUES.

De l'équilibre hippique.	245
Principes déduits de l'équilibre hippique.	250
De la position.	250
De l'action.	253
De la légèreté.	258
Récapitulation.	260

IV. ANALYSE RAISONNÉE DES MOYENS PRATIQUES.

Des aides et de leurs effets sur l'organisme.	266
Généralités	266
Mécanisme des aides.	270
Des rênes.	270
Des jambes.	277

De l'aide du corps.................................... 279
Combinaisons des aides............................... 282
Comme quoi il n'y a en réalité que deux combinaisons d'aides... 288

V. DE QUELQUES SUJETS CONTROVERSÉS.

DISCUSSION.

1° Que faut-il penser de la mobilisation de la mâchoire du cheval? 299

2° Est-il rationnel d'assouplir l'encolure de tous les chevaux de selle? 301

3° Comment faut-il comprendre le ramener?............ 303

4° Est-il possible d'assouplir l'organisme dans son ensemble, sans recourir aux exercices pratiqués avec la cravache?...... 307

5° Que faut-il penser du principe : *Mains* sans jambes, — jambes sans mains?....................................... 311

6° De quelle jambe faut-il se servir pour faire tourner le cheval ? . 312

7° De quel côté le cavalier doit-il porter le poids de son corps, dans le mouvement d'appuyer?..................... 315

8° De quelle jambe faut-il se servir pour faire partir le cheval au galop?... 317

9° A quel moment l'action déterminante doit-elle se produire dans le départ au galop?............................... 320

10° A quel moment et comment faut-il faire agir les aides pour obtenir le changement de pied au galop?............ 322

11° De l'attitude de l'homme à cheval.................. 325

12° Du tact en équitation............................. 326

RAPPORTS ET DOCUMENTS DIVERS.................... 331

FIN DE LA TABLE.

Paris. — Imprimerie J. DUMAINE, rue Christine, 2.

ERRATA

Pages.	Lignes.	Au lieu de :	Lisez :
6	10	ses aides	les aides
29	15	phase, la résistance	phase de la résistance
32	10	les tourner	la tourner
38	23	de l'acculer	d'acculer le cheval
84	21	sont	soient
92	29	sa jambe	la jambe
124	19	chapitre II	chapitre III
138	20	lui enlever	enlever à celui-ci
158	26	proportionnée	proportionné
179	6	diagonale	diagonal
181	4	suggestions	exigences
182	15	en y mettant	en employant
194	3	quatre	deux derniers
195	16	(hystérique)	hystérique
211	19	méritait	mérite
225	23	annihilée	dominée
238	2	amélioration	accélération
241	11	suivant G K'	suivant G R
246	7	acceptation	acception
247	1	ne suffisait	ne suffit
247	3	qu'il fallait	qu'il faut
252	13	le placer	la placer
260	16	réparation	répartition
262	15	réclamés	réclamé
308	28	gens, peu versés	gens peu versés
318	10	en arrière	en arrière et à gauche
332	24	pas parfois	parfois
349	2	le transmettre	la transmettre

PARIS — IMPRIMERIE J. DUMAINE, RUE CHRISTINE, 2.

www.ingramcontent.com/pod-product-compliance
Lightning Source LLC
Chambersburg PA
CBHW070449170426
43201CB00010B/1264